응용 스포츠 심리학

APPLYING SPORT PSYCHOLOGY

배준수

임태희

양윤경

우승환

박영사

머리말

    응용스포츠심리학은 스포츠 및 운동 상황에서 나타나는 인간의 마음을 다룬다. 그래서 이론의 이해와 활용이 매우 중요한 학문이다. 응용학문에서 다루는 모든 이론은 현장에서 활용될 때 비로소 가치가 있다. 이 때문에 학자들은 심리 이론과 현장의 틈새(reserach-practice gap)를 줄이기 위해 다방면으로 노력을 기울이고 있다. 하지만 점차 좁혀질 것만 같았던 간극은 여전히 그 격차가 줄어들고 있지 못한 실정이다. 결국 스포츠심리학자들은 '연구를 위한 연구'를 하는 모양새에서 벗어나지 못하고 있고 스포츠 현장 코치와 지도자들은 자신의 '경험적 지식'을 맹신함으로써 지식과 과학을 받아들이지 못하는 상황에 놓이게 되었다. 더욱이 스포츠 환경에서는 이 두 관점의 격차가 좁혀지고 함께 어우러져 상승효과를 만들어낼 것이라는 통섭의 의미마저도 시들해지는 모양새다.

    이 책은 그러한 희망의 불씨를 이어가려는 노력으로 집필되었다. 이를 위해서 기존 스포츠심리학에서 '응용'이란 용어를 더하여 이론의 현장 적용의 의미를 포함하였다. 특히 스포츠심리학에서 다루는 광범위한 콘텐츠 중에서 현장과 밀접한 관련을 맺고 있는 핵심 개념과 내용을 함축적으로 정리하였다. 특히 독자로 하여금 어려운 심리 이론을 쉽게 이해할 수 있도록 돕고 이에 대한 현장 적용성을 극대화하기 위해 가능한 한 다양한 스포츠 현장 사례와 예시를 제시하였다. 이러한 현장의 소리와 정보는 스포츠 지도자와 선수 혹은 체육인들이 현장에서 즉각적으로 활용할 수 있는 전략과 기술로 접근하도록 구성하였다. 또한 이 책은 독자들이 이해한 것을 측정해볼 수 있도록 검사지(questionnaire)를 수록하였고 이를 토대로 자신의 심리 기술을 연습할 수 있는 워크시트(work sheet)도 포함하였다.

    책의 구성은 스포츠 현장에서 다루는 핵심 심리 이론과 심리 기술을 주로 다루었다. 1장에서는 스포츠심리학의 전반적인 개념을 이해한다. 그리고 2장부터 9

장까지는 동기, 목표설정, 불안, 심상, 주의집중, 자신감, 리더십, 그리고 의사소통 등에 대해 집필했다. 10장은 스포츠와 삶의 교차점을 찾아가는 '긍정적 유소년 발달' 이론과 최근 연구 동향을 소개하였다. 스포츠가 앞으로 어떤 가치를 지향해야 하는지, 그리고 스포츠심리 기술들이 삶에서 어떤 가치로 활용될 수 있는지 이 장을 통해 밝혀두었다. 마지막 11장은 광의의 스포츠심리학 중 응용스포츠심리학 내용으로 적합한 운동기술과 학습을 소개하였다. 어렵고 딱딱한 이론이지만 누구나 쉽게 읽고 이해할 수 있도록 집필했다.

이 책에서는 주로 스포츠 지도자나 선수 이야기를 다루었지만, 반드시 이들로만 국한하지는 않는다. 이 책의 내용은 생활체육으로 정기적인 스포츠에 참여하는 동호인, 취미로 운동하는 일반 참여자, 학교 체육이나 클럽 스포츠에 참여하는 학생과 교사 등 모든 대상에게 적용할 수 있다. 즉 본문에서 '지도자'나 '선수'라는 표현을 사용하였더라도 자신의 위치와 상황에 맞게 해석해도 무방하다. 만약 본문의 사례가 적절치 않다면 자신의 경험에 비추어 사례를 만들어 보는 것을 권한다. 그럼으로써 어려운 스포츠심리 이론들이 한층 더 쉽게 이해될 것이다.

끝으로 이 책을 접한 모든 독자가 스포츠심리학을 이해하고 현장에 쉽게 활용할 수 있게 되기를 기대해 본다. 나아가 이 책이 학문과 현장의 틈새를 메우는 데 작게나마 도움이 될 수 있기를 소망한다.

2024. 8.
저자 일동

이 책의 구성

이 책은 스포츠심리 이론의 이해와 실용을 돕기 위해 총 11개의 챕터로 구성되어 있다. 그리고 각 챕터는 구체적인 목적에 따라 몇 가지 파트로 구분된다.

(1) 이해하기

이해하기는 책의 본문에 해당한다. 각 챕터에 대한 개념과 정의를 다루고 관련 이론들을 학습한다. 여기서 다루는 이론에 대한 설명은 최대한 간략하게 정리하였다. 특히 자신의 경험과 주변의 사례를 중심으로 이론을 이해하도록 구성하였다.

(2) 측정하기

측정하기는 각 챕터에서 다루는 개념을 기반으로 자신을 평가해 보는 것을 말한다. 이를 통해 자신의 상태를 파악하고 과거나 최근 경험에 빗대어 이해할 수 있다. 또한 검사지의 문항과 질문들을 살펴봄으로써 해당 개념이 무엇을 측정하는지 알 수 있다.

(3) 해보기

해보기는 워크시트를 의미한다. 본문에서 스포츠심리 이론과 사례를 중심으로 이해했다면, 해보기에서는 워크시트를 활용해 직접 응용하고 자신의 것으로 개념을 받아들인다. 또한 수업 상황에서는 워크시트를 통해 토론이나 실습으로 이용할 수 있다.

(4) 돌아보기

돌아보기는 문제 은행을 말한다. 앞서 배운 개념과 정의 그리고 이론을 다시 복습한다. 문제를 풀어보고 틀린 부분은 다시 본문에서 복습하길 바란다.

차례

부록

01

스포츠심리학의
이해

The Understanding of
Sport Psychology

이해하기

1. 스포츠심리학의 개념

1) 스포츠심리학의 정의

스포츠심리학(sport psychology)은 **스포츠나 운동 상황에서 나타나는 인간의 행위에 대한 심리적 현상을 다루는 학문**이다.[1] 이를 더 쉽게 이해하기 위해서는 스포츠심리학의 뿌리인 '심리학'과 '심리'라는 용어를 이해해야 한다. 심리의 심은 '마음 심(心)'자를 쓰고 리는 '다스릴 리(理)'자를 쓴다. 즉 심리학(心理學, psychology)은 인간의 마음을 다루는 학문을 일컫는다. 그리고 인간의 마음은 행동이라는 형태로 표출되므로 모든 인간 활동에는 심리가 밑바탕을 이룬다. 예컨대 직장에서 일을 하는 것(직업 활동), 의사가 환자를 치료하는 것(의료 활동), 교사가 학생을 가르치는 것(교육 활동), 대학생이 진로를 찾기 위해 공부하는 것(진로 활동) 등 모든 인간의 행위에는 마음, 즉 심리가 존재한다.

일반적으로 심리학은 인간 행동을 설명하기 위해 다양한 분야로 파생되었다. 그중 스포츠심리학은 스포츠와 운동이라는 특정한 영역에서 나타나는 인간 행동에 대한 설명을 제공한다. 그러나 스포츠와 운동이라는 제한된 영역을 다루고 있음에도 스포츠심리학은 매우 큰 범위에 해당한다. 왜냐하면 인간의 역사적 배경을 보더라도 스포츠와 운동은 인간 행동과 관련된 가장 오래된 영역 중 하나이기 때문이다.

> 스포츠심리학은 스포츠, 운동, 체육 등과 같이 인간의 신체활동이 이루어지는 환경에서 인간 행동에 대한 심리적 현상을 다루는 학문이다.

2) 스포츠심리학의 주요 관심과 대상

넓은 의미에서 스포츠심리학은 신체활동, 체육, 스포츠처럼 인간의 신체활동이나 운동이 포함된 영역에 모두 관여한다. 이에 따라 스포츠심리학에서 다루는 대상과 연구 참여자들도 달라진다. 크게 전문스포츠, 생활스포츠, 그리고 학교체육으로 구분할 수 있다.

(1) 전문스포츠

전문스포츠 영역에서 스포츠심리학의 주요 관심사는 경쟁에 기반을 둔다. 예를 들어, 경기력 향상을 위한 심리기술(psychological skills)과 훈련, 연습과 시합에서의 최상수행(peak performance), 선수들의 응집력과 같은 팀 역동성(team dynamic), 효율적인 코칭과 선수 동기부여 등이 대표적인 관심사다. 주요 대상은 전문스포츠에 참여하는 선수, 코치, 팀, 선수의 부모와 가족, 팀 관계자, 심판까지 포함한다.

(2) 생활스포츠

생활스포츠 영역에서 스포츠심리학은 운동이나 스포츠에 참여하는 모든 연령대의 건강 증진 및 여가 활동 등에 관심을 둔다. 즉 이 영역에서는 경기력이나 경쟁보다 정신건강(mental health)의 증진, 취미활동의 지속적인 참여, 대인관계나 사회성의 향상, 삶의 질(quality)과 만족감 증진 등이 대표적인 관심사다.

(3) 학교체육

학교체육 영역에서 스포츠심리학은 주로 체육이 가진 사회심리적인 가치에 초점을 둔다. 예컨대 체육 활동을 통해 자신의 신체적·심리적 자아존중감을 높이는 것, 다른 학생들과 상호작용하면서 사회성을 함양하는 것, 단체 활동 속에서 책임감과 리더십을 기르는 것 등이 포함된다. 또한 체육을 통해 청소년기 학생들의 폭력성이나 반사회적인 행동을 감소하고 긍정적인 역량을 강화하는 과정도 스포츠심리학의 연구 범위에 해당한다.

표 1-1 스포츠심리학의 주요 관심과 대상

구분	전문스포츠	생활스포츠	학교체육
주요 관심	경쟁, 수행	건강, 여가	교육, 성장
주요 대상	전문 선수, 코치 등	동호인, 일반인	청소년, 학생
주요 목적	최상수행의 발현	정신건강과 삶의 질 증대	사회심리적 발달

2. 스포츠심리학의 역사와 배경

분명 스포츠와 운동은 가장 오래된 인간 활동 중 하나이긴 하지만, 스포츠심리학이 학문적 성격을 지니게 된 것은 사실 그리 오래되지 않았다. 학자들은 스포츠심리학의 시작을 대략 20세기 후반으로 보고 있다. 웨인버그(Weinberg)와 굴드(Gould)[2]는 스포츠심리학의 역사를 주요 시기별로 구분하였다.

1) 초창기(1895~1920년)

북미의 일반심리학자였던 노먼 트리플릿(Norman Triplett) 교수는 사이클 선수들을 대상으로 한 가지 연구를 수행하였는데, 이것이 스포츠심리학 최초의 연구로 여겨진다. 1898년 투고된 그의 논문『The Dynamogenic Factors in Pacemaking and Competition[3]』은 사이클 선수들이 혼자 달릴 때와 단체로 달릴 때 속도가 달라지는 현상을 심리학적으로 규명한 연구였다(그림 1-1). 이는 혼자 사이클을 타는 것보다 단체로 탈 경우 발생하는 사회적 영향 때문이라는 심리학적 기전을 밝힌 것이었다. 그의 연구 이후 여러 연구자들이 스포츠의 심리적 측면 그리고 운동에 대한 반응시간, 기술의 효과적 학습 등에 관해 연구하기 시작하였다. 그러나 이 시기에는 스포츠심리학이 완전한 전공으로 여겨지지 않았다.

그림 1-1 노먼 트리플릿의 연구
(출처: Gyan Books)

2) 발전기(1921~1938년)

노먼 트리플릿 교수의 연구를 시작으로 스포츠 분야의 심리학 연구가 조금씩 발전하기 시작하였다. 이 시기에는 독일, 일본, 러시아, 미국 등과 같은 나라에서 스포츠심리학 연구소가 설립되고 증가하였다. 당시 교육심리학자였던 콜먼 그리피스(Coleman Griffith; 그림 1-2)는 북미에서 주로 활동하였고, 오늘날 스포츠심리학을 있게 한 선구자였다. 역사적으로도 그는 최초의 스포츠심리학 실험실을 만들었고

그림 1-2 **콜먼 그리피스 박사**[4]

『코칭 심리학』과 『운동경기 심리학』과 같은 저서를 집필했다. 또한 그는 미국의 프로야구팀인 시카고 컵스에서 심리 코치로 활동하였으므로 최초의 멘탈코치라는 별명도 가지고 있다.

3) 학문기(1939~1977년)

스포츠심리학은 마침내 체육학 내에서 정식적인 학문으로 인정받기 시작했다. 1965년에는 국제스포츠심리학회(International Society of Sport Psychology, ISSP), 1967년에는 북미스포츠심리학회(North American Society for the Psychology of Sport and Physical Activity, NASPSPA)가 창립되면서 학문적인 성장은 급속도로 이루어졌다. 이에 따라 스포츠심리학도 점차 세분화되기 시작하면서 운동학습(motor learning)과 구분되었다. 당시 스포츠심리학은 실험적인 연구를 통해 전반적인 지식을 확장하는 데 주된 목적을 두었다. 이후 레이너 마튼스(Rainer Martens) 교수는 실험실에서 벗어나 현장으로의 응용을 위해 노력하면서 응용스포츠심리학이 발전하게 되었다.

국제스포츠심리학회

북미스포츠심리학회

사이트

사이트

4) 보급기(1978~1999년)

이 시기에 스포츠심리학은 전 세계로 확장되었다. 세부 학문 분야는 체계성을 더하면서 운동심리학이 생겨났다. 나아가 미국의 노스캐롤라이나 대학 스포츠심리학 교수였던 존 실바(John Silva)가 응용스포츠심리학회(Association for Applied Sport Psychology, AASP)를 창립하였다. 이 학회는 스포츠심리학 발전에 결정적인 기여와 역할을 하였다. AASP는 스포츠심리학의 자격제도를 시행하였을 뿐 아니라 스포츠와 여러 분야에 걸친 응용 연구를 수행했다. 학문이 정립되고 정교해지면서 영향력을 가진 미국심리학회(American Psychological Association, APA)로부터 47번 분과로 인정을 받게 되었다.

5) 현재(2000년 이후)

스포츠심리학은 하나의 거대한 학문이 되었고 세부적인 하위 학문을 포함하게 되었다. AASP의 노력으로 스포츠심리상담사 혹은 멘탈코치(mental coach)가 직업화되었고 학문 역시 현장의 적용에 대해 더 많은 관심을 갖게 되었다. 스포츠와 여가 활동이 증가함에 따라 건강에 대한 관심도 증가했는데, 이때 스포츠심리학은 운동심리학이라는 구체적인 학문을 다루기 시작하였다. 따라서 최근에는 스포츠심리학을 스포츠운동심리학으로 부르기도 한다.

표 1-2 스포츠심리학의 역사와 발전 과정

시기		요약
1895-1920	초창기	• 노먼 트리플릿 교수의 사이클 선수 대상 연구로 스포츠 분야 심리 연구 • 이후 여러 연구자들이 스포츠 분야에서의 심리 연구를 시작
1921-1938	발전기	• 북미에서 콜먼 그리피스 교수가 최초로 스포츠심리학 실험실 설립 • 이후 스포츠심리 관련 저서 집필 및 최초의 멘탈코치 • 독일, 일본, 러시아, 미국 등에서 스포츠심리학 연구소 설립
1939-1977	학문기	• 1965년 국제스포츠심리학회, 1967년 북미스포츠심리학회 창립 • 학문적 성장과 스포츠심리학의 응용 발전
1978-1999	보급기	• 존 실바 교수의 역할로 응용스포츠심리학회 창립 • 최초로 스포츠심리학 분야의 자격제도를 운영 • 미국심리학회의 47번 분과로 정식 인정을 받으며 학문적 영향력 향상
2000-현재	현재	• 세부 학문을 포함하면서 더 체계적으로 발전 • 스포츠 및 운동 참여자들의 건강에 관심을 두면서 운동심리학 발전 • 스포츠심리학에서 스포츠운동심리학으로 용어 지칭

6) 우리나라의 스포츠심리학 발전

우리나라의 스포츠심리학 역사는 대략 35년 정도로 볼 수 있다. 약 35년 전인 1989년 한국스포츠심리학회(Korea Society of Sport Psychology, KSSP)가 창립되었기 때문이다. 한국스포츠심리학회의 창립 배경은 당시의 시대적 상황을 살펴보면 이해할 수 있다. 우리나라는 1986년과 1988년 메가 스포츠 이벤트를 개최했다. 1986년에는 서울에서 아시안게임을, 1988년에는 서울올림픽을 개최하였다. 이러한 메가 스포츠 이벤트와 더불어 정부 수준의 적극적인 지원이 이루어졌다. 이때 스포츠심리학뿐만 아니라 다른 학문들도 발전하면서 본격적으로 우리나라의 스포츠 과학 시대가 시작되었다. 또한 아시안게임과 올림픽 당시 한국을 방문한 해외의 연구자들과 국내 연구자들의 교류가 이루어지면서 우리나라의 학문 발전이 보다 빨리 이루어질 수 있었다.[5]

3. 세부 영역과 역할

　　앞서 발전과정에서 살펴보았듯이 스포츠심리학은 여러 시기를 거치면서 체계적으로 정립되었고 이에 따라 세부적인 학문을 포함한다. 세부 학문들은 각각 독특한 활동 및 연구 영역을 담당하고 있다. 우선, 우리가 일반적으로 부르는 스포츠심리학은 '광의의 스포츠심리학'이라고 부른다. 광의라는 말은 넓은 의미에서 바라보는 스포츠심리학을 말한다. 반면, 좁은 의미로 바라보는 것을 의미하는 '협의의 스포츠심리학'은 특정 하위 학문 분야를 일컫는다. 이때 협의의 스포츠심리학이 지칭하는 것은 스포츠운동심리학으로, 응용스포츠심리학과 건강운동심리학이 포함된다. 반면 광의의 스포츠심리학에는 스포츠운동심리학뿐만 아니라 운동행동학(운동학습, 운동제어, 운동발달)도 포함된다(그림 1-3).

그림 1-3 스포츠심리학의 영역

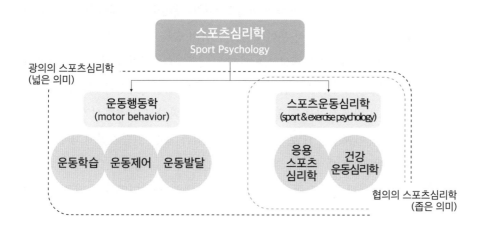

1) 운동행동학

운동행동학은 **운동과 스포츠 상황에서 발생하는 인간의 움직임 또는 동작의 기전을 밝히는 데 중점**을 두는 분야다. 이 분야는 인간의 운동행동에 대한 궁금증에서 출발한다. 인간이 운동을 한다는 것은 단순해 보이지만 사실은 매우 복잡한 메커니즘을 가지고 있다. 예를 들어 '걷기'라는 익숙하고 간단한 행동일지라도 딛는 발과 걷는 발의 협응, 팔과 다리의 움직임, 몸의 중심 유지 등과 같은 여러 운동 기능들이 필요하다. 이 모든 과정이 동시에 처리되어야 하므로 걷기는 그리 쉬운 운동은 아니다. 우리는 어린 시절 이 걷기를 익히기 위해 수천, 수만 번은 넘어졌을 것이다. 고로 스포츠나 운동 상황에서의 움직임과 동작은 훨씬 복잡하며 조절하기 어렵다. 이러한 내용을 다루는 것이 바로 운동행동학이다. 하위 학문으로 운동학습(motor learning), 운동제어(motor control), 그리고 운동발달(motor development)을 포함한다.

(1) 운동학습

운동학습은 **운동기술의 효율적인 학습과 수행에 관련된 변인을 주로 인지적 관점에서 연구**하는 분야이다.[6] 이 분야에서는 동작의 습득과 변화에 주목하며, 복잡한 운동기술을 학습하고 이를 개선하는 과정을 연구한다. 이러한 과정은 피드백과 반복적인 훈련을 통해 이루어진다. 피드백은 운동 동작의 정확성과 효과를 평가하는 데 도움을 주고 반복적인 훈련은 운동행동을 자동화하고 안정화시키는 데 기여한다. 운동학습 분야에서는 주로 전습법과 분습법과 같은 연습기법에 대한 연구, 피드백에 대한 연구, 파지(기억)와 전이에 대한 연구 등을 수행한다.

이와 같이 운동학습은 운동기술의 습득과 향상에 대한 다양한 측면을 다루며 개인이 최적의 운동 성과를 이끌어 내기 위한 심리적 메커니즘을 탐구한다.

(2) 운동제어

운동제어는 **인간의 움직임 생성과 조절에 대한 신경심리적 과정과 생물학적 기전을 연구**하는 분야이다.[7] 이는 주로 신경계통의 구조와 기능을 이해하며, 신경계통이 운동을 어떻게 제어하는지를 연구한다. 운동제어의 특징 중 하나는 운동의 실행과 조절에 초점을 맞춘다는 점이다. 이는 어떻게 신체 부분들이 조화롭게 협력하여 특정 운동을 실행하는지, 그 실행 과정에서 미세한 조절이 어떻게 이루어지는지에 대한 이해를 제공한다. 스포츠심리학에서 이루어지는 대표적인 운동제어 연구는 반응속도, 안구추적을 이용한 시각탐색 전략 등이다.

이처럼 운동제어는 운동의 실행과 조절에 대한 다양한 측면을 이해하고 개선하기 위한 연구가 이루어지는 분야이다.

유용한 정보!

<운동제어 관점에서 본 육상의 부정 출발>
육상 경기에서 출발 신호가 떨어지고 0.1초 이내에 선수가 출발하면 부정 출발로 판단한다. 인간의 반응속도 한계 때문이다. 청각 신호가 귀로 들어오고 뇌의 판단을 거쳐 다시 근육으로 전달되기까지의 모든 과정이 0.1초 이내에 수행되는 것은 불가능하다. 만약 신호가 떨어지고  선수가 0.1초 이내에 출발했다면, 이는 '듣고 반응'한 것이 아니라 '예측'한 것으로 판단한다. 육상계의 스포츠 스타 우사인 볼트도 부정 출발로 실격한 적이 있다.

나의 반응속도는?

(1) 스마트폰을 이용해 QR코드를 찍는다.
  (https://humanbenchmark.com/tests/reactiontime)
(2) 사이트에 접속한다.
(3) [Reaction Time Test]를 선택하여 테스트를 시작한다.
(4) 녹색으로 바뀔 때 빠르게 화면을 터치한다.
(5) 반복해서 테스트한 뒤 결과를 확인한다.
(6) 주변의 동료들과 결과를 비교해 본다.

측정 결과: _____ms
※ 참고: 프로게이머의 반응속도는 150~160ms 수준

(3) 운동발달

운동발달은 **인간의 생애에 걸쳐 운동 기능과 기술이 어떻게 발달하는지, 연령 대마다 어떠한 특징이 있는지를 연구**하는 분야다. 주로 아동과 청소년 시기에 일어나는 운동 능력의 변화와 발달 단계에 중점을 둔다. 이러한 발달은 연령과 성별에 따라 다양한 양상을 보인다. 따라서 이 분야의 연구는 어떻게 기술적인 운동 능력을 습득하고 학습하는지, 성장 과정에서 나타나는 특징이 무엇인지를 다룬다. 또한 남녀 간에 운동 능력의 차이나 발달 양상에 주목하고 성별에 따른 운동 활동 참여 및 프로그램 개발에 대한 이해를 높인다.

이러한 방식으로 운동발달은 성장과 함께 어린이들의 운동 능력과 기술이 어떻게 발전하는지를 탐구하고, 이를 통해 건강한 운동 습관을 길러내기 위한 방안을 모색하는 분야이다.

그림 1-4 아동의 걷기 발달[8]

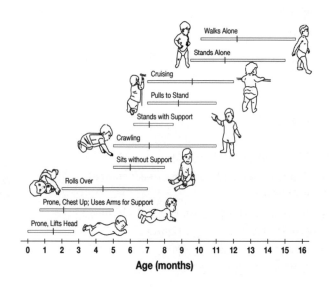

2) 스포츠운동심리학

스포츠운동심리학은 **스포츠나 운동 상황에서 나타나는 인간 행동에 대한 심리적 과정을 과학적으로 연구하고 그 지식을 실제로 활용하는 학문**이다.[1] 이 분야의 학자들은 스포츠 및 운동 참여자들이 목적에 맞는 혜택을 얻도록 조력하는 심리적 원칙이나 지침을 연구하는데, 특히 이를 위해 ABC에 초점을 둔다. A는 개인의 기분과 느낌을 포함하는 감정(affect), B는 개인의 행동(behavior), 그리고 C는 개인의 생각과 사고(cognition)이다. 즉 스포츠운동심리학자들은 스포츠 및 운동 상황에서 발생하는 개인의 감정, 행동, 그리고 인지 과정을 연구한다.

연구가 수행되는 관점은 크게 두 가지로 구분한다. 첫 번째는 운동이 심리적 변수에 미치는 영향을 규명하는 것이다. 예를 들어 규칙적인 등산이 스트레스나 우울감을 해소하는 데 도움이 되는지, 축구에 참여하는 것이 사회성 함양에 도움이 되는지 등과 같은 주제를 다룬다. 이와 반대로 두 번째는 심리적 요인이 운동수행에 미치는 영향을 규명한다. 예컨대 선수의 공격적인 성향이 시합에서 반칙 행동에 어떠한 영향을 주는지, 과도한 긴장과 불안이 축구 페널티킥 상황에 어떠한 영향을 미치는지 등을 연구한다. 이와 같은 두 가지 연구 관점은 그 대상과 범위에 따라 응용스포츠심리학과 건강운동심리학으로 구분한다.

(1) 응용스포츠심리학

응용스포츠심리학은 **스포츠에서 발생하는 심리적 현상과 수행의 관계에 대한 원리 및 전략**을 폭넓게 다룬다. 이를 통해 참여자(주로 선수)들의 수행을 증진하고 팀의 성과를 향상하는 데 목적을 둔다. 주로 목표설정, 효과적인 훈련과 계획, 스트레스 관리와 대처, 동기 촉진, 자기효능감과 유능성의 향상, 심상 훈련과 같은 심리기술 등 다양한 전략과 방법을 연구한다. 이외에도 팀 역동성에 관한 팀워크, 팀 응집력, 의사소통과 상호작용, 리더십 등도 포함한다.

(2) 건강운동심리학

건강운동심리학은 **운동 과정에서 발생하는 다양한 심리적 현상과 건강의 관**

계를 주로 다룬다. 즉 운동과 심리적인 측면이 어떻게 상호작용하여 건강에 영향을 미치는지를 연구한다. 예를 들어 일반인이 운동에 참여하게 되는 과정, 운동 참여를 촉진하고 지속하는 요인, 운동에 따른 심리적 변화(예: 우울감 감소, 만족감 증진 등), 운동에 따른 삶의 질 개선 등이 대표적이다. 이처럼 건강운동심리학은 운동을 통해 건강한 삶을 촉진할 수 있는 방법을 모색한다.

> **KEY POINT**
>
> 운동행동학과 스포츠운동심리학은 스포츠심리학에 포함된 세부 학문이지만 연구 주제의 성격, 방법, 관점 등에서 많은 차이가 있다. 오늘날 스포츠심리학자들은 자신만의 구체적인 전문(전공) 분야가 있다.

표 1-3 스포츠심리학과 세부 학문

학문	세부 학문	세부 영역	개념 요약
스포츠 심리학	운동행동학	운동학습	운동기술의 효율적인 학습과 수행에 관련된 변인을 주로 인지적 관점에서 연구
		운동제어	움직임 생성과 조절에 대한 신경심리적 과정과 생물학적 기전을 연구
		운동발달	생애에 걸쳐 운동 기능과 기술이 어떻게 발달하는지 연령별의 특징을 연구
	스포츠 운동심리학	응용스포츠심리학	스포츠에서 발생하는 심리적 현상과 수행의 관계에 대한 원리 및 전략을 연구
		건강운동심리학	운동 과정에서 발생하는 다양한 심리적 현상과 건강의 관계를 연구

3) 스포츠심리학자의 역할

스포츠심리학자는 스포츠심리학에 대한 폭넓은 지식과 이해를 바탕으로 학문과 현장에 유용한 정보를 제공하는 전문가를 일컫는다. 스포츠심리학자는 크게 교육, 연구, 그리고 상담이라는 세 가지 역할을 수행한다.[2]

(1) 교육

스포츠심리학자는 교육자로서 후학 양성을 위해 노력한다. 대부분 대학에서 스포츠심리학 과목 혹은 스포츠심리학과 관련된 과목을 가르친다. 반드시 대학이 아니더라도 교육기관에서 근무하며 강의를 하는 전문가들도 있다. 전문적인 교육은 석사와 박사과정이 있는 대학원에서 이루어진다. 지도교수와 대학원생 간에는 강력한 상호작용이 발생하고 대학원생은 지도교수의 전문분야를 곁에서 체득하면서 자신의 전문성을 쌓는다. 후학을 양성하는 교육 과정은 스포츠심리학의 지속성을 위해 매우 중요하다.

(2) 연구

어떤 학문 분야에서든 전문가의 역할은 연구를 통해 해당 분야의 지식을 발전시키는 것이다. 대부분의 대학에서 근무하는 스포츠 및 운동심리학자들은 연구를 수행한다. 연구의 형태는 매우 다양하다. 개인의 연구일 수도 있고 지자체 혹은 국가 단위 연구 사업의 일환으로 참여할 수도 있다. 이러한 연구 성과는 보고서나 학술 논문으로 공개된다. 특히 학술 논문은 동료 학자들 간의 심사를 거쳐 학회지에 게재되므로 상당히 공신력이 있다. 이외에도 학술대회를 통해 연구 성과를 공유하고 학자들 간의 교류가 이루어지기도 한다.

유용한 정보!

<한국스포츠심리학회지>
한국스포츠심리학회는 1990년 "한국스포츠심리학회지(Korean Journal of Sport Psychology)"를 창간했고 현재까지 발간 중이다. 매년 2, 5, 8, 11월 말에 학회지를 발간한다. 학회지에는 연구자들이 투고한 학술 논문이 게재되고 주제도 매우 다양하다. 학회지의 영향력을 나타내는 영향력 지수는 2.4점(2022년 기준)으로 예술체육학 분야 상위권에 속한다.

(3) 상담

스포츠심리학자들의 독특한 역할 중 하나는 상담이다. 상담사로서 스포츠심리학자는 선수 개인이나 팀을 대상으로 개입하여 그들의 경기력을 향상하는 데 초점을 둔다. 스포츠심리상담은 국가대표팀부터 프로 및 실업팀, 대학팀, 그리고 학생선수까지 전문스포츠에 참여하는 모든 선수들을 대상으로 한다. 대학이나 기관에 소속되어 활동하기도 하고 사설 업체를 설립·운영하기도 한다. 2020년대에 들어서면서 우리나라의 스포츠심리상담소(또는 멘탈코칭센터)는 눈에 띄게 증가하였다.

상담의 형태는 다양하게 이루어진다. 그러나 상담은 선수의 민감한 내용을 다루기 때문에 주로 1:1 상담이 이루어진다. 그 밖에 집단 상담의 형태로도 이루어지고 더 많은 선수를 대상으로 할 때는 특강과 같은 교육의 형태로 이루어지기도 한다. 정기적으로 선수가 상담소로 직접 찾아오거나 상담사가 선수의 훈련장에 방문하기도 한다. 오늘날에는 온라인 화상 회의를 이용한 상담도 적잖게 이루어지고 있다.

해보기

　　스포츠심리학의 연구는 주로 스포츠 및 운동 현장에서 발생하는 어떠한 현상과 그 현상에 대한 궁금증으로부터 출발한다. 왜 우리는 혼자 운동할 때보다 같이 운동할 때 더 재밌을까? 왜 어떤 선수는 패배를 딛고 일어나는데 어떤 선수는 오랫동안 패배감에서 벗어나질 못할까? 모든 궁금증은 연구 주제가 될 수 있다. 이번에는 실습을 통해서 이러한 연구자의 역할을 간접적으로 체험한다. 아래 제시된 질문들에 답을 하면서 자신만의 연구 주제를 도출할 수 있다. 인터넷 자료 조사를 이용해도 좋다.

01　스포츠심리학의 세부 영역 중에서 내가 가장 흥미를 느끼는 분야는 무엇인지 체크하고 그 이유를 간략하게 적는다.

☐	☐	☐	☐	☐
운동학습	운동제어	운동발달	응용스포츠 심리학	건강운동 심리학

이유:

02 내가 참여했던 혹은 현재 참여하는 스포츠 및 운동은 무엇인가? 그리고 그것의 가장 큰 특징은 무엇인가?

종목	
주요 특징	

03 위에서 적은 스포츠 및 운동 종목에서 발생하는 여러 현상 중 나는 무엇에 흥미가 있는가? 무엇을 알고 싶은가?

04 위 현상을 연구하고 규명하면 학문이나 현장에 어떠한 도움이 되는가?

05 위에서 적은 내용을 종합하여 간략한 연구 제목을 만들어 보자.

연구 주제:	

토론

(1) 나의 연구 주제와 목적을 동료들에게 설명해보자.
(2) 동료들의 연구 주제와 목적을 듣고 토론해보자.

돌아보기

문제 1   **스포츠심리학에 대한 설명으로 옳은 것은?**

① 스포츠심리학은 운동 상황에서 발생하는 신체 변화를 다루는 학문이다.

② 스포츠심리학은 사회적 문제와 현상을 다루는 학문이다.

③ 스포츠심리학은 운동 상황에서 나타나는 인간 행동에 대한 심리적 현상을 다루는 학문이다.

④ 스포츠심리학은 심리학의 최근 이론과 개념을 반영한 학문이다.

문제 2   **스포츠심리학의 주요 영역과 목적을 올바르게 연결하시오.**

① 전문스포츠   •   •   ㄱ. 정신건강

② 학교체육   •   •   ㄴ. 최상수행

③ 생활스포츠   •   •   ㄷ. 사회심리적 발달

문제 3   **＜보기＞의 내용을 보고 우리나라 스포츠심리학의 학문적 발전을 이끈 기관을 적으시오.**

＜보기＞

> 우리나라는 1986년과 1988년 메가 스포츠 이벤트 개최로 인해 국민적 관심이 높아졌다. 1986년에는 서울에서 아시안게임이 개최되었고, 1988년에서는 서울올림픽을 개최하였다. 이러한 메가 스포츠 이벤트 개최는 정부 수준의 적극적인 지원으로 이어졌다. 이때 스포츠심리학은 (   )을/를 창립하여 본격적인 학문 발전이 이루어지도록 하였다.

(   )

문제 4 | 아래 <그림>을 보고 스포츠심리학의 영역으로 <u>올바르지 않은</u> 설명을 고르시오.

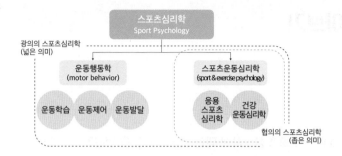

① 운동행동학은 스포츠 상황에서 발생하는 움직임과 동작을 밝히는 데 중점을 두는 분야다.

② 운동제어는 인간의 움직임 생성과 조절에 대한 신경심리적 과정과 생물학적 기전을 연구하는 분야다.

③ 운동발달은 인간의 생애에 걸친 운동 기능과 기술이 어떻게 발달하는지 연구하는 분야다.

④ 스포츠운동심리학은 인간의 행동과 인체 변화, 생리적 반응을 연구하는 분야다.

문제 5 | 스포츠심리학자의 역할로 <u>올바르지 않은</u> 것을 고르시오.

① 스포츠심리학 교육   ② 운동수행 연구

③ 생체 변화 연구   ④ 지도자와 학부모 상담

문제 6 | 스포츠심리학 연구 영역으로 올바른 것을 고르시오.

① 심리기술훈련이 학생선수들의 인지된 경기력에 미치는 영향

② 레슬링, 유도 선수 비교를 통한 씨름 선수의 체력 특성 분석

③ 체육학 연구에서 선형회귀분석의 이해와 적용

④ 중급자 골프 드라이버 스윙 과제에서 생체역학적 정보의 학습효과

문제 7 <보기>를 읽고 괄호 안에 해당하는 스포츠심리학의 세부 영역으로 알맞은 것을 고르시오.

<보기>

( )은 운동과 심리적인 측면이 어떻게 상호작용하여 건강에 영향을 미치는지를 연구한다. 대표적으로 운동에 참여하는 과정, 운동 참여를 촉진할 수 있는 심리 요인, 지속 요인을 규명하고 삶의 질 향상을 기반으로 건강한 삶에 목적을 둔다.

① 건강운동심리학　　　　　② 응용스포츠심리학
③ 운동학습　　　　　　　　④ 운동발달

문제 8 <보기>를 읽고 해당 스포츠심리학자의 역할로 올바른 것을 고르시오.

<보기>

스포츠심리 이론을 바탕으로 주로 선수들의 경기력 향상에 도움을 주는 역할을 한다. 이들은 스포츠 현장에 종사하는 선수나 학부모, 지도자들을 만나 이야기를 나누고 심리적 어려움에 도움을 준다. 이들의 역할은 대부분 선수와 1:1로 진행되지만, 경우에 따라 소집단이나 팀 단위 혹은 특강이나 세미나와 같은 대규모 교육의 형태로도 이루어진다.

① 대학교수　　　　　　　　② 스포츠심리상담사
③ 스포츠에이전트　　　　　④ 스포츠지도자

답안							
1	③	2	1-ㄴ, 2-ㄷ, 3-ㄱ	3	한국스포츠심리학회	4	④
5	③	6	①	7	①	8	②

참고문헌

[1] Gill, D. L., Williams, L., & Reifsteck, E. J. (2017). *Psychological dynamics of sport and exercise*. Human Kinetics.

[2] Weinberg, R. S., & Gould, D. (2023). *Foundations of sport and exercise psychology*. Human kinetics.

[3] Triplett, N. (1898). The dynamogenic factors in pacemaking and competition. *The American journal of psychology*, 9(4), 507-533.

[4] Green, C. D. (2003). Psychology strikes out: Coleman R. Griffith and the Chicago Cubs. *History of Psychology*, 6(3), 267-283.

[5] 김병준, 송우엽, 한명우, 박지훈(2019). 한국 스포츠심리학 현장적용의 선구자 신동성 박사 재조명. **한국스포츠심리학회지**, 30(3), 1-18.

[6] 김선진(2023). **운동학습과 제어: 인간 움직임의 원리와 응용**. 서울: 대한미디어.

[7] Magill, R., & Anderson, D. I. (2010). *Motor learning and control*. New York: McGraw-Hill Publishing.

[8] Adolph, K. E., Cole, W. G., & Vereijken, B. (2014). Intraindividual variability in the development of motor skills in childhood. *Handbook of intraindividual variability across the life span*, 59-83.

C/H/A/P/T/E/R

02

동기

Motivation

이해하기

1. 동기의 개념

동기(motivation)는 **인간의 행동을 유발하고 지속시키는 힘**을 뜻한다. 동기의 동은 '움직일 동(動)'자를 쓰고 기는 '틀 기(機)'자를 사용한다. 즉 동기(動機)는 움직임이나 의사결정을 만드는 기틀·원인·계기를 의미한다는 것을 알 수 있다. 모든 인간 행동에는 동기가 내재해 있다. 예를 들어 지금 자리에서 일어나 전등 스위치를 누르는 간단한 행동 속에도 다양한 동기가 존재한다. 인간은 아무런 이유 없이 자리에서 일어나 스위치를 누르지는 않는다. 이처럼 동기는 학문과 분야를 가리지 않고 인간 행동이 포함되는 모든 영역에서 중요하게 다루어지는 변인이다.

스포츠심리학은 인간 행동에 담긴 마음을 연구하는 학문이므로 참여자들의 동기를 이해하는 것이 특히 중요하다. 이러한 중요성 때문에 동기는 스포츠심리학에서 가장 오래된 연구 변인 중 하나가 되었다. 심지어 최초의 스포츠심리학 연구로 여겨지는 논문(1장 스포츠심리학의 이해 참조) 또한 선수들의 동기와 관련이 있다. 연구자들은 주로 스포츠 및 운동 상황에서 개인의 성취동기는 어떻게 발생하는지, 운동 참여를 지속하는 동기는 어떻게 유발하는지, 경쟁 상황에서 개인의 동기는 어떻게 작용하는지, 동기 수준이나 종류에 따라 선수들의 경기력에는 어떠한 변화가 있는지 등에 관심을 둔다. 그 결과 동기는 다양한 이론으로 개념화되었고 꽤 많은 연구 성과가 쌓였다. 현재까지 알려진 바에 따르면, 스포츠 현장에서 동기는 **노력의 방향**(direction)과 **노력의 강도**(intensity)라는 두 가지 속성을 가지고 있다. [1]

인간 행동을 유발하고 지속하는 동기는 노력의 방향과 노력의 강도라는 두 가지 속성을 포함한다.

1) 노력의 방향

노력의 방향은 **특정 상황에 매력을 느끼거나 끌리는 것**을 말한다. 예를 들어 한 학생이 우연히 태권도 시범을 보고 반하여 태권도장에 다니는 것, 지도자들이 자신의 지도 역량의 부족함을 느끼고 스포츠 지도자 자격증을 취득하기 위해 공부하는 것, 수영 선수가 자신의 하체 근력을 키우기 위해 근력운동 프로그램에 참여하는 것, 경기 중 다친 선수가 빠른 회복을 위해 재활 프로그램에 참여하는 것, 그리고 자신이 원하는 꿈을 이루기 위해 대학에 진학하는 것 등이 이에 해당한다.

2) 노력의 강도

노력의 강도는 **특정 행동에 쏟는 에너지의 양을 의미**한다. 예를 들어 중학생이 체육수업에 참여는 하고 있으나 수업시간 동안 큰 노력을 기울이지 않을 수 있다. 반대로 좋은 성적을 절실하게 원하는 체조선수는 너무 과한 동기부여로 인해 몸이 경직되고 결국은 기대에 못 미치는 수행을 보일 수도 있다. 또한 두 사람이 함께 주 4회 근력운동을 하지만 각각 운동에 대한 노력과 집중하고자 하는 정도에 따라 결과가 다르게 나타날 수 있다.

일반적으로 노력의 방향과 노력의 강도는 서로 밀접한 관련이 있다. 예를 들어 훈련에 거의 빠지지 않고 매일 참여하는 운동선수(노력의 방향)는 일반적으로 훈련 중에도 큰 노력(노력의 강도)을 쏟는다. 반대로 연습에 자주 결석하는 게으른 선수는 코치의 지도에 집중하지 않고, 대부분 적은 노력을 기울인다. 그러나 노력의 방향과 강도가 항상 일치하는 것은 아니다.

2. 동기의 세 가지 관점

어떤 선수는 원하는 목표를 이루기 위해 적절한 방향을 설정하고 실제로 적절한 노력을 기울이지만 그렇지 않은 선수도 있다. 그렇다면 앞의 선수처럼 동기화된 행동이 나타나는 원인은 무엇일까? 이에 대한 학자들의 설명은 크게 세 가지 관점으로 구분한다. 동기화된 행동의 원인을 사람의 특성(기질)에서 찾는 특성-중심 관점(trait-centered view)과 환경의 영향으로 해석하는 상황-중심 관점(situation-centered view) 그리고 사람과 환경의 상호작용으로 설명하는 상호작용 관점(interactional view)이다.

1) 특성-중심 관점

특성-중심 관점은 **동기부여된 행동이 선수의 성격 같은 내적인 특성으로부터 비롯**된다고 보고 있다. 다시 말해 개인의 성격·욕구·목표 등이 동기화된 행동을 결정짓는 선행 요인이다. 많은 스포츠 감독이나 코치들은 스포츠에 적합한 특성이나 성격적 기질을 지닌 운동선수가 진정한 승자라고 말한다. 즉 스포츠에서 뛰어난 기량을 발휘하기 위해 필요한 승부욕·열정·성실·집념·끈기 등과 같은 선수의 특성 요인들이 동기에 영향을 미친다는 것이다. 한편 이와 같은 특성이 없거나 부족한 스포츠 선수는 패자라고 부른다. 이처럼 어떤 선수는 자신의 성격적 기질과 특성 때문에 높은 수준의 동기를 가지고 있지만 그렇지 않은 선수는 낮은 수준의 동기를 가질 수도 있다.

그러나 특성-중심 관점은 상황에 따라 달라지는 참여자의 행동을 설명하지 못한다. 예컨대 성격이 게으른 선수라 하더라도 시합이 다가오면 누구보다 성실하게 운동하며 높은 수준의 집념과 끈기를 보여줄 수 있다. 이 경우 게으르다는 선수 개인의 특성과 실제 행동에는 차이가 발생한다.

2) 상황-중심 관점

상황-중심 관점은 **동기부여된 행동이 상황**(외부 요인이나 환경)**에 의해 결정되는 것**을 말한다. 코치가 항상 선수들에게 비판만 한다면 결국 선수들은 자신의 능력을 의심하게 되고 하고자 하는 의욕 또한 감소할 것이다. 반대로 선수들에게 긍정적인 환경을 조성해 주고 적절한 조언을 한다면 하고자 하는 의지가 강해질 것이다. 즉 코치의 지도라는 상황적 요인에 따라 선수들의 동기 수준이 달라질 수 있다. 또 다른 예로 한 학생은 에어로빅 수업에 높은 동기를 가질 수 있지만, 축구나 농구와 같은 경쟁적인 스포츠에 큰 동기를 느끼지 못할 수도 있다. 또한 자신이 존경하는 코치에게 배우는 선수와 그렇지 않은 선수의 동기부여 수준은 상당히 다르게 나타난다. 따라서 특정한 상황요인들(예: 주변 인물 · 날씨 · 스포츠 종류 등)이 선수의 동기 수준에 영향을 미친다.

3) 상호작용 관점

상호작용 관점은 **동기부여된 행동이 개인이 가진 특성과 상황적인 요인의 상호작용**을 통해 나타난다고 본다. 앞서 살펴본 특성-중심 관점이나 상황-중심 관점은 종종 참여자들의 행동을 설명하지 못하는 경우가 발생한다. 예를 들어 항상 선수에게 윽박지르며 부정적인 피드백을 주는 코치가 있다. 선수들은 그 코치에게 잔소리를 들을 때마다 운동에 대한 동기가 떨어진다. 하지만 어떤 선수는 이러한 코치의 행동에도 여전히 동기화된 행동을 유지하고 있다. 이 경우에는 코치(상황요인)가 선수의 동기 수준에 영향을 미치는 중요한 요인이라고 보기 어렵다. 바로 이러한 점 때문에 상호작용 관점은 많은 스포츠심리학자들과 코칭 전문가들에게 지지받고 있다. 동기는 단순히 개인적 요인(예: 성격 · 열정 · 목표 · 승부욕 · 끈기/집념)이나 상황적 요인(예: 리더 스타일 · 가족 지원 · 사회적 지원 · 시설 · 팀의 수준)에만 영향을 받는 것이 아니다. 상호작용 관점을 지지하는 학자들은 이 요인들이 어떻게 상호작용하는지를 이해해야 한다고 강조한다.

소렌티노(Sorrentino)와 쉐파드(Sheppard)[2]는 수영 선수 77명의 소속 동기(affiliation motivation)[1] 성향을 파악하여 개인전과 단체전(상황적 요인)에서 각각 어떤 수행을 보이는지 조사하였다(그림 2-1 참조). 연구 결과 동료들과의 경쟁을 긍정적으로 해석(사회적 인정)하는 선수들은 개인전보다 단체전에서 기록이 더 좋았다. 반대로 동료들과의 협력을 부정적으로 해석(사회적 거부)하는 선수들은 단체전보다 개인전에서 더 좋은 기록을 보였다. 이처럼 선수들이 추구하는 동기 성향에 따라서 누군가는 단체전에서 최상수행을 또는 개인전에서 최상수행을 발휘한다. 지도자들이 선수들의 동기 성향을 토대로 지도 전략을 세운다면 효율적인 코칭이 가능하다.

그림 2-1 소속 동기에 따른 수행력의 차이[2]

		경쟁 상황	
		개인전 참여	단체전 참여
성향	사회적 인정 (경쟁을 긍정적으로 해석)	수행력 ↓	수행력 ↑
	사회적 거부 (경쟁을 부정적으로 해석)	수행력 ↑	수행력 ↓

앞선 연구의 결과는 동기를 이해하는 데 있어 선수의 상황에 대한 상호작용의 이해가 중요하다는 것을 입증해 주고 있다. 단순히 성격 특성(기질) 또는 상황적 특성을 구분하여 선수의 행동을 예측하는 것은 효율적인 방법이 아니다. 따라서 두 가지 요인을 함께 고려하는 것이 동기를 이해하는 데 중요하다(그림 2-2 참조).

---

1 타인과의 사회적 접촉을 형성하려는 사회적 동기로서 이 책에서는 동료들과의 경쟁을 긍정적인 상황(사회적 인정)으로 해석하거나 위협적인 상황(사회적 거부)으로 해석하는 동기적 성향으로 정의하였다.

그림 2-2 동기의 상호작용 모델[1]

개인적 요인	상호작용 (participant-by-situation interaction)	상황적 요인
• 성격 • 열정 • 목표 • 승부욕 • 집념/끈기 • 간절함	참여 동기 (participant motivation)	• 리더 스타일 • 가족의 지원 • 사회적 지원 • 시설/환경 • 팀 수준/분위기

KEY POINT

대부분의 연구자들은 동기를 이해하는데 특성이나 상황-중심 관점으로만 이해하지 않는다.
동기는 상호작용 관점으로 이해하는 것이 바람직하다.

3. 통합 동기 모델

밸러랜드(Vallerand)와 로시어(Losier)[3]는 통합 동기 모델을 제안하였다. 아래 제시된 모델을 살펴보면 심리적 욕구 만족(psychological needs satisfaction)은 사회적 요인(social factors)과 동기(motivation)의 관계를 중간에서 조절하고 있다(그림 2-3 참조). 동기는 심리적 욕구 만족과 결과를 조절하고 있다. 통합 동기 모델의 주요 개념인 사회적 요인·심리적 욕구 만족·동기·결과에 대한 구체적인 내용은 다음과 같다.

그림 2-3 스포츠 통합 동기 모델[3]

사회적 요인	심리적 욕구 만족	동기	결과
• 성공/실패 • 경쟁/협동 • 리더 행동 • 시설 • 사회적 지원 • 가족 지원	• 유능성 • 자율성 • 관계성	• 내적 동기 – 앎의 가치 – 성취경험 – 즐거움 • 외적 동기 – 외적 규제 – 순응 규제 – 확인 규제 – 통합 규제 • 무동기(의욕상실)	• 신체·정신 • 수행 성취 • 운동 지속·강도

1) 사회적 요인

사회적 요인은 성공 및 실패 경험, 경쟁 및 협동 경험, 지도자의 행동 등으로 구분된다. 개인의 심리적 욕구 만족(유능성·자율성·관계성)의 원인이 되거나 영향을 주는 역할을 한다. 이 요인들이 모든 사회적 요인들을 설명하는 것은 아니지만 스포츠 현장에서 가장 흔하게 나타나는 요인들이다.

(1) 성공과 실패 경험

선수들은 스포츠에 참여함으로써 수많은 성공과 실패를 경험하고, 이에 대한 긍정 혹은 부정적인 피드백을 받는다. 성공 경험은 자신이 배우고 수행해야 할 기술들을 능숙하고 효율적으로 잘해낼 수 있다는 믿음을 제공해 준다. 반대로 실패 경험은 이러한 믿음을 감소시킨다. 게다가 선수들은 본능적으로 자신의 행동을 스스로 선택하고 싶어 하고(자율성) 다른 사람들과의 친밀한 관계(관계성)를 느끼고 싶어 하는 특징이 있으며, 무언가 남들보다 잘해내고 싶어 하는 강한 동기(유능감)가 있다. 성공과 실패 경험은 이를 결정해 주는 원인으로 작용한다. 예를 들어 계속 실패를 경험한 선수는 특정한 기술 수행을 주저할 수 있고, 동료들과의 관계에서도 소극적일 가능성이 크다.

(2) 경쟁 및 협동

선수들은 자신의 경기력을 경쟁 또는 협동을 통해 평가받으려는 경향이 있다. 경쟁 시합에서는 자신(또는 팀)의 우수함을 보여주기 위해서 상대방(또는 상대팀)을 이기는 것이 주된 목표다. 또한 선수들은 경쟁에서 승리하여 얻게 되는 여러 외적인 보상 때문에 승리를 더욱 갈망하기도 한다. 이와는 반대로 스포츠 참여의 주된 이유가 협동일 때, 선수들은 자신이 팀(또는 동료)에게 무언가 도움이 될 수 있다는 믿음을 통해 자신의 가치를 평가하는 경향이 있다.

(3) 리더의 행동

일반적으로 리더의 지도 유형은 독재와 민주적인 스타일로 구분할 수 있다. 독재적인 지도자 행동은 오직 승리를 위해 선수의 생각과 자주적 선택권을 박탈함으로써 그들의 내적 동기를 약화할 위험성을 가지고 있다. 반면 민주적인 지도자 행동은 선수들의 선택권을 존중함으로써 자율성을 높이는 결과를 기대할 수 있다. 그러나 언제나 지도자의 민주적인 행동이 옳은 것은 아니다. 과도한 민주적 행동은 오히려 팀의 목표를 저해하거나 응집력의 방해 요인으로 작용할 수도 있다.

2) 심리적 욕구 만족

사회적 요인들(예: 성공 경험, 협동, 지도자 행동)은 선수들이 자신에 대한 믿음을 결정하는 데 중요한 요인으로 작용한다. 이러한 믿음은 유능성, 자율성 그리고 관계성이라는 욕구의 만족으로 연결된다. 만약 사회적 요인이 세 가지 심리적 욕구를 충족시키지 못하면 수행에 악영향을 미치고 기대하는 결과와 멀어지게 된다. [4]

(1) 자율성

자율성(autonomy)은 **스스로 선택하고 결정하려는 성향을 의미**한다. 만약 자율성을 가지고 있다면 우리는 스스로 운명과 행동을 선택하고 결정할 수 있다. 데시(Deci)와 라이언(Ryan)[5]이 제안한 자기결정 이론(self-determination theory)에 따르면 모든 인간은 무언가의 객체가 아닌 자신이 주체가 되려는 성질을 선천적으로 가지고 태어난다. 따라서 선수들은 성숙된 내적 동기를 발달시키기 위해서 반드시 자신의 의지에 따라 스스로 행동을 결정하는 것이 좋다.

마구(Mageau)와 밸러랜드(Vallerand)[6]는 자율성 욕구를 발달시키기 위해 코치가 실천할 수 있는 몇 가지 전략들을 제안하였다.

- 선수들에게 선택권과 한계선을 제공하라.
- 선수들에게 훈련과 자기관리(예: 식이요법, 수면 등)의 과학적인 정보를 제공하라.
- 선수들의 생각과 느낌을 인정하고 존중하라.
- 선수들이 스스로 결단력을 가지고 훈련에 임하는 기회를 제공하라.
- 선수 스스로 잘해낸 것들에 대해서 피드백을 제공하라.
- 의도적으로 선수들을 질타하지 마라.
- 결과('내가 시합에서 이겼기 때문에 너보다 내가 낫다')에 치우친 생각보다 무언가를 배운다는 학습적인 생각을 하도록 지도하라.

(2) 유능성

유능성(competence)은 **자신이 수행할 동작이나 배웠던 동작을 훌륭하게 해낼 수 있다는 믿음**을 의미한다. 이 욕구는 내적 동기 발달에 중요하게 작용하지만 자기 스스로 결정하는 자율성이 동반되어야 진정한 내적 동기로 발달하게 된다. 데시(Deci)와 그의 동료들[7]은 자율성 없는 유능성을 '장기의 말(pawn)'이라고 표현하였다. 장기 말은 외부의 통제와 명령에 따라 움직이기 때문이다. 예를 들어 어떤 선수는 장학금과 같은 외적 보상물 때문에 동기가 생겨 열심히 운동한다. 만약 장학금이 없어진다면 그 선수가 운동을 지속적으로 열심히 할 것이라 보장할 수는 없다. 왜냐하면 외부로부터 보상이 사라지고 나면 더 이상 해당 과제를 수행할 동기를 느끼지 못하기 때문이다. 따라서 진정한 내적 동기 발달을 위해서는 자율성이 동반된 유능성을 형성해야 한다.

(3) 관계성

관계성(relatedness)은 **다른 사람과 어울리고 타인의 관심을 주고받는 기본적인 욕구**다. 유능성·자율성과 함께 관계성은 사람의 잠재 능력을 최고로 발휘하고 인간다움을 느끼는 데 꼭 필요한 요인이다. 인간은 사회적 동물이기 때문에 다른 사람들과 긍정적으로 상호작용하고 싶은 선천적인 욕구를 지닌다. 우리는 스포츠 상황에서 선수들이 동료들을 격려하고 서로 다독이는 모습을 쉽게 볼 수 있다. 또한 우리가 스포츠 활동에서 느끼는 흥미는 동료나 지도자들과 어떤 조화를 이루는지와도 관련이 깊다. 특히 유소년들에게는 부모, 지도자, 친구와 같은 주변 사람들과의 관계가 스포츠 참여와 지속 그리고 만족감에 매우 중요한 요인으로 작용한다.

<자기결정 이론>
자기결정 이론(self-determination theory, SDT)은 데시(Deci)와 라이언(Ryan)[5]이
정립하였다. SDT는 인간이 스스로 동기부여하고 스스로 결정할 때 가장 강력한 행동이
발생한다고 설명한다. 거시 이론(macro-theory)으로서 인지평가 이론, 유기적 통합 이론,
인과지향성 이론, 기본심리욕구 이론을 포함한다. 앞서 살펴본 유능성, 자율성, 관계성
욕구는 기본심리욕구 이론에서 다루는 내용이다. 이 밖에도 자기결정성 이론은 인간 행동과
동기를 설명하는 이론으로 다양한 학문과 분야에서 연구되고 있다.

3) 동기

(1) 무동기

무동기(amotivation)는 말 그대로 **동기가 없는 상태**를 말한다. 내적이거나 외적
인 원동력이 없는 상태를 의미한다. 예를 들어 무동기 상태의 테니스 선수는 자기
가 테니스를 하는 이유를 모른다. 테니스를 하면서 얻을 수 있는 효과가 없다고 생
각한다. 무엇보다 자신이 어디로 가야 하는지, 무엇을 위해서 하는지 등의 목표가
없는 상태다. 마치 목적지 없이 조류를 따라 바다를 떠도는 배와 같다. 따라서 무
동기 선수들은 스포츠 참여를 지루하다고 느끼게 됨으로써 중도 탈락하거나 그만
둘 가능성이 크다.

(2) 외적 동기

외적 동기(external motivation)는 **외부의 요인으로 발생하는 동기**를 말한다. 외
적 동기는 트로피, 상금, 칭찬, 사회적 인정, 죄책감, 처벌의 두려움과 같은 다양한
형태로 나타날 수 있다.

무동기와 내적 동기가 극과 극을 이룰 때 외적 동기는 그 둘 사이에 위치한다
(그림 2-4 참조). 가장 왼쪽(무동기) 상태에서는 자결성과 자율성이 아예 없거나 극히
낮은 수준에 머문다. 우측으로 이동할수록 자결성과 자율성의 수준은 증가한다.

이는 무동기, 외적 동기, 내적 동기가 하나의 연속선에 위치함을 뜻한다. 따라서 외적 동기와 내적 동기가 동시에 적절히 작용하면 매우 높은 형태의 자결성이 나타날 수 있다.

외적 동기는 자결성의 수준에 따라 네 가지 세부적인 형태로 구분된다. 외적 규제(external regulation)는 외적 동기에서 가장 낮은 수준의 자결성을 지니고 있다. 이 단계에서 선수들은 오직 외부적인 요인(예: 상금, 지도자 처벌의 두려움)으로 조절된 행동을 한다. 예를 들어 외적 규제 단계의 동기를 지닌 선수는 훈련이나 팀 생활에 소극적이지만 상금이 걸린 시합에서는 적극적으로 행동할 가능성이 높다.

외적 규제를 제외한 나머지 순응·확인·통합 규제는 내면화(internalization)의 다양한 수준으로 표현된다. 여기서 말하는 내면화란 **타인이나 사회의 기준들을 받아들여 의미 있게 자기 것으로 만드는 것**을 말한다. 순응 규제(introjection regulation)는 부분적으로 내면화된다. 외적 규제 동기보다는 높은 자결성을 가지지만 여전히 자신의 행동 원천을 스스로 결정하지 못한다. 예를 들어 양궁 선수인 나래는 어린 시절부터 자신을 가르쳐준 지도자를 매우 존경하고 있다. 지도자는 나래가 국가대표

그림 2-4 자기결정성 이론의 동기 수준[5]

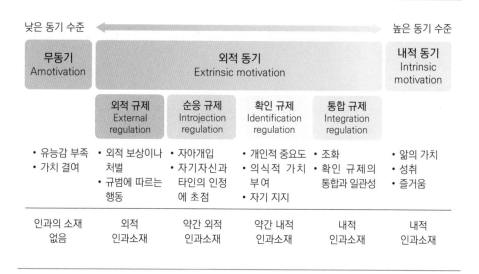

낮은 동기 수준 ←				→ 높은 동기 수준	
무동기 Amotivation	외적 동기 Extrinsic motivation				내적 동기 Intrinsic motivation
	외적 규제 External regulation	순응 규제 Introjection regulation	확인 규제 Identification regulation	통합 규제 Integration regulation	
• 유능감 부족 • 가치 결여	• 외적 보상이나 처벌 • 규범에 따르는 행동	• 자아개입 • 자기자신과 타인의 인정에 초점	• 개인적 중요도 • 의식적 가치 부여 • 자기 지지	• 조화 • 확인 규제의 통합과 일관성	• 앎의 가치 • 성취 • 즐거움
인과의 소재 없음	외적 인과소재	약간 외적 인과소재	약간 내적 인과소재	내적 인과소재	내적 인과소재

로 선발되기를 간절히 바란다. 그런 지도자의 바람을 이루고 인정받고 싶은 나래는 매일 열심히 훈련에 임한다. 이와 같은 경우 자결성이 어느 정도 존재하지만 그 행동의 원인이 외부에 있기 때문에 순응 규제 단계로 볼 수 있다.

어떤 선수가 주기적인 웨이트 트레이닝 프로그램에 참여하고 있다고 하자. 그리고 이 웨이트 트레이닝이 매우 재미없고 원하지 않는 활동이라고 스스로 인지하고 있다. 그러나 근력운동이 자신의 기술 향상에 매우 도움이 되기 때문에 참여한다. 이와 같은 상황을 확인 규제(identification regulation)라고 한다. 다른 예로, 어떤 태권도 선수는 유연성 훈련을 매우 싫어한다. 그러나 발차기를 조금 더 높이, 빠르게 차기 위해서는 자신의 유연성을 향상시킬 필요가 있기 때문에 어쩔 수 없이 유연성 훈련을 하게 된다.

마지막으로 통합 규제(integration regulation)는 외적으로 동기가 부여된 행동의 가장 자율적인 형태를 지니고 있고, 내적 동기와 외적 동기의 경계에 위치한다. 통합 규제는 이미 내면화된 자신이 추구하는 가치, 목표, 그리고 욕구와의 일치성이 발견되었을 때 나타날 수 있다. 이는 내적 동기가 지닌 많은 특성과 깊은 관련이 있다. 이러한 이유 때문에 많은 연구자는 외적 동기의 마지막 형태인 통합 규제와 내적 동기의 명확한 구분을 짓는 데 어려움을 겪는다. 그러나 통합 규제에 의한 행동들이 자유의지(자율성)로 수행되기는 하지만 아직 내재된 흥미와 즐거움보다는 개인적으로 추구하는 중요한 결과를 얻기 위해 행하는 것이기 때문에 외부적인 것으로 본다.

> **KEY POINT**
>
> 외적 동기는 자결성 수준에 따라 외적 규제, 순응 규제, 확인 규제, 통합 규제 순으로 구분한다.

(3) 내적 동기

내적 동기(intrinsic motivation)는 인간의 고유하고 본질적인 특성으로 **높은 수준의 자결성과 자율성을 포함하는 동기의 형태**다. 내적으로 동기화된 사람은 자신의 자유의지로 스포츠에 흥미를 느껴 참여한다. 외부 환경으로부터 영향을 덜 받을 뿐만 아니라 스스로 동기를 유발하기 때문에 더 오랜 시간 참여할 가능성이 크다. 이러한 사람들은 외적 보상보다 스포츠 참여 자체에 중요한 가치를 두기 때문이다.

내적 동기는 다차원적 특성을 가지고 있다. 일반적으로 세 가지 관점으로 구분된다. 먼저 '앎의 가치'를 중요시하는 내적 동기다(toward knowledge). 참여자가 새로운 무언가를 배우고자 하는 열망을 말한다. 두 번째로 '성취'를 향한 내적 동기다(toward accomplishment). 참여자가 특정 기술을 습득하고 자신의 목적을 달성하면서 발생하는 기쁨을 얻고자 하는 열망을 말한다. 마지막으로 '자극 경험'을 향한 내적 동기다(toward experiencing stimulation). 참여자가 운동 자체의 경험에서 오는 즐거움이나 자극을 신체·심리적으로 경험하고자 하는 것을 말한다.

유용한 정보!

<외적 동기 Vs. 내적 동기>
외적 동기와 내적 동기를 이야기할 때 발생하는 흔한 오해 중 하나는 내적 동기에 대한 지나친 믿음과 편향이다. 본문에서 다룬 것처럼 내적 동기는 참여자의 동기와 행동을 설명하는 데 매우 중요하다. 그러나 이것은 결코 외적 동기가 나쁘다는 이야기는 아니다. 어쩌면 단기간에 이루어지는 적절한 외적 동기의 유발은 내적 동기보다 강력할 수도 있다. 따라서 내적 동기를 지향하되 적절한 외적 동기 유발 전략도 함께 고려해야 한다. 두 가지 동기가 모두 충족될 때 개인의 행동은 더 강력하게 나타날 수 있다.

4) 결과

높은 수준의 내적 동기와 완벽히 내재화된 외적 동기를 지닌 참여자들은 긍정적인 감정과 행동을 만들고 향상된 인지 능력을 보여준다. 또한 올바른 스포츠 정신을 가지고 계속 스포츠에 참여하는 경향이 강하다. 마지막으로 자신이 왜 스포츠에 참여하는지, 여러 스포츠 상황에서 어떻게 행동해야 되는지를 정확히 알고 있다.

유용한 정보!

<과잉 정당화 효과>
과잉 정당화 효과(over justification effect)는 내적인 동기로 이루어진 행동을 외부의 보상으로 동기부여할 때 나타나는 현상이다. 예를 들어, 어떤 태권도 수련생이 태권도 그 자체에 재미와 흥미를 느껴 열심히 참여하고 있다. 사범은 이 수련생이 혹여나 흥미를 잃을까 두려워 상점 포인트(외적 보상물)를 계속 제공했다. 사범은 이 수련생의 동기가 계속 유지될 것으로 여겼다. 그러나 실제로 이 수련생은 처음 태권도에 대해 느꼈던 흥미가 감소하고 오히려 상점 포인트에만 관심을 두게 된다. 즉 내적 동기가 감소하고 외적 동기가 증가하는 현상이 나타나는 것이다.

이러한 현상은 특히 아이들, 학생들, 또는 특정 활동을 즐기는 사람들에게 나타날 수 있다. 예를 들어, 어떤 아이가 책을 자발적으로 읽는 것에 대해 보상으로 선물을 약속하면, 그 아이는 책을 읽는 행동을 외부 보상에 의존하게 되어 자발적인 독서 행동의 내적 동기가 감소할 수 있다. 과잉 정당화 효과는 자발적인 행동을 증진시키려는 의도로 외부에서 보상을 도입할 때 주의해야 한다는 것을 설명한다. 이러한 상황에서는 내적 동기부여를 유지하면서도 외부 보상을 효과적으로 도입하기 위한 전략이 필요하다.

4. 동기유발 전략

자기결정성 이론의 하위 이론 중 하나인 인지평가 이론(Cognitive Evaluation Theory; CET)에 따르면 행동에 대한 동기유발 전략은 **통제적인 측면**(controlling aspect)**과 정보적인 측면**(informational aspect)으로 설명할 수 있다(그림 2-5 참조).[5]

통제적인 측면은 자율성과 관련이 있다. 예를 들어 어떤 선수의 행동이 부모나 지도자의 강요와 같은 외적인 요인에 의해 통제되면 그의 자율성 수준은 떨어지고 내적 동기 역시 감소한다. 초등학생인 민준이는 도장에 등록하면 장난감을 준다는 태권도장의 홍보물을 보고 동기가 유발되었다. 민준이는 부모님을 설득하여 태권도장에 다니게 되었고, 약속대로 태권도장 관장님으로부터 장난감을 선물받았다. 그러나 며칠 후 민준이는 태권도 수련에 전혀 흥미를 느끼지 못하고 결국 그만두게 되었다. 이 사례에서 민준이는 장난감이라는 외적인 요인에 의해 동기가 유발되었기 때문에 장난감을 받은 뒤 참여 동기가 급속히 감소한 것이다. 따라서 스포츠 지도자들은 참여자의 자율성 수준을 높여 내적 동기를 강화해 주어야 하고, 참여자 스스로 자신의 행동을 통제할 수 있는 환경을 만들어 주어야 한다.

그림 2-5 인지평가 이론의 내적 동기 유발 전략[5]

정보적인 측면은 유능성과 관련이 있다. 선수들은 끊임없이 기술을 연습한다. 이때 만약 지도자들이 부정적인 피드백(예: 잔소리, 꾸지람)을 준다면 선수들은 자신의 능력을 의심하게 됨으로써 내적 동기 또한 떨어질 것이다. 특히 인지발달에 있어 민감기에 있는 청소년들의 경우 부정적 정보 제공에 따른 유능성 감소가 더욱 심하게 나타날 수 있다. 따라서 지도자들은 긍정적인 정보 제공을 통해 선수들의 유능성을 향상할 필요가 있다.

5. 운동 참여를 높이기 위한 사회촉진 전략

1) 사회촉진의 정의

스포츠 환경에서 사회촉진은 **개인의 신념·태도·행동이 변화하도록 영향력을 행사하는 것**이다. 특히 운동을 가르치는 지도자나 함께 운동하는 동료들은 개인이 운동에 지속적으로 참여하기 위해 필요한 요인이다. 다음의 예를 통해 살펴보자.

두 아이의 엄마인 영미는 올여름에 가족과 동남아 여행을 가기로 했다. 그러나 영미는 한 가지 걱정이 있었다. 결혼 전에는 날씬한 몸매를 가지고 있었지만 두 아이를 출산하면서 심각한 비만이 생긴 것이다. 여행을 가서 수영복을 꼭 입고 싶었던 영미는 병원을 찾아 다이어트에 대한 상담을 받았다. 그리고 식단조절과 규칙적인 식습관에 대한 정보와 운동 프로그램을 처방받았다. 영미는 의사의 권유대로 에어로빅 수업에 참여하기로 했다. 하지만 등록한 지 1주일도 되지 않아 에어로빅을 포기하고 말았다. 다시는 에어로빅 같은 운동은 하지 않겠다고 다짐까지 했다. 이유인즉 에어로빅 강사는 처음 에어로빅에 참여한 영미에게 많은 사람 앞에서 직설적으로 실수를 지적하고 그녀를 당혹스럽게 만들었다. 영미는 처음 접하는 운동인데 자기 수준은 생각도 않고 무조건 따라 해야 하는 것에 많은 스트레스를 느꼈다.

영미는 고민 끝에 임시방편으로 조용한 공간과 적은 인원이 참여하는 근력운동에 참여하기로 마음먹었다. 영미는 사람이 적은 시간대에 헬스장을 찾았다. 그리고 강사와 일대일로 1주일에 2회 운동하기 시작했다. 강사는 영미의 체성분 측정을 시작으로 영미에게 맞는 운동 프로그램을 계획하고 함께 운동했다. 영미는 강사로부터 배운 동작을 연습하면서 프로그램을 소화해 냈고 점차 운동에 대한 재미와 자신감을 느끼기 시작했다. 시간이 지나면서 체형의 변화가 생겼고 더욱 적극적으로 참여하게 되었다.

위 사례에서 알 수 있듯이 지도자가 참여자의 특성을 제대로 파악하고 그에 대해 어떻게 반응하는지에 따라 운동 참여와 지속 수준은 달라질 수 있다. 이는 함께 운동하는 동료 역시 마찬가지다. 어떤 사람은 여럿이서 응원하며 즐기는 운동을 원할 수도 있고, 어떤 사람은 경쟁적인 분위기를 원할 수도 있으며, 또 어떤 누군가는 영미처럼 혼자 하는 것을 원할 수도 있다.

2) 지속적 운동 참여를 위한 바람직한 사회촉진 전략

영미의 에어로빅 강사나 근력운동 강사처럼 지도자의 지도 스타일은 동호인들이 운동을 지속하거나 포기하게 하는 중요한 원인으로 작용한다.[8] 훌륭한 지도자는 사람들이 운동에 참여하고 지속할 수 있도록 긍정적인 자극을 줄 수 있어야 한다. 지도자는 선수나 동호인들이 운동을 통해서 무언가를 할 수 있다는 믿음을 가질 수 있도록 자기효능감·즐거움·동기 등을 불어넣어 주어야 한다. 스포츠 현장에서 동호인과 엘리트 선수들이 지도자에게 많은 영향을 받으며 운동에 참여하고 있지만 안타깝게도 이들이 운동을 중도에 포기하는 비율은 매우 높은 것이 현실이다.

바람직한 사회촉진 전략을 사용하는 지도자는 참여자들에게 격려("괜찮아요, 해낼 수 있어요."), 칭찬("잘했어요"), 긍정적 언어 피드백(배드민턴에서 "아래 보지 마세요"라는 부정적 피드백 대신 "콕을 보세요"로 피드백 제공), 긍정적 강화(상장, 상품 등) 같은 방법을 자주 사용한다. 또한 바람직한 사회촉진 전략을 사용하는 지도자와 운동을 한 참여자들은 참여하고 있는 운동에 높은 흥미를 느낄 뿐만 아니라 동료들과 긍정적으로 상호작용하고 상대에 대한 관심과 호감을 표현하며 좋은 관계를 만들기도 한다.

반면 부정적인 사회촉진을 사용하는 지도자는 참여자의 실수에 대하여 비난하거나("그것밖에 못해요? 그런 실수를 하면 안 돼요"), 격려와 칭찬을 제공하지 않으며(기계적인 레슨, 무표정, 잘한 것에 대한 보상이나 피드백 제공 없음), 참여자와 눈을 맞추거나(eye contact) 이름을 부르는 것에 소홀하다. 무엇보다 참여자들과 운동 전후로 소통을 위한 상호작용 기회를 거의 갖지 않는 경향을 보인다.

이외에도 사회촉진을 잘하는 지도자와 운동한 사람은 그렇지 않은 사람과 비교했을 때 다음과 같은 차이가 있다. 사회촉진을 잘하는 지도자와 운동한 사람들은 자기가 참여하는 종목에 대해서 높은 자기효능감을 가진다. 운동할 때 더 많은 에너지와 열정을 쏟고 운동 후에도 피로감이 적다. 또한 새로운 사람을 만나는 것에 대한 부담을 덜 느끼고 새로운 기술을 배우거나 시도하는 것에 대한 스트레스가 적다. 무엇보다 운동에 대한 더 큰 즐거움을 느끼고 지도자와의 관계에 높은 신뢰감을 가지며 참여하고 있는 운동에 대한 지속 의지가 높게 나타난다.

이처럼 바람직한 사회촉진 기술을 사용하는 지도자들은 참여자들의 동기, 재미, 소통, 열정과 같은 심리 요인에 긍정적인 효과를 줄 수 있다. 그리고 참여자들은 사회촉진을 잘하는 지도자와의 의사소통, 지도 방법, 동기부여에 대해서 높은 신뢰감을 가지고 있다. 사회촉진을 잘하는 집단의 참여자들은 그렇지 않은 참여자들보다 출석률이 더 좋은 것으로 나타났다.[8] 바람직한 사회촉진 방법에 대해 살펴보자.

(1) 사회 지원

사회 지원은 **개인이 스포츠나 운동에 원활하게 참여할 수 있도록 적절한 환경을 조성하는 전략**이다. 사회 지원의 핵심은 운동 참여의 방해 요소를 최대한 줄여주는 것이다. 예를 들어 어린 자녀를 둔 엄마가 운동에 참여하는 동안 누군가가 잠시 아이를 돌봐주는 것, 할인을 통해 운동 참여에 드는 비용 부담을 줄여주는 것, 지도자가 참여자의 개인적 어려움에 관심을 갖고 도와주는 것 등 매우 다양하다. 특히 운동을 위해 적절한 도구를 마련하는 것도 사회 지원에 속한다. 예컨대 어떤 중학교 선생님이 학교에 축구 동아리를 만들었다고 가정해보자. 학생들이 드리블, 패스, 슈팅과 같은 기술을 연습해야 하는데 적절한 훈련 도구가 없어 공만 가지고 연습했다. 이에 학교에서는 훈련을 위한 콘, 마커, 허들 등의 도구를 제공하였고, 그 결과 학생들은 새로운 도구를 이용한 훈련에 큰 재미를 느끼면서 전보다 더 열심히 동아리에 참여하게 되었다.

(2) 정서 지원

정서 지원은 **지도자가 참여자의 긍정적 정서를 유발하는 전략**이다. 격려, 케어링(caring), 공감, 배려 등이 대표적이다. 노력에 대한 칭찬이나 실패에 대한 격려, 어려움에 대한 공감 등이 정서 지원의 구체적인 예가 될 수 있다. 초심자들은 기술을 배우는 과정에서 자신의 한계에 부딪힐 때 의기소침해지고, 숙련자들과 게임할때 스트레스를 경험한다. 이때 지도자의 격려나 케어링은 초심자가 한계와 스트레스를 극복하는 데 큰 도움을 준다. 지도자는 초심자가 참여하고 있는 종목이나 환경에 적응하고 운동에 재미를 느낄 수 있도록 배려와 보살핌을 아끼지 말아야 한다. 이러한 정서적 지원은 자존감 향상, 불안 감소, 안녕감을 심어주고 수용과 자긍심을 높이는 데 효과가 있다.

(3) 정보 지원

정보 지원은 운동 **방향의 제시나 조언, 운동 방법, 피드백 제공 등을 포함**한다. 영미는 처음에 의사로부터 비만 수치, 체형 불균형, 콜레스테롤 수치 등에 기초하여 운동이 필요하다는 정보를 얻었다. 그리고 건강 치료사나 전문 지도자로부터 체형관리를 위한 처방을 받았다. 건강관리를 위해서 어떤 운동을 얼마나 어떻게 해야 하는지, 음식 관리는 어떻게 해야 하는지 등에 대한 정보를 지원받았고, 이를 체계적으로 실천하였다.

(4) 동료 지지

동료 지지는 **친구나 가족 또는 운동 그룹에 속한 사람들의 지지**(격려, 응원 등)를 포함한다. 영미는 처음에 에어로빅을 하면서 운동에 대한 동기를 잃었다. 하지만 영미의 남편은 영미에게 다른 운동을 권했고 운동의 효과에 대해서 설명하며 운동 참여를 응원했다. 지금 영미는 근력운동 삼매경에 빠져 있다. 처음 무게를 드는 것에 대한 지루함 때문에 어려움을 겪었지만 센터 동료들과 가족의 격려를 통해 극복해 냈다. 동료와 가족의 지지는 영미가 중도 포기하고 싶은 욕구를 극복하게 해

주었고, 지루함에서 즐거움으로 변하도록 도왔다. 이는 운동 중단의 원인으로 작용하는 요소들(예: 피로, 고통, 지루함, 한계, 시간 부족)을 극복하는 계기가 되었다.

(5) 측정과 타당화

측정과 타당화는 **운동효과를 측정하거나 참여자의 생각, 느낌, 문제, 그리고 경험을 타인과의 비교를 통해 해석하는 것**을 말한다. 운동효과는 체성분 분석, 심리검사지, 면담지 등 다양한 도구를 사용해서 운동 참여 전과 후에 어떠한 변화가 생겼는지를 보여줄 수 있다. 운동 참여자는 측정된 수치를 보고 자신의 변화 정도를 확인한다. 측정 수치는 동호인들이 더욱 적극적으로 운동에 참여하도록 자극제 역할을 한다.

신체나 심리적으로 증상이 있는 사람들은 유사한 그룹의 사람들이 운동에 참여하거나 지병을 극복하는 모습을 보면서 동질감을 느낀다. 가령 심장질환이 있는 사람들이 운동에 참여하는 것을 보면서 '그들이 하면 나도 할 수 있다'는 마음이 생기고 운동에 적극적으로 참여하게 된다.

6. 강화와 처벌

스포츠 환경에서 강화(reinforcement)와 처벌(punishment)은 **참여자의 행동형성에 영향을 주고 그 행동의 빈도를 증가 혹은 감소하게 만드는 것**을 의미한다. 참여자의 동기를 유발하기 위해 지도자는 칭찬과 보상을 제공하지만 가끔은 쓴소리나 꾸지람을 하기도 한다. 이들은 모두 강화와 처벌의 개념에 해당한다. 그러나 강화와 처벌은 생각보다 단순하지 않다. 이 때문에 지도자는 강화와 처벌의 개념을 알고 적재적소에 알맞은 전략을 사용할 수 있어야 한다.

1) 강화

강화는 **어떤 행동의 빈도와 강도 그리고 지속시간을 증가시키기 위해서 사용하는 전략**이다. 운동에 참여하는 동호인을 더 자주 참여하게 만드는 것, 기술을 훈련하는 선수가 더 노력하게 만드는 것 등이 강화에 해당한다. 강화는 크게 정적 강화(positive reinforcement)와 부적 강화(negative reinforcement)로 구분한다. 여기서 정적과 부적은 제공과 제거로 이해하는 것이 편리하다.

정적 강화는 **기대하는 행동이 나타날 때 긍정적인 자극을 제공하여 그 행동을 더 촉진하는 것**이다. 여기서 긍정적인 자극이란 운동 참여자가 선호하는 것을 말한다. 예를 들어 운동선수가 설정한 목표에 도달했거나 지도자가 가르친 기술로 경기에서 이겼을 때, 칭찬이나 소정의 상점을 부여한다면 그 선수는 아마도 다음 목표를 달성하거나 또 다른 기술을 익히기 위해서 보다 적극적으로 운동에 참여할 것이다. 이 외에도 시합에서 입상하면 상이나 상금을 받거나 연봉이 올라가는 것 등이 대표적인 정적 강화에 속한다.

부적 강화는 **기대하는 행동이 나타날 때 부정적인 자극을 제거하여 그 행동을 더 촉진하는 것**이다. 부정적 자극은 운동 참여자가 선호하지 않거나 불쾌함을 유발하는 요소를 가리킨다. 예를 들면 100m 달리기를 정해진 시간 안에 들어오면 훈련을 조금 일찍 끝내준다거나, 열심히 하면 5세트 체력훈련을 3세트로 줄여주겠다거나, 매일 야간 훈련을 하면 주말 훈련을 없애주는 것이 대표적인 부적 강화 사례다. 이처럼 선수들이 선호하지 않거나 불쾌함을 느끼는 자극을 제거해 줌으로써 기대하는 행동의 강도를 높일 수 있다.

유용한 정보!

<강화물>
강화물(reinforcer)은 행동의 빈도와 강도 그리고 지속시간을 촉진하기 위해 사용되는 모든 자극을 의미한다. 이는 운동 참여자가 선호하거나 선호하지 않는 자극, 유쾌하거나 불쾌한 자극을 모두 포함한다. 정적 강화에서 강화물은 주로 금전적 보상, 칭찬, 휴식 제공, 자유시간 부여 등이 될 수 있다. 반대로 부적 강화에서 강화물은 주로 훈련 시간 제거, 훈련 횟수 감소 등이 대표적이다.

강화물은 물질로 제공하는 직접 강화와 언어와 비언어로 제공하는 간접 강화로 나뉜다. 직접 강화는 선수나 지도자가 가치 있다고 생각하는 것들을 사용하는 것이 일반적이다. 가령 2004 아테네올림픽에서 양궁 국가대표 선수들이 금 3개를 획득하며 소기의 목적을 달성했다. 입상한 지도자와 선수들은 협회와 각종 스폰서로부터 많은 물질적 보상을 받았다. 인터뷰에서 한 선수는 더 열심히 훈련에 임하겠다는 각오와 더불어 더 큰 보상(직접 강화물)이 있으면 더 좋은 결과가 따르지 않겠냐는 이야기를 하였다.

간접 강화는 선수나 지도자 사이에 일어나는 사회·심리적 상호작용에서 사용되는 것들을 말한다. 지도자는 선수가 목표 달성을 하거나 훌륭한 경기, 득점, 기술 습득 등의 기대되는 결과를 만들어 냈을 때 언어·비언어적으로 강화물을 제공한다. 언어적으로 하는 간접 강화는 지도자가 지시한 기술을 선수가 해냈을 때 즉각적으로 "잘했어!", "바로 그거야!" 등과 같이 말하는 것이다. 비언어적으로 하는 간접 강화는 즉각적으로 '엄지를 들어올리기', '미소' 등의 동작을 사용해서 선수에게 잘했다는 신호를 보내는 경우이다.

2) 처벌

처벌은 **불필요한 행동을 약화하거나 감소시키는 것을 목표로 사용**하는 전략이다. 강화는 기대하는 행동의 빈도를 높이기 위해 사용하지만 처벌은 기대하지 않는 행동의 감소를 위해 사용한다는 점에서 차이가 있다. 따라서 처벌과 강화는 상반된 효과가 있다. 처벌 역시 정적 처벌(positive punishment)과 부적 처벌(negative punishment)로 구분할 수 있다.

정적 처벌은 **부정적인 자극을 제공하여 그 행동을 감소하는 것**이다. 이는 스포츠 현장에서 가장 흔하게 사용된다. 어떤 지도자는 선수에게 주로 '~하지 마'라는 말을 자주 사용한다. 이런 말 또한 처벌에 속한다. 뿐만 아니라 선수들을 지도하면서 '욕설', '체벌', '얼차려' 등을 사용하기도 한다. 예를 들어 어떤 축구선수가 연습 게임 도중 집중을 하지 못하고 실책하여 팀이 패배했다. 게임이 끝나고 지도자는 선수를 꾸짖고 일주일간 야간 개인 훈련 추가라는 처벌을 제공했다. 이때 지도자의 꾸지람과 야간 훈련 추가가 정적 처벌의 예다. 이처럼 지도자들은 주로 선수가 실수를 하거나 경기에서 지면 정적 체벌을 통해서 미래에 같은 실수를 반복하지 않도록 가르친다.

부적 처벌은 **긍정적인 자극을 제거하여 그 행동을 감소하는 것**이다. 즉 스포츠 현장에서 선수가 희망하거나 바라는 것을 제거함으로써 잘못된 행동이 다시 일어나는 것을 방지할 때 사용된다. 가령 프로야구에서 타자가 관중의 야유 소리에 욕설을 퍼부었다고 하자. 야구협회는 욕설을 퍼부은 선수에게 3회 출전금지 명령을 내렸다. 이 경우가 부적인 처벌에 해당한다. 경기를 뛰고 싶어 하는 선수로부터 세 번의 경기를 빼앗아 간 것이다.

처벌은 선수들이 하지 말아야 할 행동이나 실수를 감소시키는 효과가 있다. 그리고 즉각적인 반응이나 효과를 얻을 수 있는 장점이 있다. 하지만 처벌은 자기주도성이나 자결성을 낮추는 부작용이 있다. 자결성이 낮아지면 하고자 하는 내적 동기 수준 또한 떨어져서 선수나 동호인들은 스스로 운동에 참여하거나 적극적으로 훈련에 임하지 않는다. 처벌은 운동 참여자를 수동적으로 만들어 버리는 부작용이 있기 때문에 교육이나 장기적인 발달 측면에서 사용하지 않는 것이 바람직하다.

처벌의 효과는 즉각적으로 나타나기 때문에 대부분의 지도자들이 쉽게 사용하지만 선수나 학생의 장기적인 변화 측면에서는 부정적인 결과를 초래할 수 있다.

표 2-1 강화와 처벌의 예

구분		행동 결과	강화물	형태
강화	정적 강화	기대한 행동	휴식 시간(선호)	제공
	부적 강화	기대한 행동	훈련 시간(비선호)	제거
처벌	정적 처벌	기대하지 않은 행동	추가 훈련(비선호)	제공
	부적 처벌	기대하지 않은 행동	휴식 시간(선호)	제거

강화와 처벌은 미래 행동의 변화를 유발한다는 공통점을 가지고 있지만 그 방법에서 확실한 차이가 있다. 정리하면 강화는 원하는 미래 행동을 증가하기 위함이고 처벌은 원하지 않는 미래 행동을 감소하기 위함이다. 또한 정적이라는 것은 강화물을 제공하는 것이고 부적은 강화물을 제거하는 것을 의미한다. 강화와 처벌 그리고 정적과 부적의 개념을 정리하면 아래 <표 2-2>와 같다.

표 2-2 정적/부적 강화와 정적/부적 처벌

구분	강화 (~을 더 하게 한다.)	처벌 (~을 더 하지 않게 한다.)
정적 (~을 제공하여)	정적 강화	정적 처벌
부적 (~을 제거하여)	부적 강화	부적 처벌

3) 다양한 강화 전략

(1) 정적 강화 전략

바람직한 행동이나 기술을 유도하기 위해서 가장 널리 사용되는 방법은 선수에게 긍정적인 보상을 제공하는 것이다. 보상은 정적 강화와 같은 말이다. 지도자는 선수나 운동 참여자가 바람직한 행동이나 수행에서 성공했을 때 즉각적인 강화물로 피드백을 주는 것이 좋다. 긍정적인 강화물을 자신의 수행과 연결시켜 해석할 때 보상의 효과가 높다. 즉 이유 없는 칭찬과 보상이 아닌 특정 행동을 언급하면서 칭찬과 보상이 뒤따라야 한다.

그리고 선수 혹은 운동 참여자의 성격 특성이나 지도자와의 관계에 따라 상금이나 상품 제공 같은 직접 강화를 할 것인지 아니면 언어·비언어적 간접 강화를 할 것인지 결정해야 한다.

(2) 차별 강화

여러 가지 행동 중 하나만을 선택적으로 강화하는 것을 차별 강화(differential reinforcement)라고 한다. 주의가 산만한 선수가 계속 딴청을 피우면 모른 척하다가 가끔 운동에 적극적으로 참여하거나 코치에게 주의를 기울일 때 긍정적 강화를 제공하는 것이 이에 해당한다. 예를 들어 운동 중에 소극적으로 참여하는 선수나 지도자의 말에 주의를 기울이지 않고 산만한 행동을 보이는 선수들의 행동을 수정해야 한다고 가정해 보자. 우선 선수 행동을 유심히 관찰해야 한다. 간혹 선수가 적극적인 모습이나 집중하는 모습을 보일 때, 즉시 그 행동에 대해서 강화해 주어야 한다. 또는 문제행동과 반대되는 상황을 만들어 강화해 주는 방법도 좋다. 문제행동을 보이는 선수가 관심 있어 하는 게임이나 운동에 참여하도록 한 후 적절한 강화물을 찾아 보상해 준다. 또는 주의집중 시간을 만들어 문제행동을 보이지 않을 때 친구들 앞에서 '집중'에 대한 격려와 칭찬을 해 주는 방법도 유용하다.

(3) 행동형성

행동형성(shaping)은 **과거에 한 번도 해 보지 않았던 것을 배우거나 가르칠 때** 효과적으로 사용된다. 원숭이가 줄을 타고, 호랑이가 불붙은 고리를 뛰어넘거나 고래가 공중에서 재주넘기를 하는 것은 바로 행동형성 때문에 가능하다.

지도자는 행동형성을 위해서 선수나 운동 참여자 또는 팀이 도달해야 하는 최종목표를 설정한다. 다음으로 목표에 도달하기 위한 구체적인 목표를 여러 단계로 나누어 설정한다. 선수나 팀에게 쉬운 단계부터 하나씩 부여하고 설정한 목표에 도달할 때마다 그 행동을 강화해 준다. 이러한 과정은 선수가 최종목표에 도달할 때까지 계속된다.

차별 강화는 선수나 운동 참여자들이 할 수 있는 기술이나 바람직한 행동을 강화할 때 사용하지만 행동형성은 새로운 기술을 배우거나 목표에 도달할 때 더 효과적이다. 행동형성은 시작점부터 최종목표까지 단계를 나눌 때 각 단계의 연결고리가 형성되도록 하는 것이 중요하다.

(4) 간헐적 강화

강화는 일반적으로 필요한 과제나 행동을 성취했을 때 제공된다. 강화는 행동을 빨리 변화시키는 효과가 있기 때문에 초보자에게 매우 유용하다. 지속적이고 규칙적인 강화는 강화물이 사라졌을 때 기대되는 행동이 감소되는 경향이 강하다. 때문에 습득된 기술이나 성취 정도를 유지하는 것에는 효과가 크지 않다. 이를 보완하기 위해서 간헐적 강화(intermittent reinforcement)를 사용한다.

간헐적 강화는 **반응시간**과 **반응 수**에 따라 방법이 달라진다. 그리고 반응시간과 수는 다시 고정해서 제공하느냐 아니면 변동해서 제공하느냐에 따라 달라진다. 다음 〈표 2-3〉은 간헐적 강화의 종류와 내용이다. 이해를 돕기 위해 태권도장 상황을 예시로 제시하였다.

표 2-3 간헐적 강화의 분류

분류	내용
고정-수/비율 (fixed-ratio schedule)	일정한 횟수가 충족되었을 때 강화물을 제공하는 방법이다. 예 | 상점스티커를 30장 모으면 배지를 준다.
고정-시간/간격 (fixed-interval schedule)	일정한 시간이 지났을 때 강화물을 제공하는 방법이다. 예 | 매주 수요일마다 레크리에이션을 한다.
변동-수/비율 (variable-ratio schedule)	강화물을 제공받기 위해 충족해야 할 행동의 횟수를 예측하지 못하도록 하는 방법이다. 예 | 띠별로 품새와 발차기 성취목표를 달리 정하고, 기준에 도달하면 트로피를 준다. 같은 띠라도 그 기준에 도달하는 수련생만이 트로피를 받는다.
변동-시간/간격 (variable-interval schedule)	강화물을 제공받기 위한 특정 행동의 시기를 예측하지 못하도록 하는 방법이다. 예 | 어느 날 갑자기 품새 시험을 보고 통과한 사람에게만 상점스티커를 주었다.

(5) 프리맥 원리

프리맥(Premack)이라는 학자가 발견한 이론이다. **높은 빈도의 행동을 이용해서 낮은 빈도의 행동을 강화하는 원리**이다. 아이가 좋아하는 행동은 자연스럽게 높은 빈도의 행동으로 나타날 것이다. 예를 들어 아이의 하루 일과를 관찰해 보니 여러 활동 중 유독 종이접기 놀이를 자주 하는 것으로 나타났다. 행동빈도가 높다는 것은 선호행동이므로 강화하고 싶은 행동을 제시하고 그 일을 완성하면 종이접기를 할 수 있도록 하면 된다. 즉 아이가 종이접기(높은 빈도 행동)를 하려고 하면 먼저 숙제(낮은 빈도 행동)를 해야 종이접기를 할 수 있다고 말한다.

프리맥 원리를 운동에 적용해 보자. 운동을 하러 온 아이들은 몸도 풀지 않고 게임부터 하려고 한다. 간단한 기술 익히기 과제를 수행한 후에 게임을 할 수 있다고 말한다면 아이들은 게임을 하기 위해서 열심히 기술을 익힐 것이다.

(6) 토큰 강화

강화물의 종류는 음식이나 장난감으로 보상하는 **물질 강화**(직접 강화)가 있고, 칭찬이나 미소 같은 **사회적 강화**(간접 강화)가 있으며, 상점카드나 스티커 같은 것을 모아서 보상하는 **토큰 강화**(token reinforcement)가 있다. 토큰은 돈처럼 교환할 수 있는 장점이 있다. 그리고 일정한 개수를 정하거나 점수를 부여하기 때문에 목표 달성과 성취감을 주는 효과가 있다. 운동에 적극적으로 참여할 때, 운동에 빠지지 않을 때, 게임에서 이겼을 때, 그리고 필요한 행동을 바르게 수행했을 때 토큰을 부여할 수 있다. 운동 참여자는 토큰 개수에 따라 원하는 물품이나 필요한 것으로 바꿀 수 있다.

토큰 강화의 원리를 태권도장에 적용해 보자. 태권도장을 다니고 있는 명우는 내성적인 성격 탓에 기합을 크게 넣지 못하고 도장 수련에 적극적으로 참여하지 못했다. 그러던 어느 날 사범님의 격려와 친구들의 응원으로 기합을 크게 넣고 도전 과제를 성공적으로 수행했다. 그 결과 사범님으로부터 상점카드 2장을 받았다. 상점카드는 매달 말에 열리는 상점시장에서 원하는 물품으로 교환이 가능하다. 이후 명우는 상점카드를 받기 위해 스스로 수련에 적극적으로 참여하기 시작했다.

내성적인 성격이었던 명우는 토큰 강화를 통해 자신감을 키우기 시작했고 수련에 적극적으로 참여하는 긍정적 행동형성이 이루어졌다. 그러나 토큰 강화에는 부정적 행동형성 또한 존재한다. 운동 참여자가 토큰 강화에 과도하게 학습될 경우 외적 동기에 의존하는 현상이 나타날 수 있다. 따라서 지도자들은 토큰 강화를 사용할 때 내적 동기와 외적 동기의 적절한 조화를 고려해야 한다.

4) 과잉행동을 통제하기 위한 전략

지도자는 선수나 운동 참여자의 경기력 향상을 위해서 기술을 가르치거나 경기 내·외적으로 그들과 상호작용한다. 특히 선수를 지도하는 코칭 환경에서는 선수들의 문제행동을 교정해 주어야 할 때가 종종 있다. 지도자는 선수들의 문제행동을 해결하기 위해서 다음과 같은 행동수정 방법을 사용할 수 있다.

(1) 상반행동의 강화

지도자는 선수가 문제행동을 일으키면 해당 문제에만 주의를 기울이는 경향이 강하다. 상반행동의 강화는 **문제행동과 상반된 다른 바람직한 것을 찾아 그것을 강화시켜서 문제행동을 수정**하기 위해 쓰인다. 요컨대 운동시간에 지도자의 허락 없이 자리를 자주 뜨거나 비우는 선수(동호인)가 있다면 자리를 뜨거나 비우는 것 자체를 지적하거나 없애려 하기보다는 자리에 얌전히 앉아 있을 때나 적극적으로 참여하는 것에 칭찬이나 긍정적인 강화를 한다.

(2) 소거

바람직하지 못한 행동이나 실수를 감소시키기 위해서 사용하는 또 다른 방법은 계속해서 **주어지던 긍정적 또는 부정적인 강화를 중단**하는 것이다. 그렇게 되면 그 문제행동이 줄어들다가 사라지게 되는데 이러한 현상을 소거(extinction)라고 한다.

특히 유소년 집단에서 문제행동을 보이는 선수에게 소거는 매우 유용하게 활용된다. 예를 들어 운동 집단에서 한 선수가 지도자의 지적에도 불구하고 시끄럽게 떠들거나 다른 사람의 관심을 받기 위해서 말썽을 부리는 경우가 있다. 그 선수는 자신의 산만한 태도가 타인의 관심을 끌 수 있다고 생각한다. 즉 주변 사람의 관심이 그 선수의 산만한 태도를 강화하고 있는 것이다. 이 경우 그 선수의 태도에 대해 지도자나 친구들이 무관심(소거)하게 반응할 경우 선수의 문제행동이 조절될 수 있다. 게다가 말썽을 부리지 않았을 때 주어지는 지도자의 칭찬과 같은 상반행동 강화는 문제행동 변화를 촉진한다.

(3) 처벌

문제행동을 없애거나 조절하기 위해서 지도자가 사용할 수 있는 또 다른 방법으로 처벌을 들 수 있다. 처벌은 **주로 언어를 활용한 처벌과 회초리 등을 사용하는 물리적인 처벌**이 있다. 처벌은 문제행동의 재발 가능성을 감소시키기 위해 사용된다.

처벌은 스포츠 현장에서 가장 손쉽게 사용되고 있는 문제행동 조절 방법으로 알려져 있다. 처벌을 제대로 주었는지 아닌지의 핵심은 문제행동을 일으킨 사람이 불쾌감을 얼마나 느껴졌는지가 아니라 문제행동이 감소하였는가 아니면 감소하지 않는가에 달려 있다. 운동을 열심히 하지 않는다는 이유로 휴식시간을 박탈했더니 운동을 열심히 했다면 그건 처벌에 해당하지만 휴식시간 박탈에도 불구하고 운동을 열심히 하지 않는다면 그건 처벌이 아니다.

처벌은 지도자가 선수의 불필요한 실수나 행동을 감소시킬 수 있지만 처벌 자체로 바람직하거나 새로운 기술과 반응을 가르칠 수는 없다. 특히 처벌은 운동에 적극적으로 참여하도록 돕는 내적 동기를 낮추는 원인으로 작용한다. 따라서 스포츠 환경에서 처벌의 활용은 지양하는 것이 바람직하다.

측정하기

아래 〈표 2-4〉에 제시된 한국판 스포츠 동기 척도(Korean version of sport motivation scale, SMS-K)[9]는 운동에 참여하는 개인의 동기 성향과 수준을 평가한다. 이 검사지는 앞서 살펴보았던 자기결정성 이론의 동기 수준(그림 2-4 참조)을 반영한다. 즉 현재 참여하는 운동에 대해 무동기, 외적 동기(외적 규제, 순응 규제, 확인 규제, 통합 규제), 그리고 내적 동기를 측정할 수 있다. 현재 참여하고 있는 운동이나 스포츠 활동을 떠올려 보자. 만약 현재 운동에 참여하고 있지 않다면, 과거에 참여했던 경험을 떠올린다. 당시의 상황을 떠올려 보고 점수 중 해당하는 곳에 응답해 보자.

표 2-4 한국판 스포츠 동기 척도[9]

N	문항	비동의 ←————————→ 동의						
1	운동에 참여하는 것이 즐겁기 때문에 참여한다.	①	②	③	④	⑤	⑥	⑦
2	운동을 배우는 것이 즐겁기 때문에 참여한다.	①	②	③	④	⑤	⑥	⑦
3	운동실력이 늘었을 때 느끼는 만족감 때문에 운동에 참여한다.	①	②	③	④	⑤	⑥	⑦
4	운동수행 전략을 알아가는 것이 재미있기 때문에 운동에 참여한다.	①	②	③	④	⑤	⑥	⑦
5	나에게 운동은 필수적이기 때문에 참여한다.	①	②	③	④	⑤	⑥	⑦
6	나에게 운동은 중요하기 때문에 참여한다.	①	②	③	④	⑤	⑥	⑦
7	나에게 운동은 가치 있기 때문에 참여한다.	①	②	③	④	⑤	⑥	⑦
8	운동은 내 삶의 중심이기 때문에 참여한다.	①	②	③	④	⑤	⑥	⑦

9	운동지식(방법, 기술 등)을 습득하기 위해서 운동에 참여한다.	①	②	③	④	⑤	⑥	⑦
10	어려운 기술을 수행하고 싶기 때문에 참여한다.	①	②	③	④	⑤	⑥	⑦
11	자기개발을 위해서 운동에 참여한다.	①	②	③	④	⑤	⑥	⑦
12	운동능력을 발전시키기 위해서 운동에 참여한다.	①	②	③	④	⑤	⑥	⑦
13	운동을 하지 않으면 기분이 나쁘기 때문에 운동에 참여한다.	①	②	③	④	⑤	⑥	⑦
14	운동을 하지 않으면 후회하기 때문에 운동에 참여한다.	①	②	③	④	⑤	⑥	⑦
15	경쟁에서 이기고 싶기 때문에 운동에 참여한다.	①	②	③	④	⑤	⑥	⑦
16	주변 사람들(지도자, 부모님, 동료 등)에게 인정받고 싶기 때문에 운동에 참여한다.	①	②	③	④	⑤	⑥	⑦
17	주변에서 벌(야단, 처벌)하기 때문에 운동에 참여한다.	①	②	③	④	⑤	⑥	⑦
18	혜택(물질적, 사회적) 때문에 운동에 참여한다.	①	②	③	④	⑤	⑥	⑦
19	운동은 나에게 의무이기 때문에 운동에 참여한다.	①	②	③	④	⑤	⑥	⑦
20	주위에서 강요하기 때문에 운동에 참여한다.	①	②	③	④	⑤	⑥	⑦
21	운동을 그만둘까 고민하고 있다.	①	②	③	④	⑤	⑥	⑦
22	운동을 왜 하는지 모르겠다.	①	②	③	④	⑤	⑥	⑦
23	운동하는 것은 나와는 관계가 없는 일인 것 같다.	①	②	③	④	⑤	⑥	⑦
24	운동하는 것은 시간 낭비인 것 같다.	①	②	③	④	⑤	⑥	⑦

※ 위 검사지는 이보람, 정지혜[9]의 연구에서 발췌하고 수정함.

평가방법

내적동기	1, 2, 3, 4번 문항 ÷ 4
통합 규제	5, 6, 7, 8번 문항 ÷ 4
확인 규제	9, 10, 11, 12번 문항 ÷ 4
순응 규제	13, 14, 15, 16번 문항 ÷ 4
외적 규제	17, 18, 19, 20번 문항 ÷ 4
무동기	21, 22, 23, 24번 문항 ÷ 4

1) 유형별로 점수를 합한 후 문항의 개수에 맞춰 나눈다.
2) 아래 그래프에 자신의 점수대로 막대그래프를 그린다.
3) 어떤 동기 요인이 가장 높은지 확인한다.

점수	( )	( )	( )	( )	( )	( )
요인	내적동기	통합 규제	확인 규제	순응 규제	외적 규제	무동기

해보기

1) 스포츠 참여 동기

동기는 인간의 행동을 유발하고 지속시키는 힘이다. 따라서 자신의 참여 동기(예: 자신이 왜 스포츠에 참여하는지, 바라는 것은 무엇인지, 달성하고자 하는 것은 무엇인지 등)를 파악하는 것은 분명 스스로 동기를 유발하는 데 도움이 될 것이다. 아래 질문을 읽고 자신의 솔직한 생각을 적어보자.

01 내가 스포츠에 참여하는 이유는 무엇인가?

02 내가 스포츠 참여를 통해 진짜로 얻고 싶은 것은 무엇인가?

03 내가 최근에 하고 있는 활동은 외적 동기, 내적 동기, 무동기 중 어디에 해당하는 가?(예: 자격증 공부, 운동, 영어 공부 등)

외적 동기	내적 동기	무동기

2) 강화와 처벌

강화와 처벌은 우리의 행동을 통제하거나 조절하는 데 매우 효과적으로 작용한다. 그래서 우리는 동기를 강화하고 목표를 달성하기 위해서 스스로 어떤 강화와 처벌이 나의 행동과 반응에 작용하는지 알고 있어야 한다. 과거 경험을 떠올려 자신에게 효과적인 강화와 처벌을 정리해 보자.

	강화 (행동 증가)	처벌 (행동 감소)
정적 (제공)		
부적 (제거)		

돌아보기

문제 1 **동기에 관한 설명으로 올바르지 않은 것은?**

① 동기는 인간의 행동을 유발하고 지속시키는 힘이다.

② 노력의 강도는 적은 양의 에너지로 결과를 만들 수 있는 것을 의미한다.

③ 노력의 방향은 자신이 원하는 것 또는 특정 상황에 대해 매력을 느끼는 것
이다.

④ 동기는 방향과 강도라는 두 가지 속성을 가지고 있다.

문제 2 **아래 <보기>의 동기 상호작용 모델에 대한 설명으로 올바르게 나열된 것을
고르시오.**

〈보기〉

	㉠	㉡
①	개인적 요인	상황적 요인
②	상황적 요인	개인적 요인
③	행동적 요인	심리적 요인
④	심리적 요인	행동적 요인

문제 3 아래 <보기>의 스포츠 통합 동기 모델에 대한 설명으로 올바르게 나열된 것을 고르시오.

<보기>

㉠	㉡	㉢	㉣
• 성공/실패 • 경쟁/협동 • 리더 행동 • 시설 • 사회적 지원 • 가족 지원	• 유능성 • 자율성 • 관계성	• 내적 동기 　– 앎의 가치 　– 성취경험 　– 즐거움 • 외적 동기 　– 외적 규제 　– 순응 규제 　– 확인 규제 　– 통합 규제 • 무동기(의욕상실)	• 신체·정신 • 수행 성취 • 운동 지속·강도

① 사회적 요인 → 동기 → 심리적 욕구 만족 → 결과
② 사회적 요인 → 심리적 욕구 만족 → 동기 → 결과
③ 결과 → 동기 → 기본심리욕구 만족 → 환경요인
④ 심리적 욕구 만족 → 환경요인 → 동기 → 결과

문제 4 스포츠 통합 동기 모델에서 무동기에 대한 설명으로 올바른 것은?

① 단순한 지루함으로 탈락하거나 중도에 그만둘 가능성이 매우 적다.
② 내적이거나 외적인 동기가 높은 상태를 말한다.
③ 스포츠에 참여하는 이유를 스스로 찾아 노력하기 전 단계이다.
④ 무동기란 동기가 전혀 없는 상태를 말한다.

문제 5 자기결정성 이론에서 설명하는 동기 수준 요인으로 올바르지 <u>않은</u> 것은?

① 외적 규제　　　　　② 순응 규제
③ 환경 규제　　　　　④ 확인 규제

문제 6 내적 동기를 향상시키는 방법으로 올바른 것은?

① 바람직한 행동을 하면 언제나 보상을 제공한다.
② 칭찬보다는 물질적인 보상을 더 많이 제공한다.

③ 바람직한 수행을 보인 참여자에게만 보상한다.
④ 참여자가 흥미를 느끼는 활동을 제공한다.

문제 7 아래 <보기>에 제시된 정의가 의미하는 것으로 올바른 것은?

〈보기〉

- 우리의 행동, 태도, 신념을 바꾸도록 영향력을 행사한다.
- 참여자들의 지속적인 운동 참여를 위해서는 지도자와 동료들의 역할이 중요하게 작용한다.
- 프로그램과 강화물 등 환경요인을 말한다.

① 내적 촉진   ② 사회 촉진
③ 동기 촉진   ④ 정서 촉진

문제 8 바람직한 사회 촉진 전략으로 올바르지 <u>않은</u> 것은?

① 긍정적 피드백   ② 도구 지원
③ 측정과 타당화   ④ 다른 사람과 비교

문제 9 강화와 처벌에 대한 설명으로 올바르지 <u>않은</u> 것은?

① 처벌은 긍정적 행동을 조절하거나 감소시키는 것을 목표로 한다.
② 강화는 어떠한 행동에 대한 빈도와 강도 등 지속시간의 증가를 목표로 한다.
③ 강화는 지도자가 기대하는 행동이 나타났을 때 긍정적인 자극을 촉진하는 것이다.
④ 처벌은 불필요한 행동을 감소시키는 것을 목표로 한다.

문제 10 소거에 대한 설명으로 올바른 것은?

① 소거는 바람직하지 못한 행동을 감소시키기 위해 강화 전략을 중단하는 것이다.
② 소거는 참여자의 바람직한 행동 변화를 위해 강화 전략을 극대화하는 것이다.
③ 문제행동을 보이는 참여자들에게 사용하면 부작용이 발생한다.
④ 문제행동을 보이는 참여자에게 지도자와 동료들이 과도한 관심을 보이는 전략이다.

참고문헌

[1] Weinberg, R. S., & Gould, D. S. (2018). *Foundations of sport and exercise psychology*. Human Kinetics.

[2] Sorrentino, R. M., & Sheppard, B. H. (1978). Effects of affiliation-related motives on swimmers in individual versus group competition: A field experiment. *Journal of Personality and Social Psychology, 36*(7), 704-714.

[3] Vallerand, R. J., & Losier, G. F. (1999). An integrative analysis of intrinsic and extrinsic motivation in sport. *Journal of applied sport psychology*, 11(1), 142-169.

[4] Vansteenkiste, M., Simons, J., Lens, W., Soenens, B., & Matos, L. (2005). Examining the motivational impact of intrinsic versus extrinsic goal framing and autonomy-supportive versus internally controlling communication style on early adolescents' academic achievement. *Child development, 76*(2), 483-501.

[5] Deci, E. L., & Ryan, R. M. (Eds.). (2002). *Handbook of self-determination research*. University Rochester Press.

[6] Mageau, G. A., & Vallerand, R. J. (2003). The coach-athlete relationship: A motivational model. *Journal of sports science, 21*(11), 883-904.

[7] Deci, E. L., Vallerand, R. J., Pelletier, L. G., & Ryan, R. M. (1991). Motivation and education: The self-determination perspective. *Educational psychologist, 26*(3-4), 325-346.

[8] Bray, S. R., Gyurcsik, N. C., Ginis, K. A. M., & Culos-Reed, S. N. (2004). The Proxy Efficacy Exercise Questionnaire: Development of an instrument to assess female exercisers' proxy efficacy beliefs in structured group exercise classes. *Journal of Sport and Exercise Psychology, 26*(3), 442-456.

[9] 이보람, 정지혜(2017). 한국형 스포츠동기척도(SMS-K)의 타당도와 위계적 모형 검증. **한국스포츠심리학회지**, 28(1), 1-13.

03

목표설정

Goal setting

이해하기

1. 목표의 개념

목표(goal)는 **연습과 훈련을 통해 도달·성취하고자 하는 최종적인 결과물**(예: 특정 기술의 숙달, 기록 수립 등)로 정의한다. 일반적으로 스포츠에 참여하는 선수나 동호인 들은 목표를 객관적인 측면과 주관적인 측면으로 접근하는 경향이 있다. 객관적인 목표는 제한된 시간이나 횟수 안에 목표에 도달하는 것과 관련이 있다.[1] 3개월 안 에 체중 4kg을 감량하는 것, 2km 달리기에서 10초 단축하는 것, 10번의 슈팅 시도 중에 7번 성공하는 것 등이 이에 해당한다. 주관적인 목표는 연습을 재미있게 하 는 것, 최선을 다하는 것, 경쟁상대를 이기는 것 등이 해당한다. 주관적인 목표는 객관적인 목표와 달리 측정이나 평가하는 데 어려움이 있다.

목표설정(goal setting)은 **스포츠 참여자들이 목표에 도달하기 위해 체계적이고 효과적인 계획을 세우는 것**을 말한다. 그들의 행동은 목표를 어떻게 설정하는지에 따라 달라진다. 목표설정에 따라 동기가 유발되기도 하고 반대로 동기가 목표설정 에 반영되기도 한다. 다양한 목표와 목표설정이 어떻게 스포츠 참여자들에게 영향 을 미치는지 구체적으로 알아보자.

1) 목표의 종류

스포츠심리학에서 목표는 결과목표(outcome goal), 과정목표(process goal), 수 행목표(performance goal)로 구분한다.[2] 각 목표에 대한 구체적인 내용은 다음과 같다.

(1) 결과목표

결과목표는 **스포츠 참여자가 경쟁 상황에서 도달하고자 하는 최종목표나 결과**를 의미한다. 예를 들어 어떤 선수가 한 달 뒤에 열리는 대회에서 금메달을 따겠다는 계획을 세웠다면 이것은 결과목표에 해당한다. 이외에도 곧 열리는 마라톤 대회에서 내가 원하는 시간대에 완주하는 것, 몇 주 이내에 고난도 기술 동작을 완벽하게 숙달하는 것 등이 결과목표에 해당한다. 결과목표의 성공과 실패는 다양한 요인으로 결정된다. 일반적으로 결과목표 달성을 위해 개인의 노력이 중요하지만, 통제가 어려운 요인들도 고려해야 한다. 가령 한 달 뒤 대회에서 금메달을 최종목표로 하는 선수가 시합에 출전해서 최고의 기량을 펼쳤지만, 상대의 실력이 더 뛰어나 우승하지 못했다. 이때 선수는 최고의 기량을 보였더라도 우승하지 못했으므로 결과목표 달성은 실패한 것이다.

(2) 수행목표

수행목표는 **다른 경쟁자들과 별개로 자신의 과거 기준과 비교하는 목표**를 말한다. 즉 타인이 아니라 자신의 과거 수행과 비교하는 것이 일반적이다. 예를 들어 테니스 서브 성공률을 70%에서 80%로 향상하는 것, 장거리 달리기 기록을 5초 단축하는 것, 농구 자유투 성공 횟수를 20회에서 30회로 늘리는 것 등이 수행목표의 사례다. 선수는 자신의 과거 수행과 비교함으로써 목표에 대한 내적 통제성을 높일 수 있고, 수행목표는 성취 기준이나 피드백의 용도로 활용될 수 있다.

(3) 과정목표

과정목표는 **특정 기술을 수행하는 동안 개선해야 하거나 특별히 주의를 기울여야 하는 행동에 초점을 두는 목표**다. 농구선수는 '최고 정점에 다다른 후에 점프슛을 던지자', 골프선수는 '다운스윙할 때 볼을 끝까지 쳐다보면서 스윙하자'라고 다짐한다. 이것이 대표적인 과정목표다. 이처럼 어떤 기술을 수행할 때 동작의 절차나 수행 과정에 초점을 두는 것은 기능을 향상하는 데 중요하다. 킹스톤(Kingston)과 하디(Hardy)[3]는 과정목표 설정이 골프선수들의 자신감과 인지불안, 자기효능감에 긍정적인 영향을 미친다고 하였다.

목표의 종류에는 결과·수행·과정목표가 있다. 목표에 도달하기 위해서 세 가지 목표를 적절히 사용하는 것이 바람직하다.

2) 결과, 수행 그리고 과정목표에 따른 행동 변화

결과목표, 수행목표, 그리고 과정목표가 개념적으로 차이가 있듯이 세 가지 목표는 경기력이나 행동 변화에 각자 다른 역할을 한다. 이 때문에 선수 혹은 운동 참여자는 세 종류의 목표를 모두 활용하는 것이 바람직하다. 먼저 결과목표는 단기적인 동기유발을 촉진할 수 있다. 비시즌 동안 자신의 최대 경쟁자를 이기겠다는 결과목표는 선수가 더욱 열심히 훈련하도록 마음을 다잡는 역할을 한다. 그러나 시즌 중혹은 시합 바로 직전이나 시합 중에 결과목표(경쟁자를 이기는 것)에 집중하는 것은 오히려 불안을 높이고 주의가 좁아지는 협소화 및 주의 분산의 원인이 된다.

수행목표와 과정목표는 결과목표보다 정확하게 자신을 조절하거나 통제할 수 있다. 이 때문에 일반적으로 결과목표뿐만 아니라 수행과 과정목표를 함께 세우는 것이 좋다. 또한 이 두 목표를 세우고 실천하는 것은 외부 요인이나 환경에 크게 영향을 받지 않는다는 장점이 있다. 이 때문에 수행목표와 과정목표는 연습뿐만 아니라 시합에서도 활용할 필요가 있다. 선수는 두 가지 목표를 활용함으로써 더 열심히 할 수 있는 내적 동기가 생기고, 실패하더라도 다시 도전할 수 있는 인내심을 키울 뿐만 아니라 결과에 도달하기 위한 지루한 여정 속에서도 지속하는 힘을 키워준다.

그러나 선수들이 과정목표나 수행목표에 지나치게 집중하는 것 또한 불안을 유발하는 원인이 될 수 있다. 자신이 설정한 목표가 뜻대로 풀리지 않았거나 통제 불가능한 환경 요인으로 인해 목표를 수행하지 못하게 되었을 때, 선수들은 불안을 느끼거나 좌절을 경험할 수 있다. 이 경우에는 목표를 재설정하는 전략이 필요하다. 따라서 목표는 조절 가능해야 하며 단기·중기·장기적인 시간을 고려해서 세워야 한다.

3) 장기·중기·단기목표

스포츠 참여자들은 기간에 따라 목표를 설정하는 것도 고민해야 한다. 장기목표(long-term goal)는 **현재 달성하기 어렵지만, 가까운 혹은 먼 미래에 달성하기를 원하는 목표**다. 예를 들어 어떤 동호인이 '3개월 뒤에 열리는 생활체육 대회에서 입상하는 게 내 꿈이야!'라고 한다면 이것은 장기목표에 해당한다. 중기목표(mid-term goal)는 **장기목표를 이루기 위해 거쳐야 하는 여러 단계의 목표**를 의미한다. 앞선 사례에서 동호인은 3개월 후 열리는 대회에 입상하기 위해 체력 향상, 기술 숙달 및 보완, 경기 전략 수립 등과 같은 여러 중기목표를 달성해야 한다. 끝으로 단기목표(short-term goal)는 **가까운 시일 내에 달성해야 하는 반복적인 목표**들을 말한다. 예를 들어 근력 강화라는 중기목표를 달성하기 위해 '이번 주 팔굽혀펴기 30회를 다음 주에는 35회로 늘린다'고 계획하는 것은 단기목표에 해당한다.

유용한 정보!

<목표의 기간>
장기·중기·단기목표의 기간은 참여하는 종목의 특성, 개인의 특성, 목표의 중요성 등 다양한 요인에 따라 다르다. 그러나 일반적으로 장기목표는 달성하는 데 수개월에서 연 단위로 설정한다. 중기목표는 그보다 구체적으로 몇 주 단위로 계획하고, 단기목표는 적게는 1주일 혹은 2주일 정도로 계획한다.

단기목표만 있는 사람은 실패했을 때 포기할 가능성이 크지만, 중·장기목표까지 있는 사람은 포기보다 새로운 방법을 찾을 가능성이 크다. 예를 들어 정효는 스포츠 지도자 2급 자격증을 취득하겠다는 장기목표를 세웠다. 그는 우선 5개 스포츠 전공과목을 공부해야 하고 실기시험을 준비해야 한다. 정효는 각 과목의 이론 공부와 기출문제 푸는 것을 중기목표로 잡았다. 그리고 한 달 동안 하루에 2시간씩 스포츠심리학 이론 공부와 기출문제를 풀겠다는 단기목표를 세웠다. 정효는 시험을 준비하는 동안 시간의 압박, 실기 기술 향상의 실패, 그리고 기출문제 풀기

에서 잦은 실수 때문에 실패를 경험할 수도 있다. 하지만 정효는 단기목표에 도달하지 못하는 문제에 봉착하더라도 중기와 장기목표가 있으므로 이를 기준으로 단기목표를 수정함으로써 포기하지 않고 끝까지 해낼 가능성이 훨씬 크다.

2. 목표설정의 효과

오랫동안 심리학자들은 목표설정을 동기 이론과 함께 연구해 왔다. 그들은 목표가 있는 것과 없는 것, 쉬운 목표와 적당히 어려운 목표, 그리고 추상적인 목표와 구체적인 목표 중 어느 것이 수행향상에 더 도움이 되는지에 관심을 두었다. 대부분의 연구는 로크(Locke)와 라담(Latham)[4]이 제시한 목표설정 이론을 기반으로 수행되었다. 여러 연구를 통해 학자들[4][5][6][7]은 목표설정이 경기력에 매우 효과적이라는 사실을 밝혀냈다. 사실 90% 이상(전체의 500편 이상)의 일반심리 연구들은 목표설정이 생산성을 높이고 근무 시간을 단축하는 데 높은 효율을 만드는 것으로 보고하고 있다. 더욱이 목표설정 효과는 10개국에 걸친 90개 이상의 과제에서 40,000명 이상의 참여자들에게 일관적으로 나타났다. 목표설정은 행동 기술 개발에 확실한 효과가 있다. 또한 스포츠심리학의 27개 연구를 체계적으로 고찰한 메타분석 연구[8]도 이와 비슷한 연구 결과를 제시하였다. 버튼(Burton)과 와이스(Weiss)[5]는 스포츠운동심리학 분야에서 이루어진 88개의 목표설정 관련 연구 중 70개에 달하는 연구에서 강력한 효과가 있었다고 설명했다.

목표설정 연구자들은 스포츠와 운동 환경에서의 목표설정 효과를 촉진하는 가장 일관적인 조건들을 발견했다. 그것은 적당한 난이도의 목표, 기간에 따른 목표, 목표성취를 향한 과정 피드백, 특별한 목표, 목표에 대한 주변 사람들의 인정, 목표성취에 대한 신념, 목표설정 과정에 대한 참여자들의 노력, 여러 목표와 결합하여 사용하는 것이 포함된다. 이러한 조건들을 토대로 우리가 기대할 수 있는 목표설정의 효과는 다음과 같다.

1) 동기를 촉진하는 목표

인간의 모든 행동과 욕구는 동기 이론으로 설명할 수 있다. 인간은 본능적으로 자신이 갖고 싶은 것 또는 하고 싶은 것에 더 많은 주의와 에너지를 소비한다. 가랜드(Garland)[9]는 동기 이론에 바탕을 둔 목표가 인간의 인지 과정과 사고 과정을 거쳐 실제 수행이나 행동에 영향을 미친다고 보았다. 또한 성취동기 이론을 주장한 학자들[10][11]은 인간의 동기가 목표 달성 과정에 지속적으로 영향을 준다고 설명한다. 따라서 목표는 인간의 동기를 유발하고 지속하는 데 매우 효과적이다.

2) 집중력을 키워주는 목표

목표를 설정하는 가장 주된 이유는 자신이 하고자 하는 일들을 일목요연하게 정리하고 체계적으로 달성하기 위함이다. 체계적으로 정리된 목표는 개인이 해야 할 일을 구체적으로 안내한다. 따라서 우리는 해야 할 일이 무엇인지 명확하게 알고 있으므로 자신의 주의를 집중시키기 수월해진다. 예를 들어 미래 직업에 대한 목표설정이 뚜렷한 정현은 아무런 계획이 없는 민수보다 자신이 취득해야 할 자격증, 공부해야 할 과목, 체력적인 준비 등과 같은 정보를 더 많이 알고 있을 것이다. 이러한 정보들은 정현 자신의 과제들에 집중할 수 있도록 돕는다. 반면 아무런 계획이 없는 민수는 명확한 목표가 없으므로 정보가 거의 없고, 핵심 과제에 계속해서 집중할 수 없게 된다.

3) 인내하도록 돕는 목표

인생은 성공과 실패의 연속이다. 어떤 사람은 실패에 쉽게 좌절하고 포기해 버리지만 어떤 사람은 고난과 역경을 참아내고 이겨낸다. 간절한 목표가 있는 사람은 그렇지 않은 사람들에 비해 실패에 대한 면역력이 강하다. 우리는 목표를 설정하고 그 목표에 도달하기까지 많은 시간과 노력을 소비하지만, 그 과정에서 여러 난관에 봉착하게 된다. 이때 목표가 있는 사람은 이정표를 향해 다시 일어설 수 있다. 자신이 목표에 도달한 모습을 떠올리며 지금의 고난과 역경을 참아낼 수 있게 된다. 따라서 목표는 우리가 어떤 상황에서도 '고군분투'하도록 돕는다.

4) 노력을 증가시키는 목표

앞서 언급한 바와 같이 목표는 선수나 스포츠 참여자의 동기를 유발 및 지속시킬 수 있다. 동기는 개인의 노력과 강도를 결정하는 중요한 요인으로 작용한다. 목표와 동기, 그리고 노력은 서로 깊은 관련을 맺고 있다. 결과적으로 목표를 어떻게 설정하느냐에 따라 노력의 정도가 결정된다. 목표는 우리가 얼마만큼의 노력을 기울일 것인지 그리고 어떤 투자를 할 것인지 등과 같은 노력의 방향(direction)과 강도(intensity)를 결정하도록 돕는다.

유용한 정보!

<목표 이해하기>
목표가 없거나 목표를 설정하지 않는 것은 태평양 한가운데에 표류한 배로 비유할 수 있다. 표류한 배는 조류와 바람에 따라 목적 없이 바다 위를 떠다닐 뿐이다. 그러다가 운이 좋으면 육지에 도달할 수 있지만, 말 그대로 운에 의존해야 하고 그 목적지가 원하는 곳이 아닐 수도 있다. 목표가 없는 사람도 마찬가지다. 따라서 목표의 핵심 역할과

가장 큰 효과는 무엇을 향해 어떻게 노력해야 하는지 파악하고 실천함으로써 성공 가능성을 높이는 것에 있다.

3. 목표설정 이론과 원리

스포츠에서 선수나 팀 그리고 그들의 코치는 자신들을 동기부여하고 성과를 향상하기 위해 목표설정을 자주 이용한다. 당장 코앞으로 다가온 하나의 시합만을 위한 목표를 설정하기도 하고 1년 시즌의 목표를 설정하기도 한다. 특히 경쟁적인 전문스포츠 분야에서 목표의 달성 여부는 선수 경력의 성공과 실패에 직결되어 있으므로 목표설정은 가장 자주 사용되는 심리기술 중 하나다.[12] 그러나 보편적인 심리기술임에도 여전히 스포츠 참여자들은 목표를 설정하는 것에 어려움을 느낀다. 생각보다 목표의 구조와 이론이 복잡하기 때문이다.[13] 목표는 이론적인 배경과 원리를 토대로 지도자와 선수 및 스포츠 참여자의 다양한 요인(상황, 개인적 특성 등)을 고려하여 상호작용 관점에서 설정하는 것이 바람직하다.[14] 이 장에서는 로크(Locke)와 라담(Latham)[4]이 제안한 목표설정 이론(goal setting theory)을 토대로 그 원리를 살펴본다.

1) 구체적인 목표

스포츠 현장에 가보면 많은 사람이 아무런 목표를 설정하지 않거나 '최선을 다한다'와 같이 주관적이고 막연한 목표를 가지고 있다. 그러나 이러한 목표는 행동 변화를 일으키는 데 별 도움을 주지 못한다. 따라서 막연한 목표보다 구체적인 목표를 설정하는 것이 효과적이다. 단순히 '골프를 잘하고 싶다'라는 목표보다 '다음 연습 때는 14오버파에서 12오버파로 낮추도록 하자'와 같이 객관적으로 측정 가능한 목표를 구체적으로 제시하는 것이 좋다. 즉 **가장 효과적인 목표는 구체적인 용어로 기술**되어야 한다.

예를 들어 스포츠 관련 대학 전공생이 '자격증을 취득하자'라는 막연한 목표를 세우는 것보다 관련 자격증 목록을 만들고 졸업 후의 진로를 고려하여 우선순위를 구체적으로 만드는 것이 목표를 달성하는 데 더 효과적이다. 이런 방법을 사용하면 자신이 만든 구체적인 리스트를 통해 순차적으로 자격증을 취득하는 것이 가능해진다. 태권도 전공생의 경우 올해는 전문스포츠지도사 2급 자격증 취득, 다음에는 태권도 4단, 그리고 사범자격증을 취득하겠다는 목표를 세울 수 있다.

2) 적당히 어려우면서 실현 가능한 목표

효과적인 목표설정은 수행자에게 **어느 정도 어려움을 주면서 충분히 성취할 수 있는 정도의 현실성**을 포함해야 한다. 킬로(Kyllo)와 랜더스(Landers)[15]는 다수의 목표설정 연구들을 분석한 결과, 최고의 수행을 보인 선수들은 '달성하기 어렵지만 현실성 있는 목표'를 수립한다는 사실을 발견했다. 목표가 너무 쉽거나 많은 노력이 필요하지 않고 가치가 적은 것이라면 선수들은 금방 싫증을 느끼거나 흥미를 잃게 될 것이다. 지나치게 어려운 목표도 당연히 문제가 된다. 만약 목표가 너무 어렵거나 달성하기 힘든 난이도로 설정된다면 선수들은 잦은 실패로 유능감이 떨어져 좌절감에 빠지거나 다른 사람의 도움에 의존하게 될 것이다.[16]

핵심은 목표의 현실성과 난이도의 균형을 적절하게 유지하는 것이다. 이를 위해서 지도자들은 선수들의 능력과 선수들이 훈련에 임하는 정도(참여도) 등을 파악하고 있어야 한다. 지도자가 현장에서 많은 경험을 쌓다 보면 선수들이 과연 새로운 기술을 습득할 수 있는지, 얼마나 노력을 기울여야 하는지 판단할 수 있는 능력이 생긴다. 하지만 초보 지도자들은 쉽게 성취할 수 있는 목표임에도 불구하고 부적절한 목표설정으로 인해 선수들을 좌절하게 만들거나 운동 참여에 대한 동기를 잃게 만드는 실수를 저지르곤 한다.

3) 기간별 목표

행동의 변화는 단기간에 이루어지지 않는다. 특히 스포츠 기술과 같은 복잡한 동작들은 더더욱 그렇다. 그러나 장기목표에만 집중하는 것은 수행력 향상을 기대할 수 없다.[15] 계단을 상상해 보자. 장기목표는 계단의 가장 윗부분(높은)에 도달하는 것이고, 현재 자신은 가장 아래(낮은)에 위치한다. 그리고 가장 높은 곳과 낮은 곳을 연결해 주는 중간 단계의 계단(단기목표)들이 있을 것이다. 이러한 계단들을 거치지 않고서는 높은 곳으로 올라갈 수 없다(중·장기목표). 이처럼 **장기목 표는 개인이 가야 할 방향을 제공하는 역할을 하고, 단기목표들은 중·장기목표를 이 루기 위한 징검다리 역할**을 한다.[17] 또한 단기목표는 장기목표보다 더 구체적이고 연속적으로 설정하는 것이 바람직하다.

이처럼 장기와 단기목표는 함께 만드는 것이 좋고 특히 스포츠 기술과 같은 복잡한 기술일수록 장·중·단기목표의 적절한 조합이 요구된다.[1][17][18] 아래 〈그림 3-1〉에는 어느 골프선수의 장·중·단기목표설정 사례가 제시되어 있다.

그림 3-1 골프선수의 장·중·단기목표설정 사례

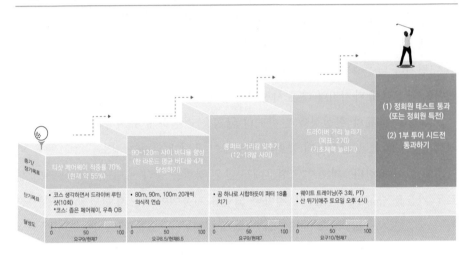

4) 결과·수행·과정목표

스포츠를 관람하는 관중이 선수들의 경기 승패에 관심을 갖는 것은 당연하 다. 관중은 누가 이기고 지는지, 어느 팀이 우승하는지와 같은 결과를 중시한다. 이 때문에 스포츠 선수들이 결과에 집착하는 것은 당연한 일인지도 모른다. 예를 들어 늘 최하위를 기록하던 야구팀이 이번 시즌에서는 중간 순위를 기록하였다. 팀원들에게는 큰 성공이지만 관중들은 이보다 우승한 팀에 더 관심이 많다. 따라 서 선수들이 상대나 상대팀을 제압하고, 경쟁에서 승리하는 것과 같은 결과목표에 집중하는 것은 자연스러운 현상이다.

그러나 시합에서 이기고 상대방을 제압하는 최고의 방법은 바로 수행목표와 과정목표에 초점을 맞추는 것이다. 결과목표에 대한 과도한 집중은 오히려 시합 동안 이겨야 한다는 강박과 불안을 초래하고 수행에 대한 집중력을 저해하는 원인이 된다. 비록 결과목표가 나쁜 것은 아니지만 지나친 집착은 피하는 것이 좋다. 결과목표는 방향을 제시할 뿐 현재의 수행과는 관련성이 적다. 따라서 핵심은 **결과목표를 만들되 관심은 줄이고 수행과 과정목표에 더 집중하는 것**이다.

예를 들어 당신이 지역 챔피언이 되고 싶은 고등학교 축구팀의 감독으로 임명되었다고 하자. 결과목표는 당연히 지역 챔피언이 되는 것이지만, 이를 위해 달성해야 할 수행 및 과정목표에 집중해야 한다. 평균 볼 점유율, 패스 성공률, 세트피스 성공률 등을 몇 퍼센트(%)까지 올리겠다는 수행목표와 공격수의 오프 더 볼(off the ball; 공을 잡고 있지 않을 때의 움직임) 등의 과정목표를 수립하여 이에 집중한다. 다양한 수행 및 과정목표를 성공적으로 달성한다면 결과목표는 자연스럽게 이루어질 수 있다.

5) 실용적이고 경쟁적인 목표

선수들과 감독은 실용적인 목표를 배제하고 오직 경쟁적인 목표에만 집중하는 경향이 강하다. 이 경우 선수들이 주어진 연습시간을 오직 기술 훈련에만 소비하게 되고, 이는 연습의 지루함을 유발하게 만든다. 따라서 지도자들은 실용적이고 경쟁적인 목표를 통해 연습시간을 효율적으로 사용해야 한다. 적절한 시간의 기술 훈련과 더불어 시합에 영향을 주는 다른 요인(예: 근력운동, 밸런스 운동, 상담, 동기부여 기회, 멘탈 트레이닝 등)들도 적절히 혼합된 목표가 수립되어야 한다.

올림픽 선수들을 대상으로 성공적인 선수와 그렇지 않은 선수를 비교하였는데, 두 그룹 간의 가장 중요한 차이는 실용적인 목표설정 또는 질적인 목표설정의 수립 여부였다.[19] 세계대회에서 메달 획득에 실패한 선수들은 훈련 때의 정신력을 시합 때까지 유지하지 못했지만, 메달 획득에 성공한 선수들은 훈련 때의 정신력을 시합 때까지 유지하였다.[20]

6) 측정 가능한 목표

목표를 측정하는 것은 **자신이 얼마나 목표를 달성하고 있는지 평가하는 것**을 의미한다. 가장 손쉬운 방법은 목표를 수치화하는 것이다. 수치화하는 방법은 다양하다. 퍼센트(%)로 목표가 어느 정도 달성되었는지 평가할 수 있고 O·X를 사용하거나 5점 척도(1점 불만족~5점 매우만족)와 같이 간단한 방법으로도 평가할 수 있다. 요점은 목표를 숫자로 표현하고 그것을 측정하는 것이다. 축구선수인 영범은 단기목표로 '슈팅 성공률 80% 달성하기'를 설정하였고 현재 자신의 수준은 70%였다. 영범이 수행목표를 달성하기 위해서는 10% 정도의 노력과 훈련이 필요한 것이다. 또한 태권도 품새 선수인 형호는 〈그림 3-2〉와 같은 수행목표 체크리스트를 만들어 1차 시도와 2차 시도의 만족도를 %로 확인했다. 이처럼 수치화된 목표들은 수행 후 측정이 가능하며 곧바로 평가할 수 있으므로 즉각적인 피드백을 받을 수 있다.

그림 3-2 태권도 품새 선수의 목표 측정 사례

(8장) 체크리스트

신체 수행 내용	% (5%단위)	
	1차	2차
~~(1) 옷 동작 주변 손 일자로 지르기~~		
~~(2) 당산치기 팔을 밖으로 밖쳐 주기~~		
(3) 외산돌막기 스냅으로 치기	85%	85%
(4) 바탕손 막기 예비 손 크게 하기	90%	90%
(추가) 4단락 앞차기 접으면서 리듬 살려주기	95%	95%
~~(5) 리듬 살려추가~~		
(추가) 두 번 지르기 첫손 강하게 지르기	85%	85%

(고려) 체크리스트

신체 수행 내용	% (5%단위)	
	1차	2차
(1) 양손날 동작 크게해서 스냅으로 치기	95%	95%
(추가) 지르기 길게 지르기	90%	95%
(2) 안막기 허리쓰면서 동작 정지하기	95%	95%
~~(3) 몸단락 리듬 살려주기~~		
(4) 한손날 어깨 힘 빼기	90%	85%
(5) 눌러막고 팔굽치기 두 동작 표현하기	85%	85%

7) 목표 기록하기

이런 속담이 있다. '눈에서 멀어지면 마음에서도 멀어진다.' 이것은 목표설정에서 기록의 중요성을 암시하는 글귀다. 일단 목표가 정해지면 그것은 **문서로 기록되어야 하고 눈에 잘 보이는 곳에 게시하는 것**이 더 효과적이다.[21][22] 눈에 보이지 않는 목표는 시간이 지나면서 결국 잊히기 마련이다. 불행히도 많은 스포츠 선수들이 체계적으로 목표를 기록하지 않고 있다.[23]

목표를 기록하기 위한 양식이나 정답은 없다. 가령 메모지에 목표를 기록하거나 관련 사진이나 포스터를 활용할 수 있고 가장 손쉬운 방법은 자신의 스마트폰을 이용하는 것이다. 이 밖에도 일기와 메모, 사진 등 개인의 취향에 따라 다양한 방법을 활용할 수 있다. 다만 목표를 체계적으로 기록하고 탈의실이나 냉장고 문, 책상이나 거울, 스마트폰의 배경화면과 같이 언제 어디서든 쉽게 볼 수 있는 곳에 두는 것이 좋다. 이러한 과정은 선수들이 자신의 현재 상태를 정확히 파악하도록 돕는다. 그리고 앞으로 어떠한 노력을 구체적으로 해야 할지에 대한 청사진을 제공해 준다.

8) 목표설정을 통한 성취 전략 개발

비딕(Vidic)과 버튼(Burton)[17]은 목표설정의 가장 중요한 요인 중 하나는 그것을 성취하기 위한 체계적인 전략을 세우는 것이라고 하였다. 이러한 성취 전략이 없다는 것은 내비게이션이나 지도 없이 처음 가보는 낯선 장소를 찾아가는 것과 같다. 예를 들어 '3개월 동안 일주일에 3회 이상 운동으로 5kg 감량'이라는 목표를 성취하기 위해 2,000칼로리(kcal)를 소비하는 스피닝(spinning) 프로그램에 참여하는 것, 하루에 밥 한 공기로 탄수화물 섭취를 제한하는 것 등의 다양한 성취 전략을 수립할 수 있다.

목표를 달성하기 위한 **성취 전략은 어떠한 방법으로 얼마나 많이, 얼마나 자주 등과 같은 구체적인 수치를 사용해서 전략을 수립**해야 한다. 또한 성취 전략은 유연함을 가지고 있어야 한다. 예를 들어 월, 수, 금 날짜를 정하여 근력운동을 하는 것보다 일주일에 3회 근력운동을 한다고 정하는 것이 자신의 목표에 유연성을 부여할 수 있는 방법 중 하나다. 정해진 날에 근력운동을 못하더라도 다른 날에 할 수 있는 여지를 남겨둘 수 있기 때문에 여전히 설정한 목표를 실천할 가능성이 크다.

9) 개인의 특성을 고려한 목표

코치들은 스포츠 참여자의 **목표를 설정할 때 그들의 성격과 심리 성향을 고려해야 한다.** [24][25][26] 참여자의 성격, 동기 그리고 목표 지향성은 자신이 설정한 목표와 목표가 진행되는 과정에 영향을 미친다. 새로운 기술 습득을 성공적인 수행으로 여기는 수행-지향적(performance-oriented) 선수들은 최적의 목표설정을 수립하는 데 능숙하다. 그러나 성공을 다른 사람과의 비교를 통해 보는 실패-지향적(failure-oriented) 선수들은 최적의 목표를 수립하는 데 실패하는 경향이 있다. [26] 그리고 도전적인 성향의 선수들은 더 큰 노력을 기울이더라도 끊임없이 무언가를 이루고자 하기 때문에 다소 어렵지만, 성취 가능한 목표를 수립한다. 반대로 도전을 기피하는 성향의 선수들은 애초에 쉬운 목표를 설정하거나 아예 성취 불가능한 목표를 수립하는 경향이 있다.

10) 목표성취를 위한 헌신적인 노력

노력 없이 목표를 성취할 수는 없다. 따라서 코치들은 선수들이 목표를 성취하는 데 있어 기꺼이 헌신(commitment)할 수 있도록 긍정적인 환경과 피드백을 계속해서 제공해야 한다. 예컨대 선수들 대신 코치가 직접 또는 간접적으로 목표를 설정하는 것보다 선수들 **스스로가 목표를 설정**하도록 해야 한다.

쉴츠(Shilts)와 그의 동료들[27]은 중학생들이 건강 증진을 위한 목표설정을 스스로 할 수 있게 도와주는 인터넷 기반의 목표설정 가이드라인을 개발하였다. 이에 실제로 많은 청소년들이 이 프로그램을 통해 자신에게 가장 적절한 식이요법과 신체활동을 선택하였고 스스로 정한 목표에 헌신하였다. 결국 그들이 개발한 프로그램은 학생들이 스스로 목표를 설정하는 데 유용한 지침서가 되었다. 또한 오브

리엔(O'brien)과 동료들[28]은 자신의 강점과 약점을 정확히 파악하고 어떤 부분을 개선해야 하는지를 명확히 알고 있는 복싱선수들이 그렇지 않은 선수들에 비해 효과적인 목표설정과 이에 대한 헌신적인 노력을 기울인다는 것을 발견하였다.

11) 다양한 지지 환경의 개발

감독뿐만 아니라 다른 사람들도 선수의 목표설정을 지지할 수 있다. 예를 들어 결승전을 준비하고 있는 고등학교 야구팀 감독은 선수들이 여러 가지 목표를 설정하는 데 매우 중요한 영향을 미칠 것이다. 이 과정에서 선수들은 부모님, 학교 선생님, 친구들로부터 시합에 대한 질문과 응원, 그리고 여러 형태의 격려를 받게 될 것이다. 이는 선수들이 수행목표와 과정목표를 설정하는 데 있어 매우 중요한 요인으로 작용할 수 있다.

특히 자기와 **가까운 사람들로부터 지지를 받을 때 더 큰 효과**가 있다. 디쉬맨(Dishman)[29]은 결혼한 선수의 경우 배우자의 지지가 매우 중요하다고 주장하였다. 또한 여러 건강 전문가들은 체중감량을 위한 목표설정에서 배우자가 관여하고 적극적으로 지지하는 것은 목표성취를 위한 효과적인 방법이라고 제안하였다. 또한 선수들과 친분이 있는 사람들(예: 친구, 부모, 동료)이 선수들의 목표를 검토하거나 달성하기 위한 과정을 물어보고 격려하는 행위는 이들의 더 큰 노력과 헌신을 유도할 수 있다.

12) 목표에 대한 피드백과 평가

긍정적인 행동의 변화를 위해서는 수행 과정에 대한 피드백이 필요하다. 그러나 상당히 많은 지도자들이 목표를 설정하기만 하고 이에 대한 피드백과 평가를 진행하지 않는 경우가 많다. 목표에 대한 평가 전략은 목표설정 수립과 동시에 시작되어야 하고 목표를 달성하는 과정에서도 지속해서 실시되어야 한다(표 3-1 참조).

좋은 목표는 적절한 난이도로 설정되어야 하고 자신이 통제할 수 있어야 한다. 또한 측정 및 기록이 가능해야 하면서 동시에 실용적이어야 한다.

표 3-1 목표 평가 전략 예시

목표	목표 평가 전략
6개월 동안 5kg 감량	회원들은 트레이너에게 매주 자신의 몸무게를 알려 줘야 한다.
시즌이 끝날 때까지 유효슈팅 성공률을 65%에서 68%로 향상하는 것	감독은 시합마다 유효슈팅 성공률을 산출 해야 하며, 여러 경기의 유효슈팅 성공률에 대한 통계적인 분석을 실시해야 한다.

〈표 3-1〉과 같이 지도자 또는 선수들은 목표의 진행 상황에 대해 기록하고 이에 대한 적절한 평가와 피드백을 주고받아야 한다. 이러한 과정을 통해 적절한 단기목표의 설정 및 수정이 이루어질 수 있고, 자신의 부족한 부분을 정확히 파악함으로써 효율적인 훈련과 목표 재설정을 할 수 있다.

<S.M.A.R.T. 목표설정 원리>
S.M.A.R.T. 목표설정은 효과적인 목표 달성을 위해 고안된 방법으로 총 다섯 가지의 원칙을 제안한다. S.M.A.R.T.는 이 다섯 가지 원칙의 앞 글자를 따서 만들어진 것이다. 다섯 가지 원칙은 다음과 같다.

① Specific(구체적인 목표)
- 목표는 추상적인 것(예: 살 빼자!)보다 구체적일수록(예: 체중을 10kg 줄이자!) 좋다.
② Measurable(측정 가능한 목표)
- 목표는 측정하고 기록하며 스스로 비교·평가할 수 있어야 한다.
③ Achievable(실현 가능한 목표)
- 목표는 적당히 어렵지만 현실적으로 달성할 수 있는 목표여야 한다.
④ Relevant(관련된 목표)
- 최종적으로 도달하고자 하는 목표와 직접적으로 관련이 있어야 한다.
⑤ Time-based(달성 기한이 정해진 목표)
- 구체적으로 언제까지 목표를 달성할 것인지 정해야 한다.

측정하기

    선수들은 잠재된 능력을 발휘하기 위해 신체적·정신적·기술적 그리고 환경과 같은 경기력 요인을 통제할 필요가 있다. 그리고 언제든지 자기관리를 통한 책임감을 바탕으로 계획을 수립할 준비가 돼 있어야 한다. 성공의 기반은 성취를 보장할 수 있는 목표설정이 동반되어야 한다. 목표는 선수가 도달하고자 하는 곳으로 초점을 둠으로써 실천 가능성을 높여야 한다. 또한 목표는 최종 목적지에 도달하기 위한 핵심 요소와 활동으로 설정되어야 한다.

    선수들은 자기가 가고자 하는 방향을 알고 있다. 하지만 목표의 방향이 정해져 있다고 해서 모두 그 방향으로 나아가진 못한다. 성공 또한 보장할 수 없다. 효율적인 목표는 성취 가능한 목표를 세우고 책임감을 가질 수 있도록 훈련뿐만 아니라 생활 속에서도 실천 여부를 확인해야 한다. 우선 자기 자신의 목표설정에 따른 실천 정도를 평가해 보자.

    다음의 평가지는 자신이 과거에 어떻게 목표를 설정했는지를 파악하고, 어떻게 하면 더 효과적인 목표를 설정할 수 있을지에 대한 정보를 제공할 것이다. 자신의 목표와 활용 정도에 대해서 솔직하게 체크하고 평가해 보자(표 3-2).

표 3-2 **목표 평가지**[30]

	문항	절대 그렇지 않다	드물다	가끔 그렇다	종종 그렇다	항상 그렇다
1	나는 성취하고자 하는 결과에 대해서 긍정적인 언어로 만든 목표가 있다.	①	②	③	④	⑤
2	나는 내가 도달하고자 하는 명확한 실천 목표가 있다.	①	②	③	④	⑤
3	나는 설정한 목표들을 주로 성취하는 편이다.	①	②	③	④	⑤
4	나는 일주일에 적어도 1시간 이상 목표에 대해서 쓰고, 평가하고, 반성하는 시간을 갖는다.	①	②	③	④	⑤
5	나는 스스로 통제하면서 성취할 수 있는 목표를 가지고 있다.	①	②	③	④	⑤

평가방법

① 5문항의 점수를 모두 합산한다.
② 결과는 아래와 같이 해석한다.
　18~25점: 목표설정을 아주 훌륭하게 사용하고 있음
　11~17점: 좀 더 체계적인 목표를 세우고 시간과 노력을 투자할 필요가 있음
　5~10점: 멘탈코치의 도움을 받아 목표를 설정하고 실천 계획을 세울 필요가 있음

해보기

1) 수행프로파일링

수행프로파일링 기법은 최상수행을 위한 몸과 마음의 이상적인 상태를 찾는데 도움이 된다. 워크시트를 활용하여 자신의 최상수행에 필요한 요소를 찾아 작성해 보자.

평가방법

① 최상수행을 위한 이상적 요구 수준과 현재 수준을 10점 척도로 나타낸다.
② 10점에 가까울수록 중요도가 높다.
③ 훈련요구는 '요구'에서 '현재'를 뺀 나머지 숫자를 채워 넣는다.
④ 훈련요구 점수가 클수록 개선해야 할 중요한 문제 요인이다.
⑤ 점수 차가 0에 가까울수록 이상적 수준에 가깝다.

---

01 기술 요인(예: 슈팅, 발차기, 전술, 전략, 딛기, 표현성 등)

요인	평가											훈련요구
1.	요구	1	2	3	4	5	6	7	8	9	10	
	현재	1	2	3	4	5	6	7	8	9	10	
2.	요구	1	2	3	4	5	6	7	8	9	10	
	현재	1	2	3	4	5	6	7	8	9	10	
3.	요구	1	2	3	4	5	6	7	8	9	10	
	현재	1	2	3	4	5	6	7	8	9	10	

02 체력 요인(예: 근력(힘), 심폐지구력, 민첩성, 유연성 등)

요인	평가											훈련요구
1.	요구	1	2	3	4	5	6	7	8	9	10	
	현재	1	2	3	4	5	6	7	8	9	10	
2.	요구	1	2	3	4	5	6	7	8	9	10	
	현재	1	2	3	4	5	6	7	8	9	10	
3.	요구	1	2	3	4	5	6	7	8	9	10	
	현재	1	2	3	4	5	6	7	8	9	10	

03 심리 요인(예: 자신감, 감정조절, 루틴, 부정적 생각 등)

요인	평가											훈련요구
1.	요구	1	2	3	4	5	6	7	8	9	10	
	현재	1	2	3	4	5	6	7	8	9	10	
2.	요구	1	2	3	4	5	6	7	8	9	10	
	현재	1	2	3	4	5	6	7	8	9	10	
3.	요구	1	2	3	4	5	6	7	8	9	10	
	현재	1	2	3	4	5	6	7	8	9	10	

04 기타 요인(예: 자기관리, 수면, 갈등 등)

요인		평가										훈련요구
1.	요구	1	2	3	4	5	6	7	8	9	10	
	현재	1	2	3	4	5	6	7	8	9	10	
2.	요구	1	2	3	4	5	6	7	8	9	10	
	현재	1	2	3	4	5	6	7	8	9	10	
3.	요구	1	2	3	4	5	6	7	8	9	10	
	현재	1	2	3	4	5	6	7	8	9	10	

2) 목표계단

행동의 변화는 단기간에 이루어지지 않는다. 그래서 우리는 최종적으로 도달하고자 하는 결과목표를 달성하기 위해서 과정목표를 설정할 필요가 있다. 아래 워크시트를 활용하여 과정목표와 결과목표로 이루어진 목표계단을 완성해 보자.

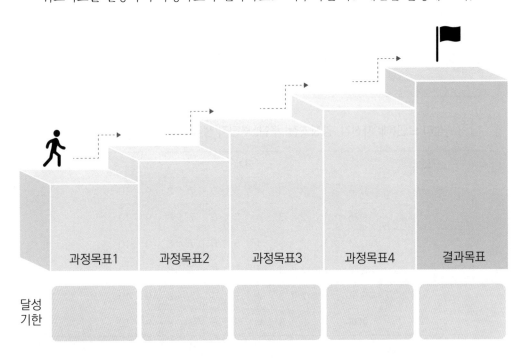

	과정목표1	과정목표2	과정목표3	과정목표4	결과목표
달성 기한					

3) 실천목표

목표를 달성하기 위해서는 매일 또는 매주 꾸준히 실천하는 것이 무엇보다 중요하다. 목표설정의 원리가 적용된 SMART 기법을 적용하여 첫 번째 과정목표에 도달하기 위한 실천목표를 설정해 보자.

⟨SMART 목표설정 기법⟩

① Specific: 구체적인 목표
② Measurable: 측정 가능한 목표
③ Achievable: 실현 가능한 목표
④ Relevant: 관련된 목표
⑤ Time-based: 달성 기한이 정해진 목표

실천목표	현재 수행도 (1-100%)	목표 수행도 (1-100%)
1.		
2.		
3.		
4.		
5.		

4) 목표 장애물과 해결책

결과목표에 도달하기 위해서 노력하다 보면 더욱 필요한 것이나 수정해야 할 것들이 발견되곤 한다. 현재의 우리가 결과목표에 도달하는 데 장애물로 작용하는 것과 그 장애물을 없애거나 극복하기 위한 해결책과 지원책을 찾아보자.

◫1 나의 목표 달성을 방해하는 장애물은 무엇인가?

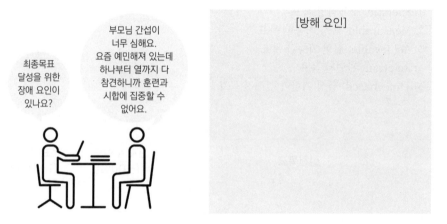

[방해 요인]

◫2 목표를 달성하기 위해서 멈추고, 시작하고, 유지해야 할 것은 무엇인가?

STOP 무엇을 멈춰야 하나 • 내 목표달성에 방해되는 것 • 별로 효과가 없는 것 • 비현실적인 것	• • •
START 무엇을 시작해야 하나 • 해야 하지만 하고 있지 않은 것 • 목표에 도움이 되는 것 • 새롭게 시도할 가치가 있는 것	• • •
CONTINUE 무엇을 유지해야 하나 • 현재 긍정적인 효과가 있는 것 • 성공적으로 하고 있는 것 • 장기적인 노력이 필요한 것	• •

돌아보기

문제 1 목표의 종류로 올바르지 않은 것은?

① 결과목표　　　　　② 과정목표
③ 동기목표　　　　　④ 수행목표

문제 2 아래 <보기>의 내용을 보고 올바른 것을 고르시오.

〈보기〉

다른 경쟁자들의 결과와 별개로 자신이 세운 목표 달성에 초점을 둔다.
즉 타인이 아니라 자신의 과거 수행과 비교하는 것이 일반적이다.

① 결과목표　　　　　② 과정목표
③ 동기목표　　　　　④ 수행목표

문제 3 목표의 종류에 대해 올바르게 설명한 것끼리 연결하시오.

① 결과목표　　•　　　•　ㄱ. 슈팅 성공률 60%에서 70%로 향상시
　　　　　　　　　　　　 키는 것

② 과정목표　　•　　　•　ㄴ. 시합에서 금메달 획득하는 것

③ 수행목표　　•　　　•　ㄷ. 점프슛을 할 때 높은 지점에서 슛을 던
　　　　　　　　　　　　 지는 것

기간에 따른 목표와 개념이 올바르게 연결된 것은?

〈보기〉

> (ㄱ) 단기목표　　(a) 현재 달성하기 어렵지만 미래에 달성하길 원하는 목표
>
> (ㄴ) 장기목표　　(b) 가까운 시일 내에 달성해야 하는 반복적인 목표
>
> (ㄷ) 중기목표　　(c) 미래의 목표를 이루기 위해 거치는 여러 단계의 목표

① (ㄱ)-(a), (ㄴ)-(b), (ㄷ)-(c)　　　　③ (ㄱ)-(c), (ㄴ)-(a), (ㄷ)-(b)

② (ㄱ)-(b), (ㄴ)-(c), (ㄷ)-(a)　　　　④ (ㄱ)-(b), (ㄴ)-(a), (ㄷ)-(c)

문제 5 **목표설정에 대한 설명으로 올바르지 않은 것은?**

① 결과, 과정, 수행목표는 목표에 집중하게 하는 효과가 있다.

② 결과목표는 도달하고자 하는 최종목표를 의미한다.

③ 과정목표는 결과목표가 존재하지 않는 상태이다.

④ 지나치게 결과목표에만 집중하는 것은 불안을 유발하는 원인이 된다.

문제 6 **목표설정의 원리에 대한 설명으로 올바르지 않은 것은?**

① 목표는 측정이 가능해야 한다.

② 목표는 동기를 촉진할 수 있도록 매우 어려운 과제로 설정해야 한다.

③ 목표는 기간에 따라 설정해야 한다.

④ 목표를 평가하고 기록하는 것은 목표 달성에 효과적이다.

문제 7 **목표설정의 효과로 올바르지 않은 것은?**

① 목표는 동기를 촉진하는 효과가 있다.

② 목표는 노력하는 시간을 증가시킨다.

③ 목표는 주의를 집중시키는 효과가 있다.

④ 목표는 좌절감을 불러일으키는 효과가 있다.

문제 8 아래 <보기>를 보고 괄호 안에 들어갈 내용으로 올바른 것을 고르시오.

<보기>

SMART 목표설정은 효과적인 목표 달성을 위해 고안된 방법이다. 총 다섯 가지 원칙을 제안한다.

① (구체적인 목표) 목표는 추상적이지 않고 구체적이어야 한다.
② (측정 가능한 목표) 목표는 측정하고 기록하며 비교·평가가 가능해야 한다.
③ (실현 가능한 목표) 적당한 난이도와 달성 가능한 목표여야 한다.
④ (   ) 도달하고자 하는 목표와 직접적으로 관련되어야 한다.
⑤ (기한이 정해진 목표) 달성 여부를 명확하게 정해야 한다.

① 관련된 목표   ② 간접적 목표
③ 피드백과 평가   ④ 헌신적인 노력

문제 9 아래 <보기>에서 목표와 평가 전략에 대한 설명으로 <u>올바르지 않은</u> 것은?

<보기>

	목표	목표평가 전략
①	6개월 동안 5kg 감량	회원들은 트레이너에게 매주 자신의 몸무게를 알려주고 기록한다.
②	시즌이 끝날 때까지 슈팅 성공률 70% 달성하기	경기마다 슈팅 성공률을 산출하여 기록한다.
③	일주일 안에 슈팅 성공률 80% 달성하기	매일 훈련 후 슈팅 연습에 최선을 다했는지 생각해 본다.
④	슈팅 50회 연습	슈팅 연습을 몇 회 연습하였는지 기록하고 달성 여부를 O, X로 표기한다.

문제 10 목표 달성 여부를 평가하기 위한 설명으로 <u>올바르지 않은</u> 것은?

① 목표 실천 여부, 만족도, 그리고 개선점을 생각해보고 평가한다.
② 실천 여부에 따라 O, X나 성취도에 따라 0~100%로 기록한다.
③ 실천 내용에 대한 성취도는 주기적으로 평가하는 것이 바람직하다.
④ 목표는 생각날 때 가끔 평가하는 것이 좋다.

참고문헌

[1] Locke, E. A., & Latham, G. P. (2002). Building a practically useful theory of goal setting and task motivation: A 35-year odyssey. *American psychologist, 57*(9), 705-717.

[2] Burton, D., Naylor, S., & Holliday, B. (2001). Goal setting in sport: Investigating the goal effectiveness paradox. In R. N. Singer, H. A. Hausenblas, & C. M. Janelle (Eds.), *Handbook of sport psychology* (2nd ed., pp. 497-528). New York: John Wiley & Sons.

[3] Kingston, K. M., & Hardy, L. (1997). Effects of different types of goals on processes that support performance. *The Sport Psychologist, 11*(3), 277-293.

[4] Locke, E. A., & Latham, G. P. (1990). *A theory of goal setting & task performance*. Prentice-Hall, Inc.

[5] Burton, D., & Weiss, C. (2008). The fundamental goal concept: The path to process and performance success. *Advances in sport psychology, 3*, 339-375.

[6] Locke, E. A., Shaw, K. N., Saari, L. M., & Latham, G. P. (1981). Goal setting and task performance: 1969-1980. *Psychological bulletin, 90*(1), 125-152.

[7] Mento, A. J., Steel, R. P., & Karren, R. J. (1987). A meta-analytic study of the effects of goal setting on task performance: 1966-1984. *Organizational behavior and human decision processes, 39*(1), 52-83.

[8] Williamson, O., Swann, C., Bennett, K. J., Bird, M. D., Goddard, S. G., Schweickle, M. J., & Jackman, P. C. (2022). The performance and psychological effects of goal setting in sport: A systematic review and meta-analysis. *International review of sport and exercise psychology*, 1-29.

[9] Garland, H. (1985). A cognitive mediation theory of task goals and human performance. *Motivation and Emotion, 9*, 345-367.

[10] Dweck, C. S. (2013). *Self-theories: Their role in motivation, personality, and development*. Psychology press.

[11] Nicholls, J. G. (2017). Conceptions of ability and achievement motivation: A theory and its implications for education. In *Learning and motivation in the*

classroom (pp. 211-238). Routledge.

[12] Jeong, Y. H., Healy, L. C., & McEwan, D. (2023). The application of goal setting theory to goal setting interventions in sport: A systematic review. *International review of sport and exercise psychology, 16*(1), 474-499.

[13] Healy, L., Tincknell-Smith, A., & Ntoumanis, N. (2018). Goal setting in sport and performance. In L. Healy, A. Tincknell-Smith, & N. Ntoumanis (Eds.), *Oxford research encyclopedia of psychology*. Oxford University Press.

[14] Weinberg, R. S., & Gould, D. (2023). *Foundations of sport and exercise psychology*. Human kinetics.

[15] Kyllo, L. B., & Landers, D. M. (1995). Goal setting in sport and exercise: A research synthesis to resolve the controversy. *Journal of Sport and Exercise Psychology, 17*(2), 117-137.

[16] Bueno, J., Weinberg, R. S., Fernández-Castro, J., & Capdevila, L. (2008). Emotional and motivational mechanisms mediating the influence of goal setting on endurance athletes' performance. *Psychology of Sport and Exercise, 9*(6), 786-799.

[17] Vidic, Z., & Burton, D. (2010). The roadmap: Examining the impact of a systematic goal-setting program for collegiate women's tennis players. *The sport psychologist, 24*(4), 427-447.

[18] Kane, T. D., Baltes, T. R., & Moss, M. C. (2001). Causes and consequences of free-set goals: An investigation of athletic self-regulation. *Journal of Sport & Exercise Psychology, 23*(1), 55-75.

[19] Orlick, T., & Partington, J. (1988). Mental links to excellence. *The sport psychologist, 2*(2), 105-130.

[20] 임태희(2016). 국가대표선수의 세계태권도선수권대회 입상유무에 따른 심리수준 차이. **체육과학연구, 27**(4), 984-996.

[21] Locke, E. A., & Latham, G. P. (2006). New directions in goal-setting theory. *Current directions in psychological science, 15*(5), 265-268.

[22] Ward, P., & Carnes, M. (2002). Effects of posting self-set goals on collegiate football players' skill execution during practice and games. *Journal of Applied Behavior Analysis, 35*(1), 1-12.

[23] Weinberg, R., Yukelson, D., Burton, D., & Weigand, D. (2000). Perceived goal setting practices of Olympic athletes: An exploratory investigation. *The Sport Psychologist, 14*(3), 279-295.

[24] Burton, D., Gillham, A., Weinberg, R., Yukelson, D., & Weigand, D. (2013). Goal Setting Styles: Examining the Role of Personality Factors on the Goal Practices of Prospective Olympic Athletes. *Journal of Sport Behavior, 36*(1), 23-44.

[25] Evans, L., & Hardy, L. (2002). Injury rehabilitation: a goal-setting intervention study. *Research quarterly for exercise and sport, 73*(3), 310-319.

[26] Lambert, S. M., Moore, D. W., & Dixon, R. S. (1999). Gymnasts in training: The differential effects of self-and coach-set goals as a function of locus of control. *Journal of Applied Sport Psychology, 11*(1), 72-82.

[27] Shilts, M. K., Horowitz, M., & Townsend, M. S. (2004). Goal setting as a strategy for dietary and physical activity behavior change: a review of the literature. *American Journal of Health Promotion, 19*(2), 81-93.

[28] O'Brien, M., Mellalieu, S., & Hanton, S. (2009). Goal-setting effects in elite and nonelite boxers. *Journal of Applied Sport Psychology, 21*(3), 293-306.

[29] Dishman, R. K. (Ed.). (1988). *Exercise adherence: Its impact on public health.* Champaign, IL: Human Kinetics.

[30] 임태희, 장창용(2016). **멘탈붕괴를 이기는 멘탈코칭**. 서울: 애니빅.

04

각성, 불안, 그리고 스트레스

Arousal, Anxiety, and Stress

이해하기

1. 각성과 불안

스포츠 현장에서 많은 코치와 참여자는 각성(arousal; 또는 긴장)과 불안(anxiety)을 혼동하곤 한다. 결론부터 말하자면 두 개념은 밀접한 관계가 있지만, 절대 같다고 할 수는 없다. 효과적인 훈련과 수행을 위해 그리고 코칭을 위해 스포츠 상황에서 발생하는 각성과 불안을 명확하게 이해하고 구분할 필요가 있다.

1) 각성의 정의

각성은 참여자의 **신체적 또는 심리적 활성**(activation) **정도를 의미**한다.[1] 이것을 스포츠 현장에서는 흔히 '긴장 혹은 긴장도'라고 부르지만, 스포츠심리학에서는 각성이라는 용어를 사용한다. 각성의 정도는 낮은 각성부터 높은 각성까지 연속성을 띠고 있다. 높은 각성 상태에 있는 사람은 정신적, 신체적 활성 정도가 높고 낮은 각성 상태에 있는 사람은 정반대다. 예를 들어 시합을 앞둔 선수는 각성이 높을 것이고 따뜻한 창가에 앉아 책을 읽는 사람은 각성 수준이 낮을 것이다.

위 사례에서 알 수 있듯이 각성의 수준은 그 사람이 처한 상황과 그때 느끼는 감정과 관련이 있다. 그러나 각성 수준과 '감정의 유형'은 연관성이 적을 수 있다. 다음 사례는 이를 자세하게 설명한다. 축구선수인 영범은 국가대표를 목표로 항상 최선을 다해 훈련하고 좋은 성과를 거두고 있었다. 그러던 어느 날 국가대표팀에 발탁되었다는 소식을 들었다. 마침내 자신의 오랜 염원을 이뤘다는 생각에 영범은 너무 기뻐

환호성까지 질렀다. 이때 영범이 느낀 감정은 기쁨과 환희이고 각성의 수준은 매우 높을 것이다. 그런데 며칠 후 어린 시절부터 기르던 반려견이 교통사고로 세상을 떠났다. 그는 가족과도 같았던 반려견의 죽음에 많은 괴로움과 슬픔을 겪었다. 이때의 각성 수준 또한 국가대표 발탁과 비슷한 수준으로 높게 나타날 것이다. 따라서 **각성 자체는 긍정적이거나 부정적인 의미로 해석하지 않는다.**

KEY POINT

각성은 신체·심리의 활성화 수준을 나타내고 긍정 및 부정적 감정이 포함되지 않은 중립적 개념이다.

2) 불안의 정의

일반적으로 **불안은 걱정, 두려움과 같은 부정적인 정서 상태가 포함**된 개념을 말한다. 스포츠 현장에서 불안은 시합 상황과 수행에 대해 선수가 압박감을 느끼고 이에 반응하는 불쾌한 심리상태를 의미한다.[2] 불안은 경쟁 상황과 아주 밀접한 관련을 맺고 있으므로 스포츠심리학자들이 오랫동안 연구한 주제이기도 하다. 연구자들에 따르면 불안은 <그림 4-1>과 같이 인지불안(cognitive anxiety)과 신체불안(somatic anxiety) 그리고 상태불안(state anxiety)과 특성불안(trait anxiety)으로 구분된 다차원적인 구조를 지니고 있다.[3]

그림 4-1 불안의 다차원적 특성[3]

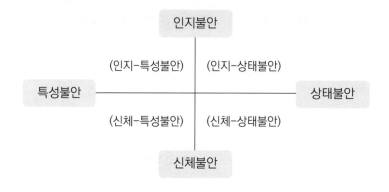

(1) 인지불안

인지불안은 **비관론적인 기대나 부정적인 예감을 의미**하고 선수가 직면한 여러 가지 위협적인 상황이나 불분명한 결과 때문에 발생한다. 다가올 경쟁에 대한 걱정이나 근심(예: '이번 시합은 왠지 모르게 질 것 같아', '내가 잘할 수 있을까?') 혹은 실패 두려움과 공포(예: '이번에 지면 부모님과 코치님이 실망하실 것 같아') 등이 대표적인 인지불안의 요인이다. 선수들의 인지불안 수준이 높아지면 경기력에 대한 부정적인 기대나 생각을 하므로 자신을 객관적으로 바라보는 능력 또한 떨어진다. 높은 인지불안은 자신감을 떨어뜨림으로써 경기력을 저하한다. 예를 들어 평소에 긴장하지 않던 선수가 매번 자신을 이긴 상대를 만났을 때 '또 지면 어쩌지?'라는 걱정이 발생할 수 있다. 이 선수는 자신의 기술과 수행에 집중해야 함에도 질지도 모른다는 걱정에 집중이 흐트러지고 수행력이 감소한다. 결국 다시 그 선수에게 패배하는 악순환이 반복될 수 있다.

(2) 신체불안

신체불안은 특정한 상황이나 경기에서 **불안에 대한 반응이 신체에 직접적으로 나타나는 현상**을 의미한다. 대표적으로 갑자기 심박수가 증가하는 것, 근육이 과도하게 경직되거나 이완되는 것, 화장실을 자주 가는 것, 손에 땀이 나거나 몸에 식은땀이 흐르는 것과 같이 몸에 나타나는 증상들이 신체불안의 특징이다. 예를 들어 태권도 선수인 창민이는 연습에서 늘 최고의 기량을 발휘하여 팀의 에이스로 불린다. 그러나 시합에 출전할 때마다 다리에 힘이 풀리고 심한 경우 자신의 몸을 통제하는 것에 어려움을 겪었다. 결국 그는 시합에서 나타나는 과도한 신체불안 때문에 신체 기능이 저하되고 이에 따라 수행력도 감소해 목표를 달성하지 못했다. 이러한 신체불안은 개인마다 다양한 형태로 나타난다.

(3) 상태불안

상태불안은 **선수가 처한 상황에 따라 달라지는 불안**을 의미한다. 앞서 살펴보았던 인지불안과 신체불안의 수준은 선수가 어떠한 상황에 놓여 있는지에 따라서 달라질 수 있다. 예를 들어 결승전 시합을 앞둔 선수는 다소 높은 상태불안을 느끼겠지만 일단 시합이 시작되고 나면 상황에 적응하면서 상태불안이 점차 감소할 것이다. 그리고 경기 막바지에 이르면 동점, 역전 시도, 시합 결과 등에 따라 불안 수준의 변화를 느낄 것이다. 또한 점수를 뺏기거나, 역전 허용, 감점, 동점, 골든 포인트 등과 같은 순간이나 상황에 따라서도 상태불안은 다르게 나타날 수 있다. 또 다른 예로 엘리트 선수가 생활체육 대회에 참가할 때와 국가대표 선발전에 참가할 때 상태불안의 수준은 확연히 차이가 있을 것이다.

(4) 특성불안

특성불안은 **성격의 한 부분으로서 타고난 성향이나 개인의 특성에 따라 결정되는 불안**을 의미한다. 즉 성격적으로 불안을 높게 지각하는 사람과 그렇지 않은 사람은 특성불안에서 차이가 있다. 특성불안이 높은 사람은 보편적인 사람들이 위협이라고 느끼지 않는 상황을 부정적인 상황으로 받아들이는 경향이 있다. 결국 이러한 특성불안은 불균형적인 상태불안 반응을 나타나게 한다.[4] 비슷한 경기력을 가진 선수는 동일한 시합 상황에 놓여 있더라도 성격이나 타고난 신체·심리적 성향 때문에 다른 불안 수준을 느낄 것이다.

비슷한 실력을 가진 두 명의 태권도 선수가 시합 1회전에서 1:0으로 지고 있는 상황에 놓여 있다고 가정해 보자. 특성불안 성향이 보통이거나 낮은(low trait-anxious) 선수는 아직 시간은 많이 남아 있고 승패에 큰 영향을 주지 않는 점수 차이로 생각하기 때문에 적정 상태불안 수준을 유지할 수 있다. 이와 반대로 높은 특성불안(high trait-anxious) 성향의 선수는 이미 지고 있다는 생각, '역전하지 못하면 어쩌지?'라는 불안감에 휩싸여 결국 높거나 불규칙적인 상태불안 수준을 보일 것이다. <그림 4-2>는 각성, 특성불안 그리고 상태불안의 관계를 요약한 것이다.

그림 4-2 각성과 특성 및 상태불안의 관계[5]

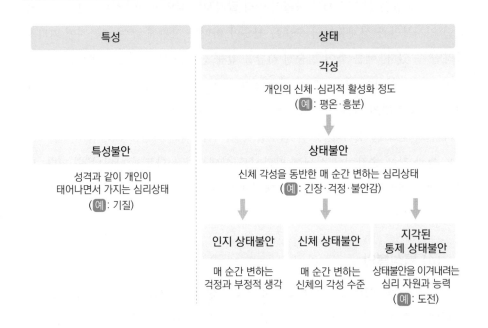

2. 각성과 불안 그리고 수행의 관계

1) 드라이브 이론과 역-U 가설

드라이브 이론(drive theory)에서는 선수의 **각성이 증가하면 수행도 증가**한다는 것이 핵심이다. 초기 심리학자들은 각성과 수행의 관계를 선형적이라고 보았다.[6] 쉽게 말해 선수들이 더 흥분하고 신체·심리적 에너지가 증가할수록 좋은 경기력을 보인다고 믿었다. 하지만 실제로 스포츠 현장을 들여다보면 각성과 수행의 관계가 끝없이 상향하는 관계를 보이지는 않는다. 오히려 너무 높은 수준의 각성은 신체·심리의 불균형을 유발하기 때문에 오히려 부정적인 수행을 초래할 수 있다. 컴퓨터에 계속해서 과도한 에너지를 투입하게 되면 결국 버티지 못하고 장치가 고장이 나는 것과 비슷하다. 따라서 드라이브 이론은 각성과 수행의 관계를 적절하게 설명하지 못한다는 한계점을 가진다.

스포츠심리학자들은 드라이브 이론을 보완할 수 있는 역-U 가설(inverted U hypothesis)을 제안하였다. 역-U 가설은 **각성이 증가하면서 수행도 증가하지만, 각성이 일정 수준을 넘어서는 순간부터는 수행이 오히려 감소**한다는 이론이다. 이 가설에 따르면 매우 높은 수준의 각성은 매우 낮은 각성 수준과 비슷하게 부정적인 수행을 초래한다. 따라서 극도로 높은 각성과 낮은 각성의 중간지점이 최고의 수행을 발휘할 수 있는 최적의 각성 구간이다. 대부분의 선수와 지도자들은 이 가설이 최상의 경기력을 설명한다고 믿는다. 하지만 역-U 가설은 상대적으로 쉬운 과제에만 적용되는 한계가 있다.[7] 그리고 최적의 각성 수준 구간은 정확히 어느 구간이며, 최적의 구간이 개인마다 차이가 있을 것이라는 제한점을 설명하지 못하였다.[8][9]

다음 〈그림 4-3〉에는 드라이브 이론과 역-U 가설을 설명하는 그래프가 제시되어 있다.

그림 4-3 드라이브 이론과 역-U 가설[5]

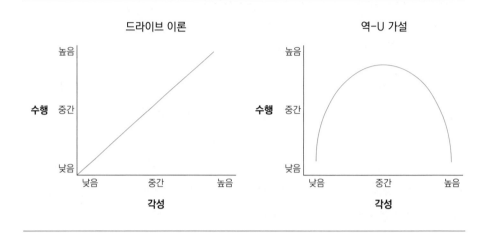

2) 개인별 적정기능구역

개인별 적정기능구역(Individualized Zone of Optimal Functioning; IZOF)은 **상태불안과 수행의 관계를 개인의 수준에 따라 설명**하는 이론이다. 유리 하닌(Yuri Hanin)[10][11]이 제안한 이론으로 그는 세계적인 수준의 선수들이 저마다 최고 수행을 발휘하게 만드는 최적의 상태불안 구간을 가지고 있다는 것을 발견하였다.

하닌의 모델은 역-U 가설과 두 가지 차이가 있다. 첫째, 최적의 상태불안 수준은 항상 중간지점에서 나타나는 것이 아니라 개인마다 다르게 나타난다. 즉 어떤 선수의 최고 수행 수준은 상대적으로 낮은 상태불안에서 나타날 수 있고 어떤 선수는 상대적으로 매우 높은 상태불안 수준이 최고 수행으로 이어질 수도 있다. 둘째, 최적의 상태불안 수준은 어느 한 지점(point)에서 발생하는 것이 아니라 특정한 구간(bandwidth)에 걸쳐 발생한다(그림 4-4 참조).

그러나 IZOF 모델은 개인의 상태불안 수준이 어떻게 최적의 수행과 좋지 않은 수행에 영향을 미치는지에 대해서 충분하게 설명하지 못한다는 비판을 받아왔다.[12] 이에 하닌[13][14]은 IZOF의 모델을 이용해 최상수행 구간을 탐색하기 위해서는 다양한 변인(예: 감정, 의사결정, 태도 등)들을 활용해야 한다고 주장하였다. 또한 확장된

IZOF 모델은 수행을 향상시키는 긍정적(예: 자신감, 흥분), 부정적(예: 걱정, 긴장) 감정과 수행을 악화시키는 긍정적(예: 잔잔함, 느슨함), 부정적(예: 짜증) 감정이 존재한다고 하였다.

따라서 개인의 감정이 어떤 선수에게는 긍정적인 수행에 영향을 줄 수 있고, 다른 선수에게는 부정적 영향을 줄 수도 있다. 예를 들면 어떤 선수는 '잔잔함'이라는 감정이 최상수행을 하는 데 긍정적인 에너지로 작용할 수 있다. 반대로 다른 선수는 시합 전 '잔잔함'이라는 감정이 자신의 수행에 부정적인 에너지로 작용할 수도 있다. 따라서 지도자들은 선수들이 이상적인 수행을 발휘하는 데 적합한 개인의 정서나 감정상태를 탐색할 수 있도록 도와주어야 한다.

그림 4-4 개인별 적정기능구역 모델[5][10]

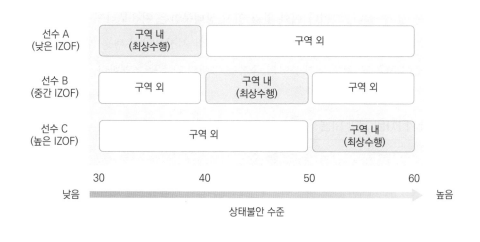

3) 다차원 불안 이론

다차원 불안 이론(multi-dimensional anxiety theory)은 **신체-상태불안과 인지-상태불안이 수행과 어떠한 관계가 있는지 구체적으로 설명**하는 이론이다. 이는 하닌의 IZOF 모델의 단점을 보완하기 위해 제안된 것이다. IZOF 모델은 상태불안을 구성하고 있는 신체-상태불안과 인지-상태불안이 어떤 과정과 방법을 거쳐 수행에 영향을 미치는지 설명하는 데 한계가 있기 때문이다. 다차원 불안 이론에 따르면, 신체-상태불안과 인지-상태불안은 각각 다른 방법으로 수행에 영향을 미친다.[15] 즉 신체적으로 나타나는 불안(신체-상태불안)과 인지적으로 나타나는 불안(인지-상태불안)이 수행에 미치는 영향은 서로 다르다. 예를 들어 어떤 선수의 심장이 빠르게 뛰는 것과 그 선수가 부정적인 예측을 반복하는 것은 선수의 수행에 다르게 영향을 미칠 것이다.

아래 〈그림 4-5〉에는 다차원 불안 이론이 설명하는 인지-상태불안과 신체-상태불안 그리고 수행의 관계가 그래프로 나타나 있다. 신체-상태불안은 앞선 이론들이 설명했던 것과 같다. 즉 적정 수준의 신체-상태불안은 수행에 도움이 되고 과도한 수준에 다다르면 오히려 수행이 감소한다. 즉 신체-상태불안은 역-U 가설과 같이 개인마다 최적의 구간이 존재하며 어느 정도 적정 수준까지 증가하면 경기력에 긍정적인 영향을 줄 수 있다. 그러나 이와 달리 인지-상태불안은 처음부터 수행에 전혀 도움이 되지 않는다. 인지-상태불안이 발생한 최초의 시점부터 수행은 계속 감소하는 모양을 보여준다. 즉 인지-상태불안의 증가는 수행의 감소를 초래한다.

그림 4-5 다차원 불안 이론

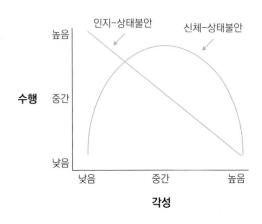

4) 카타스트로피 현상

카타스트로피 현상(catastrophe phenomenon)은 **인지-상태불안이 과도하게 증가할 때 나타나는 급격한 수행 저하를 설명하는 이론**이다. 스포츠 현장에서 자주 언급하는 '패닉', '백지상태', '멘탈 붕괴'라는 말은 모두 카타스트로피를 일컫는다. 이 현상은 선수의 인지 및 신체-상태불안의 복잡한 상호작용에 의해 발생한다. [15][16][17]

이 이론에 따르면 신체-상태불안과 수행의 역-U 관계는 오직 선수의 인지-상태불안 수준이 낮을 때에만 해당한다. 만약 선수의 인지-상태불안 수준이 일정 기준을 넘어가게 되면 소위 '멘탈 붕괴'가 발생하면서 신체 수행도 급격하게 떨어진다. 다음 〈그림 4-6〉에는 카타스트로피 현상 그래프로 나타나 있다. 그림에서 A와 B 지점이 바로 카타스트로피 현상에 해당한다. 본래 각성과 수행은 역-U 형태의 모양을 가지지만, 만약 인지-상태불안이 높은 상태에 도달하면 수행은 A에서 B로 급격하게 떨어진다. 이 현상은 수행이 점진적으로 증가하는 것에 비해서 급격한 수행 감소가 나타나기 때문에 그 충격이 더 크다.

다음의 예를 통해 카타스트로피 현상을 더 쉽게 이해할 수 있다. 양궁 선수인 우리와 소율은 서로 비슷한 실력으로 대등한 시합을 펼치고 있다. 그러다가 마지막 엔드에서 소율은 급격한 인지-상태불안의 증가를 경험한다. 그녀는 '지난 시합에서도 마지막 엔드에 실수했는데 이번에도 실수하면 어떡하지?'라는 막연한 걱정과 근심에 휩싸였다. 부정적인 생각을 하지 말자고 마음을 다잡아보지만, 이미 머릿속은 복잡해졌다. 결국 그녀는 마지막 엔드에서 어처구니없는 실수를 반복했고 우승을 놓치고 말았다. 이처럼 대등한 경기를 펼치다가도 어느 순간 수행이 급속도로 하락하여 의외로 경기가 쉽게 끝나버리는 경우를 종종 찾아볼 수 있다. 급격한 수행의 하락은 개인의 수행패턴을 잃게 만들기 때문에 다시 회복하는 데 어느 정도 시간이 소요된다(B 지점 → D 지점).

이처럼 각성과 수행의 관계는 인지-상태불안의 수준에 따라 결정된다. 만약 선수가 수행이나 시합에서 지나친 걱정(높은 인지불안) 상태로 수행을 한다면 인지-상태불안 수준이 점차 높아짐에 따라 자칫 큰 실수를 하거나 저조한 시합 결과를 초래할 수 있다.

그림 4-6 카타스트로피 현상[16]

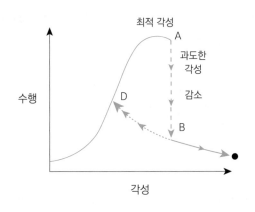

5) 전환 이론

전환 이론(reversal theory)을 선수가 **자신의 각성을 어떻게 '해석**(interpretation)'**하느냐에 따라 불안 수준이 달라진다고 설명**한다(그림 4-7 참조).[18] 예를 들어 정효는 높은 수준의 각성을 즐거운 흥분으로 해석할 수 있고, 민수는 높은 수준의 각성을 불쾌한 불안으로 해석할 수 있다. 또한 정현은 낮은 각성 수준을 편안함이라고 이해하는 반면 민호는 낮은 각성을 지루함이라고 생각할 수 있다. 이와 같이 스포츠 상황에서 선수들의 각성 수준은 자신이 그 상황을 어떻게 해석하느냐에 따라 전환(reversal)된다. 어떤 선수가 1분 동안 각성을 긍정적으로 지각하였더라도 그다음 1분은 부정적인 것으로 다르게 해석할 수도 있다.

각성과 수행의 관계를 이해하는 데 있어 전환 이론은 우리에게 두 가지 시사점을 제공한다. 첫째, 전환 이론은 각성의 양(수준)이 중요한 것이 아니라 선수가 각성을 어떻게 해석하는지에 초점을 둔다. 둘째, 선수는 시합이나 특정 순간에 각성을 긍정적 또는 부정적으로 해석함에 따라 불안 수준을 전환할 수 있다. 전환 이론은 각성이라는 개념이 가변적이며 선수가 충분히 통제할 수 있는 것이기 때문에 수행을 향상시키는 데 도움을 줄 수 있다는 중요한 정보를 제공한다.

그림 4-7 **전환 이론**[18]

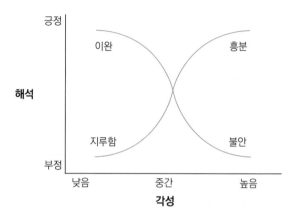

<전환 이론의 시사점>
전환 이론은 불안의 발생이 수행자의 해석에 달려 있다는 시사점을 준다. 이는 수행자가 인지와 사고를 훈련함으로써 불안을 충분히 예방하고 대처할 수 있다는 정보를 제공한다. 실제로 엘리트 스포츠의 많은 선수는 불안을 다스리기 위해 심리기술훈련과 상담을 받고 있다. 적절한 심리기술과 인지 전략을 사용하면 어느 정도 불안에 대처할 수 있다.

3. 스트레스

1) 스트레스의 개념

스트레스(stress)는 **개인이 외부 자극**(예: 승리 경쟁, 훈련 압박 등)**을 받아들이고 해석하며 반응하는 과정에서 나타나는 신체와 정신의 불균형적인 현상**을 말한다.[19] 스포츠와 체육학의 많은 연구는 참여자의 스트레스가 수행력이나 정서 상태, 정신적인 건강, 공격적 성향 등과 관련이 있다고 보고한다. 또한 동호인이나 선수가 환경으로부터 요구되는 자극을 불균형적으로 해석하게 되면 결과적으로 슬럼프나 부상에 빠지거나 자신감 손실로 스포츠 참여를 포기하거나 중단하게 된다. 그러나 스트레스에 대한 일반적인 오해 중 하나는 '스트레스는 무조건 나쁘다'는 고정관념이다. 전환 이론처럼 스트레스 또한 개인이 어떻게 해석하는지에 따라 다르게 작용한다.

만약 스트레스를 부정적인 의미로 해석할 때, 스트레스는 신체와 정신의 균형을 무너뜨린다. 신체와 정신의 균형을 가리켜 항상성(homeostasis)이라고 부른다. **항상성이란 외부 환경의 변화에 대응하여 체내 환경을 항상 일정하게 유지하려는 신체의 본능적인 성질**을 말한다. 예를 들어 결승전 경기를 앞둔 선수는 승리에 대한 압박감(외부 자극)이 생기고 이 압박감은 평온하던 정신의 균형에 간섭한다. 이때 압박감을 부정적인 것으로 해석하는 선수는 정신의 균형이 무너지고 우리가 흔히 알고 있는 '스트레스를 받는 상황(부정적인 의미)'에 놓이게 된다.

이와 달리 스트레스의 긍정적인 해석은 오히려 개인의 성장에 도움이 될 수 있다. 우리 몸의 근육을 생각하면 이해하기 쉽다. 근육량을 키우기 위해서는 지속적이고 정기적으로 자극(즉 운동)을 주어야 한다. 이러한 자극을 극복하고 나면 근육은 전보다 크고 튼튼해진다. 스트레스 또한 근육량을 키우기 위한 자극과 같다. 적절한 스트레스와 이를 극복하려는 노력은 개인의 성장을 이끈다.

<과도한 스트레스>

앞서 스트레스가 개인의 성장에 도움이 될 수 있다고 이해했다. 그러나 스트레스 상황이 지나치게 발생하면 역효과가 나타나는데 이를 '탈진(burnout, 또는 번 아웃)'이라고 부른다. 탈진은 장기간에 걸쳐 지속적이고 과도한 스트레스로 인해 신체적, 정신적, 감정적으로 고갈되고 피로한 상태를 의미한다. 탈진을 경험하는 사람은 늘 피로감을 느끼고 어떤 일에 흥미를 느끼지 못하며 스스로에 대한 능력과 자신감이 떨어진다. 이 때문에 탈진에 빠지면 무력감, 우울감 및 우울증, 혹은 심각한 건강(또는 정신 건강)의 문제가 나타날 수 있다.

2) 스트레스원의 개념

스트레스원(stressor)이란 **스트레스 과정을 일으키는 근본적인 외부 자극 요인**을 말한다. 가령 코치의 잔소리, 과도한 훈련, 부상, 시합 성적, 장학금, 코치·부모의 압박 등이 이에 속한다. 적당한 스트레스원은 선수의 몸과 마음이 최상의 상태에 도달하게 하고, 빠르게 항상성을 찾고 유지할 수 있도록 돕는다. 이러한 스트레스원에 대항하여 항상성을 유지하려는 반동 작용을 스트레스라고 한다. 즉 스트레스는 스트레스원에 대항하기 위한 심리·신체적 반응 과정으로 이해할 수 있다. 이 두 용어를 혼용하는 경우가 많지만, 원인과 증상(결과)으로 구분하면 한결 이해하기 쉽다. 예를 들면 '상사가 스트레스를 준다(스트레스원)'와 '요즘 스트레스의 연속이야!(스트레스)'로 설명하기도 한다.

우리는 일반적으로 보기·듣기·느끼기·읽기 등을 통해 얻은 정보를 뇌로 보내서 처리한 후 주어진 상황을 해석한다. 이러한 해석 과정을 '인식'이라고 부른다. 인식 과정은 인간마다 다르게 나타나는데, 이것을 '인식의 차이'라고 부른다. 인식의 차이는 유사한 상황을 해석하는 기회가 많아질수록 고정화된다. 예컨대 체력 운동을 하면 몸과 마음이 지치고 나중에는 하고 싶지 않다는 생각마저 든다. 체력 운동을 하는 날이 많아질수록 이러한 생각은 더욱 확고해진다. 이것이 고착화되면 체력 운동은 부정적인 스트레스원이 돼 버린다. 그러면 선수는 훈련에 참여하고 싶지 않게 되면서 결국 부정적인 스트레스를 경험한다. 반면 체력훈련은 힘들지만 근력·유연성·순발력 등이 좋아진다고 의도적으로 평가하고 이것이 고착화되면 체력 운동은 긍정적인 스트레스원으로 작용한다. 그러면 선수는 더욱 적극적으로 훈련에 참여하게 된다.

3) 스트레스의 과정

맥그래스(MacGrath)[19]에 의하면 스트레스는 상황요구(environmental demand), 요구의 지각(perception of demand), 스트레스 반응(stress response), 행동결과(behavioral consequences)의 4단계로 구성된다.

그림 4-8 **스트레스의 과정**[19]

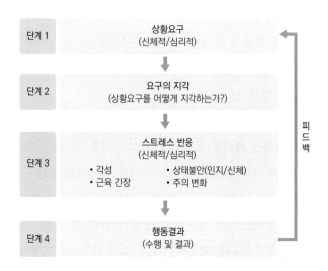

(1) 상황요구

스트레스 과정의 첫 번째 단계인 상황요구는 우리에게 주어지는 특정한 자극을 의미한다. 이러한 자극은 신체·심리적인 형태로 나타날 수 있다. 예를 들어 태권도 단증을 취득하기 위해 심사자 앞에서 품새를 시연하는 것은 신체적 요인이며 부모가 자녀에게 시합에서 이기라며 압박을 주는 것은 심리적 요인에 해당한다. 이러한 요인들은 스트레스원에 해당한다.

(2) 요구의 지각

두 번째 단계는 상황의 요구를 지각하는 것이다. 같은 자극이 주어지더라도 사람마다 자극을 받아들이는 방법에는 차이가 존재한다. 예를 들어 체육 시간에 민영이와 진아가 앞으로 나와 새로 배운 농구 기술을 시범 보인다고 생각해 보자. 이때 민영이는 친구들 앞에 나와서 시범 보이는 것을 즐길 수 있지만, 진아는 이를 불편하게 느낄 수도 있다. 진아는 자신에게 부과된 요구(농구 시범)와 이를 충족시키기 위한 그의 능력 사이에 불균형(능력의 부족)을 지각했기 때문이다.

스포츠 참여자의 특성불안 수준도 요구의 지각에 영향을 준다. 높은 특성불안을 지닌 사람들은 낮은 특성불안을 지닌 사람들에 비해 평가나 경쟁적인 상황을 더 위협적으로 지각하거나 느낀다. 때문에 특성불안은 스트레스 과정의 두 번째 단계에서 매우 중요한 영향을 미친다.

유용한 정보!

<스트레스 지각과 건강의 관계>
다음 두 가지 질문에 답해보자.
Q1. 지난 한 달간 얼마나 많은 스트레스 상황을 경험했는가?
　　① 매우 많이 / ② 어느 정도 / ③ 조금 / ④ 전혀 없음
Q2. 스트레스 상황이 당신의 건강에 해롭다고 믿는가?
　　① 매우 그렇다 / ② 그렇다 / ③ 전혀 아니다

1998년 켈러 교수와 동료들[20]은 미국인 약 3만 명에게 위 두 가지 질문을 던졌다. 8년 뒤 연구원들은 설문조사에 참여했던 사람들의 사망 위험을 조사했다. 연구 결과 1번 질문에서 높은 스트레스(①)를 받고 있던 사람은 다른 사람들보다 사망 위험이 43%에 달했다. 그런데 높은 스트레스를 받는다고 답했던 사람 중 2번 질문에서 스트레스가 해롭지 않다고 믿는다고 답한(③) 사람들은 오히려 사망 위험이 17%나 낮은 것으로 나타났다. 이로써 연구자들은 스트레스 그 자체보다 이를 해석하는 개인의 신념이나 태도가 더 중요하다는 결론을 얻었다.

(3) 스트레스 반응

세 번째 단계는 요구의 지각에 따른 신체·심리적 반응이다. 친구들 앞에서 시범 보이는 것을 불편하다고 지각한 진아는 자신이 시범을 잘 못할 것 같은 근심과 걱정을 하게 됨으로써 자신감이 떨어진다. 그리고 갑자기 심박수가 증가하고 식은땀이 흐른다. 게다가 근육이 과도하게 경직되어 본래의 실력보다 더 좋지 않은 수행을 보이게 된다. 이처럼 스트레스의 반응은 개인마다 다양하게 나타난다.

(4) 행동결과

네 번째 단계는 스트레스 반응으로 인해 나타나는 행동의 결과다. 행동결과는 수행에 긍정적 또는 부정적인 영향을 준다. 예를 들어 농구에 참여 중인 학생의 능력과 요구의 불균형으로 인해 스트레스가 유발되고 상태불안이 증가하게 되면 결국 수행에 악영향을 미칠 것이다. 반대로 증가한 상태불안이 오히려 개인의 노력을 촉진하여 결과적으로 수행이 향상될 수도 있다.

이러한 스트레스 반응의 결과는 첫 번째 단계에 피드백으로 작용한다. 예컨대 앞선 사례에서 진아는 5m 자유투 농구 시범을 '위협' 같은 부정적인 것으로 지각하고 결국 시범을 제대로 보이지 못했다. 이때 진아는 친구들의 실망한 눈빛을 느꼈고 갑작스레 창피함이 몰려왔다. 이러한 주변 친구들의 반응이나 창피한 감정은 추가적인 상황요구 요인이 된다. 즉 다음에 같은 상황이 벌어졌을 때, 이 경험은 진아가 극복해야 하는 추가적인 스트레스원이 될 수 있다.

4) 스트레스 대처

스트레스를 평가한 뒤에는 이를 대처(coping)할 수 있는 전략을 마련하는 것이 중요하다. 스트레스 대처(coping with stress)는 환경의 요구에 대한 인식이나 스트레스원에 대응하기 위한 선수의 인지적·행동적 반응을 의미한다.[21] 스트레스 관리 또는 대처와 관련된 몇 가지 이론과 전략을 살펴보자.

(1) 인지중심 대처

일반적으로 우리가 생각하는 스트레스는 부정적인 의미를 내포하고 있다. 이것은 부정적인 생각의 결과다. 인지중심 대처(cognition-focused coping)는 다양한 인지중재 전략(cognitive intervention)을 통해 부정적인 생각을 반박하여 스트레스를 대처하는 방법이다. 대표적으로 인지재구성, 사고정지 기법, 긍정적 자기대화 또는 자기암시, 심상 등과 같은 방법들이 포함된다.

한 가지 예를 들어 보자. 태권도 선수인 형호는 시합 중에 불안이 최고조에 달했다. 자연스럽게 부정적인 생각도 함께 떠올랐다. 형호는 '내가 과연 지금 돌려차기로 득점할 수 있을까? 안 될 것 같은데', '이러다가는 질 것 같은데'라는 부정적인 생각을 한다. 이때 사고정지 기법을 활용하여 자신의 부정적 사고를 멈춘다. 그 후 '그래 지금 할 수 있는 것에만 집중하자'라고 긍정적 자기대화를 사용해서 부정적인 상황과 흐름을 바꾼다. 이러한 인지중재 전략은 훈련 및 시합 상황뿐만 아니라 일상생활에서 나타나는 스트레스 요인들을 관리하는 데도 효과적으로 사용될 수 있다.

(2) 적극적 대처와 소극적 대처

초기 스트레스 대처는 라자루스(Lazarus)와 포크만(Folkman)[21]이 제시한 정서 중심 대처(emotion-focused coping)와 문제중심 대처(problem- focused coping)로 구분했다. 이후 로저(Roger)와 동료들[23]이 이론을 보완하면서 초연(detached)과 회피(avoidance)라는 개념을 포함했다. 연구자들은 문제중심 대처와 정서중심 대처를 적극적 대처의 범주로 보고 초연과 회피는 소극적 대처의 범주로 이해하고 있다. **적극적 대처는 좌절이나 방해요인을 극복하고 직접적으로 문제를 다루는 방식**을 말한다. **소극적 대처는 문제 상황을 회피하거나 일탈하여 자신을 방어하려는 기제**를 의미한다.

① 적극적 대처

문제중심 대처는 스트레스 문제에 정면으로 도전하는 것을 의미한다. 즉 문제 중심 대처를 지향하는 사람은 스트레스가 발생하는 원인(Stressor)을 찾고 이를 해결하는 것을 우선한다. 예컨대 스트레스 문제를 해결하기 위해 다양한 대처 전략이나 계획을 수립하고 이를 평가 및 검토하는 것이다. 이러한 방식은 스트레스원 자체를 제거하거나 변화시키기 위해서 그 문제에 직접적으로 반응 및 접근한다.

정서중심 대처는 자신의 불균형적인 감정이나 기분을 회복하는 데 초점을 두는 방식이다. 예를 들어 시합을 며칠 앞둔 선수가 과도한 스트레스를 느끼는 상황(예: 시합에 대한 민감함, 불안 등)을 떠올려 보자. 그는 스트레스에 대처하기 위해 모든 일이 잘 풀릴 것이라며 자신을 위로한다. 그리고 이번 시합이 자신의 발전을 위한 좋은 계기가 될 것으로 생각한다. 즉 감정을 겉으로 표출·발산하는 것, 사회적인 지지나 도움을 구하는 것, 스트레스 상황을 긍정적으로 재해석하는 것 등이 정서중심 대처에 해당한다.

② 소극적 대처

초연은 스트레스 반응을 해소하기 위해 어떠한 노력을 투자하지 않고 그대로 순응하고 받아들이는 것을 의미한다. 이러한 대처 방식의 선수들은 스트레스가 발생하더라도 특별히 행동하지 않는 경향이 있다. 예를 들어 동료 선수와 갈등이 생긴 축구선수는 한숨을 내쉬며 '뭐 어쩔 수 없는 일이지', '내 팔자가 그렇지 뭐'라고 생각하며 스트레스에 별다른 반응하지 않는다. 그는 자신에게 주어진 문제 상황(스트레스)에 대해 해결하거나 정서적으로 회복하려고 하지 않고 그대로 받아들인다.

회피는 문제나 원인으로부터 완전히 벗어나 스트레스 상황에서 자유로워지려는 방식을 말한다. 이 방식을 지향하는 선수는 전혀 상관이 없는 다른 일(예: 게임, 노래 등)을 하거나 스트레스가 발생한 상황을 망각하는 시도를 한다. 가령 시합을 앞둔 체조선수가 기술이 잘되지 않아 훈련 중에 엄청난 스트레스를 받았다. 그러나 그는 훈련이 끝난 뒤 그 문제를 잊기 위해서 평소 보고 싶었던 영화를 보고 친한 친구와 전화를 하며 수다를 떨었다. 이러한 그의 행동은 스트레스 문제와 아무런 관련이 없는 것으로 전형적인 회피 대처 방식에 해당한다.

측정하기

1) 경쟁 상태불안 검사

경쟁 상태불안 검사지(competitive state anxiety inventory-2, CSAI-2)[24]는 스포츠심리학 연구 분야에서 널리 사용되는 척도다. 이 척도는 경쟁 상황에서 선수가 느끼는 인지불안과 신체불안 그리고 상태 자신감을 측정한다. 다음 〈표 4-1〉과 〈표 4-2〉에는 각각 인지-상태불안과 신체-상태불안 문항이 나타나 있다. 이는 원척도에서 5문항씩 추출한 것이다. 각 문항을 읽고 **최근의 시합이나 연습 경기 때 느꼈던 감정과 기분 등을 가장 잘 표현한다고 생각되는 점수에 표시**해 보자. 최근 출전했던 시합이나 경쟁 상황 혹은 불안이 발생했던 상황을 회상하면서 문항에 답해보길 바란다.

표 4-1 신체-상태불안 검사

	문항	전혀 아니다	약간 그렇다	대체로 그렇다	매우 그렇다
1	나는 초조함을 느낀다.	①	②	③	④
2	나는 몸이 긴장된다.	①	②	③	④
3	나는 가슴이 뛴다.	①	②	③	④
4	나는 속이 가라앉는 것을 느낀다.	①	②	③	④
5	나는 몸이 꽉 조이는 것을 느낀다.	①	②	③	④

※ 위 검사지는 이강헌 등[25]의 문헌에서 일부 발췌하고 수정함.

평가방법

전체 점수를 합하고 아래와 같이 해석한다.
10점 이하: 낮은 수준의 신체불안을 느낀다.
11~14점: 중간 수준의 신체불안을 느낀다.
15~20점: 높은 수준의 신체불안을 느낀다.

점수: (   )

표 4-2 인지-상태불안 검사

문항		전혀 아니다	약간 그렇다	대체로 그렇다	매우 그렇다
1	나는 잘하지 못할까 봐 걱정된다.	①	②	③	④
2	나는 경기에서 질까 봐 걱정된다.	①	②	③	④
3	나는 압박감으로 인해 숨이 막힐까 봐 걱정된다.	①	②	③	④
4	나는 좋은 성적을 거두지 못할까 봐 걱정된다.	①	②	③	④
5	나는 다른 사람들이 나의 성과에 실망할까 봐 걱정된다.	①	②	③	④

※ 위 검사지는 이강헌 등[25]의 문헌에서 일부 발췌하고 수정함.

평가방법

전체 점수를 합하고 아래와 같이 해석한다.
10점 이하: 낮은 수준의 인지불안을 느낀다.
11~14점: 중간 수준의 인지불안을 느낀다.
15~20점: 높은 수준의 인지불안을 느낀다.

점수: (   )

신체-상태불안과 인지-상태불안 점수를 비교해 보고 어떤 불안이 더 높은지 확인한다. 그리고 실제 불안 상황에서 인지불안과 신체불안 중 어느 것이 높은지 자신의 경험을 떠올려 보도록 한다.

2) 스트레스 대처 검사

〈표 4-3〉에는 스트레스 대처에 대한 검사지가 나타나 있다. 이 검사지는 적극적 대처(문제중심 대처, 정서중심 대처)와 소극적 대처(초연, 회피)가 포함되어 있다. 최근 스트레스를 받았던 상황을 잠시 떠올려 보자. 시합이나 경쟁 상황 혹은 일상 생활에서 경험한 스트레스여도 상관없다. 이후 아래 문항을 읽고 스트레스를 받았던 그 상황에서 자신이 어떻게 생각하고 행동했는지 평가해 보자.

표 4-3 **스트레스 대처 검사지**[26]

	"나는 스트레스를 받으면 ~ "	절대 그렇지 않다	드물다	가끔 그렇다	종종 그렇다	항상 그렇다
1	차분히 문제가 뭔지 파악하고 처리하려 한다.	①	②	③	④	⑤
2	마음을 가다듬고, 정신을 집중하여 이겨내려 한다.	①	②	③	④	⑤
3	코치나 전문가와 상담하고 가장 적절한 방법을 찾는다.	①	②	③	④	⑤
4	예전의 극복 경험을 생각해내고 그것을 이용해 본다.	①	②	③	④	⑤
5	일단 감정을 누르고 논리적으로 생각하려 한다.	①	②	③	④	⑤
6	나 자신을 시험할 수 있는 좋은 계기로 생각한다.	①	②	③	④	⑤
7	그렇게 최악은 아니라고 스스로 위로한다.	①	②	③	④	⑤
8	좋은 경험이 될 것이라고 생각한다.	①	②	③	④	⑤
9	내 자신이 발전할 수 있는 좋은 기회로 생각한다.	①	②	③	④	⑤
10	혼자서 중얼거리거나 욕을 해버린다.	①	②	③	④	⑤
11	담담한 마음으로 그 상황을 수긍하려 한다.	①	②	③	④	⑤
12	깨끗이 체념하고 그냥 받아들인다.	①	②	③	④	⑤

13	지난 일에 너무 연연하지 않는다.	①	②	③	④	⑤
14	모든 것을 운명에 맡긴다.	①	②	③	④	⑤
15	순리에 따라야 한다고 생각한다.	①	②	③	④	⑤
16	외출, 친구를 만나거나 책을 읽는다.	①	②	③	④	⑤
17	하루 종일 TV나 스마트폰을 본다.	①	②	③	④	⑤
18	당분간 연습이나 시합에 참여하지 않는다.	①	②	③	④	⑤
19	잠을 많이 잔다.	①	②	③	④	⑤
20	가급적 누구와도 이야기를 하지 않으려 한다.	①	②	③	④	⑤

※ 위 검사지는 유진, 박성준[26]의 문헌에서 일부 발췌하고 수정함.

평가방법

문제중심 대처	1, 2, 3, 4, 5번 문항 ÷ 5
정서중심 대처	6, 7, 8, 9, 10번 문항 ÷ 5
초연	11, 12, 13, 14, 15번 문항 ÷ 5
회피	16, 17, 18, 19, 20번 문항 ÷ 5

1) 유형별로 점수를 합한 후 문항의 개수에 맞춰 나눈다.

2) 다음 그래프에 자신의 점수대로 방사형 그래프를 그리고 분석한다.

요인	적극적 대처		소극적 대처	
	문제중심 대처	정서중심 대처	초연	회피
점수	( )	( )	( )	( )

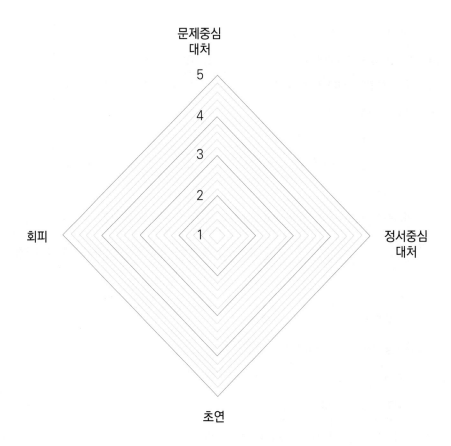

해보기

1) 나의 불안 프로파일링

우리는 스포츠 환경에서 발생하는 여러 상황과 감정 속에서 걱정이나 두려움과 같은 불안을 경험하곤 한다. 불안은 다차원적인 구조로 이루어져 있어 인지불안, 신체불안, 상태불안, 특성불안을 포함한다. 이처럼 다양한 불안에 효과적으로 대처하기 위해서는 자신이 어떤 불안을 느끼고 있는지 이에 대한 반응은 어떠한지 스스로 알아차리는(perception) 것이 중요하다. 아래 워크시트를 활용하여 자신의 불안을 정리해 보자.

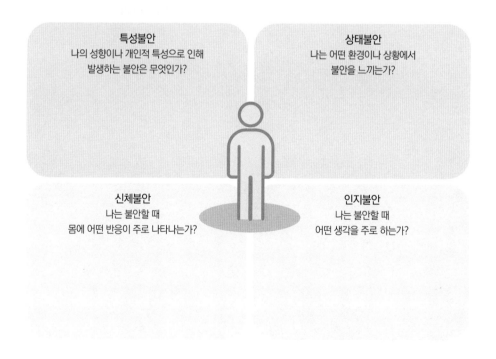

특성불안
나의 성향이나 개인적 특성으로 인해
발생하는 불안은 무엇인가?

상태불안
나는 어떤 환경이나 상황에서
불안을 느끼는가?

신체불안
나는 불안할 때
몸에 어떤 반응이 주로 나타나는가?

인지불안
나는 불안할 때
어떤 생각을 주로 하는가?

2) 인지재구성을 이용한 스트레스 대처

　　ASDR은 부정적인 생각을 논리적으로 반박하여 스트레스에 대처하는 기법이다. 훈련 또는 시합 상황에서 자주 떠오르는 부정적인 생각 혹은 스트레스 문제에 ASDR을 적용하여 긍정적인 사고로 전환해 보자.

A: 생각 알아차리기

S: 부정적 생각 멈추기

D: 논리적으로 반박하기

R: 긍정적 생각으로 바꾸기

돌아보기

문제 1 **각성에 대한 설명으로 올바른 것은?**

① 스포츠 상황에서 나타나는 불안한 심리상태를 의미한다.

② 신체적 또는 심리적 활성 정도를 의미한다.

③ 각성은 모두 같은 수준에서 활성화된다.

④ 각성은 긍정·부정적 감정이 포함되는 개념이다.

문제 2 **스포츠 불안의 종류로 올바르지 않은 것은?**

① 인지불안   ② 신체불안

③ 특성불안   ④ 시합불안

문제 3 **불안의 정의로 올바르지 않은 것은?**

① 인지불안은 비관론적인 기대나 부정적인 예감을 의미한다.

② 신체불안은 불안에 대한 반응이 신체에 직접적으로 나타나는 현상이다.

③ 상태불안은 선수가 처한 상황에 따라 달라질 수 있다.

④ 신체불안은 실패에 대한 두려움과 공포 등이 떠오르는 것이다.

문제 4 **아래 <보기>에서 설명하는 이론으로 올바른 것은?**

〈보기〉

이 이론에 따르면 각성이 증가하면서 수행도 함께 증가한다. 하지만 일정 수준을 넘어서는 순간부터는 수행력이 감소한다고 설명한다.

① 드라이브 이론   ② 역-U 가설

③ 다차원 불안 이론   ④ 전환 이론

개인별 적정기능구역에 관한 설명으로 올바르지 않은 것은?

① 선수들은 저마다 최적의 상태불안 구간을 가지고 있다.

② 모든 선수의 최상 수행은 항상 중간지점에서 나타난다.

③ 어떤 선수는 상태불안이 높을 때 최상 수행이 가능하다.

④ 최상수행은 특정한 지점이 아니라 '구간'으로 발생한다.

문제 6 카타스트로피 현상에 대한 설명으로 올바르지 않은 것은?

① 수행패턴을 빠르게 회복할 수 있다.

② 점진적으로 증가하는 것에 비해 급격한 수행 감소가 나타난다.

③ 인지·신체불안의 복잡한 상호작용에 의해 발생한다.

④ 인지불안의 수준이 높은 상태에 도달하게 된다.

문제 7 아래 <보기>를 보고 괄호 안에 들어갈 용어가 올바르게 연결된 것을 고르시오.

〈보기〉

> 어떤 선수는 다른 선수와 경쟁하는 것을 재밌다고 생각하고 흥미가 유발
> 될 수 있다. 반면 어떤 선수는 경쟁하는 것이 두렵다고 생각하면서 불안이
> 발생할 수 있다. 이처럼 각성을 어떻게 생각하는지에 따라 불안이 발생할
> 수 있다고 설명하는 것을 (㉠) 이론이라고 부른다. 이는 각성의 양(수준)
> 이 중요한 것이 아니라 선수가 각성을 어떻게 (㉡)하는지에 초점을 둔다.

	㉠	㉡
①	각성	해석
②	각성	무시
③	전환	해석
④	전환	무시

문제 8 스트레스가 발생하는 4단계 과정으로 올바른 것은?

① 스트레스 반응 → 상황요구 → 요구의 지각 → 행동결과

② 스트레스 반응 → 행동결과 → 상황요구 → 요구의 지각

③ 상황요구 → 요구의 지각 → 스트레스 반응 → 행동결과

④ 요구의 지각 → 상황요구 → 스트레스 반응 → 행동결과

문제 9 아래 <보기>에서 괄호 안에 들어갈 용어로 올바른 것을 고르시오.

〈보기〉

적절한 (   )은/는 선수들의 몸과 마음이 최상의 상태에 도달하게
하고, 빠르게 항상성을 유지할 수 있도록 돕는다. 반면 과도한 (   )
은/는 몸과 마음에 손상을 주고 항상성을 깨뜨리는 원인으로 작용한다. 따
라서 (   )에 적절하게 반응하는 것이 무엇보다 중요하다.

① 스트레스원   ② 정보전달

③ 강화   ④ 각성 수준

문제 10 인지중심 대처에 대한 설명으로 올바르지 않은 것은?

① 부정적인 생각을 반박하여 스트레스를 대처하는 방법이다.

② 사고정지 기법, 긍정적 자기대화 또는 자기암시, 심상 등과 같은 방법이 있다.

③ 반박 후 긍정적 사고로 흐름을 변화하는 것을 말한다.

④ 스트레스 문제를 피하기 위한 의식적인 노력을 의미한다.

답안							
01	②	02	④	03	④	04	②
05	②	06	①	07	③	08	③
09	①	10	④				

참고문헌

[1] Kerr, J. H. (1985). The experience of arousal: A new basis for studying arousal effects in sport. *Journal of sports sciences, 3*(3), 169-179.

[2] Cheng, W. N. K., Hardy, L., & Markland, D. (2009). Toward a three-dimensional conceptualization of performance anxiety: Rationale and initial measurement development. *Psychology of Sport and Exercise, 10*(2), 271-278.

[3] Endler, N. S., Parker, J. D., Bagby, R. M., & Cox, B. J. (1991). Multidimensionality of state and trait anxiety: Factor structure of the Endler Multidimensional Anxiety Scales. *Journal of Personality and social psychology, 60*(6), 919-926.

[4] Spielberger, C. D. (Ed.). (2013). *Anxiety: Current trends in theory and research.* Elsevier.

[5] Weinberg, R. S., & Gould, D. (2018). *Foundations of Sport and Exercise Psychology,* 7E. Human Kinetics.

[6] Spence, J. T., & Spence, K. W. (1966). The motivational components of manifest anxiety: Drive and drive stimuli. *Anxiety and behavior,* 291-326.

[7] Landers, D. M., & Arent, S. M. (2007). Physical activity and mental health. *Handbook of sport psychology, 2,* 740-765.

[8] Gould, D., & Udry, E. (1994). Psychological skills for enhancing performance: Arousal regulation strategies. *Medicine & Science in Sports & Exercise, 26*(4), 478-485.

[9] Mellalieu, S. D., Hanton, S., & Fletcher, D. (2006). A competitive anxiety review: Recent directions in sport psychology research. *Literature reviews in sport psychology,* 1-45.

[10] Hanin, Y. L. (1995). Individual zones of optimal functioning (IZOF) model: An idiographic approach to performance anxiety. *Sport psychology: An analysis of athlete behavior, 3,* 103-119.

[11] Ruiz, M. C., Raglin, J. S., & Hanin, Y. L. (2017). The individual zones of optimal functioning (IZOF) model (1978-2014): Historical overview of its development and use. *International Journal of Sport and Exercise Psychology, 15*(1), 41-63.

[12] Woodman, T., & Hardy, L. (2001). A case study of organizational stress in elite sport. *Journal of Applied Sport Psychology, 13*(2), 207-238.

[13] Hanin, Y. L. (2000). *Emotions in sport.* Human Kinetics.

[14] Hanin, Y. L. (2007). Emotions in sport: Current issues and perspectives. *Handbook of sport psychology, 3*(3158), 22-41.

[15] Hardy, L. (1996). A test of catastrophe models of anxiety and sports performance against multidimensional anxiety theory models using the method of dynamic differences. *Anxiety, Stress, and Coping, 9*(1), 69-86.

[16] Hardy, L. (1990). A catastrophe model of performance in sport. In J. G. Jones & L. Hardy (Eds.), *Wiley series in human performance and cognition. Stress and performance in sport* (pp. 81-106). Oxford, England: John Wiley & Sons.

[17] Hardy, L. (1996). Testing the predictions of the cusp catastrophe model of anxiety and performance. *The Sport Psychologist, 10*(2), 140-156.

[18] Kerr, J. H. (1985). The experience of arousal: A new basis for studying arousal effects in sport. *Journal of Sports Sciences, 3*(3), 169-179.

[19] McGrath, J. E. (1970). *Social and psychological factors in stress.* Illinois Univ. At Urbana Dept Of Psychology.

[20] Keller, A., Litzelman, K., Wisk, L. E., Maddox, T., Cheng, E. R., Creswell, P. D., & Witt, W. P. (2012). Does the perception that stress affects health matter? The association with health and mortality. *Health psychology, 31*(5), 677.

[21] Lazarus, R. S., & Folkman, S. (1984). Coping and adaptation. *The handbook of behavioral medicine, 282-325.*

[22] 김병준(2011). **강심장이 되라.** 서울: 중앙북스.

[23] Roger, D., Jarvis, G., & Najarian, B. (1993). Detachment and coping: The construction and validation of a new scale for measuring coping strategies. *Personality and Individual differences, 15*(6), 619-626.

[24] Martens, R., Vealey, R. S., & Burton, D. (1990). *Competitive anxiety in sport.* Champaign, IL: Human Kinetics.

[25] 이강헌, 김병준, 안정덕(2004). **스포츠심리검사지 핸드북.** 서울: 무지개사.

[26] 유진, 박성준(1998). 스포츠 대처 척도의 개발과 구조적 타당화 검증. **한국체육학회지,** 37(2), 151-168.

05

심상

Imagery

이해하기

1. 심상의 개념

1) 심상의 정의

심상(imagery)이란 **자신이 실제로 수행해야 할 행동을 머릿속으로 생각하거나 과거의 행동을 다시 떠올려 상기시키는 것**을 말한다. 즉 심상은 개인의 경험을 통해 저장된 정보를 의미 있는 형태로 재구조화하는 과정이다. 스포츠 현장에서는 이미지 트레이닝(image training), 이미지 메이킹(image making), 멘탈 리허설(mental rehearsal), 멘탈 트레이닝(mental training) 등의 용어로 사용되기도 한다. 심상은 머릿속으로 기술이나 시합 장면을 리허설하는 형태로 실제의 감각적 경험(느끼기·보기·듣기·만지기)을 느껴볼 수 있을 뿐만 아니라 큰 에너지 손실 없이 끊임없이 반복할 수 있다는 장점이 있다.

> **KEY POINT**
>
> 운동선수들은 심상을 통해 긍정적인 수행이나 기술을 머릿속으로 떠올려 보고 수행해야 할 새로운 동작을 머릿속으로 그려볼 수도 있다. 무엇보다 심상은 신체 훈련과 다르게 시간과 공간의 한계를 가지지 않는 특징이 있다.

2) 감각을 이용한 심상

효과적인 심상을 위해서는 가능한 많은 감각이 동원되어야 한다. 이러한 감각은 시각(visual sense)·청각(auditory sense)·촉각(tactile sense)·후각(olfactory sense) · 운동감각(kinesthetic) 등이 있다. 특히 운동감각을 활용한 심상은 신경과 근육의 신체 반응을 실제 훈련과 유사하게 느낄 수 있게 해주므로 경기력 향상에 효과적이다. [1][2]

골프 황제 타이거 우즈(Tiger Woods)는 다음과 같이 말했다. "심상 훈련을 할 때는 당신이 어떻게 샷을 하는지 봐야 할 뿐만 아니라 당신의 손을 통해 임팩트(impact) 순간을 느껴야 한다." 이것은 우즈가 다양한 감각을 동원해서 심상 훈련을 하였다는 것을 말해 준다. 다양한 감각을 사용한 심상은 정신적으로 더욱 생생한 이미지를 만드는 데 도움을 준다. 특히 실제 수행을 할 때 느끼는 감각과 가능한 똑같이 상상하는 것이 중요하다.

야구에서 배팅하는 순간을 통해 다양한 감각들이 어떻게 심상에 활용되는지 살펴보자. 먼저 당신은 시각을 이용해서 투수가 던지는 공이 홈플레이트로 다가오는 것을 보아야 한다. 다음으로 운동감각을 사용하여 최대한의 힘을 발휘하기 위해 적절한 순간에 체중을 이동하고 배트를 정확하게 휘둘러야 한다. 그리고 청각을 사용하여 정확하게 공이 배트에 맞는 소리를 들어야 한다. 또한 촉각을 사용해서 공과 배트가 맞닿으며 생기는 진동을 손으로 느껴야 한다. 마지막으로 후각을 사용해서 야구장 잔디 또는 주변의 신선한 냄새를 느낄 수 있다.

효과적인 심상을 위해서는 감정도 활용되어야 한다. 좋은 감정을 떠올리고 나쁜 감정을 떨쳐버리는 심상은 실제 감정조절에 긍정적인 영향을 줄 수 있다. 예를 들어 체조선수인 진혁이는 고난도 기술 시연에 실패하는 부정적인 생각이 떠올라 결국 자신감이 떨어지고 말았다. 그러나 심상 훈련을 통해 정신적으로 그 동작을 연습해 보고 간혹 성공했던 과거의 좋은 기분을 반복적으로 떠올렸다. 결국 진혁이는 자신감이 다시 향상되었고 기술 성공률도 전보다 높아졌다. 그뿐 아니라 실수가 발생하였어도 자신에게 긍정적인 피드백을 주어 부정적인 생각들을 떨쳐버릴 수 있게 되었다. 커밍(Cumming)과 윌리암스(Williams)[3]는 다수의 선행연구 분석을 통해 심상 훈련의 다섯 가지 중요한 특성을 확인하였다. 구체적인 내용은 다음과 같다.

① 감각의 양식(modality): 심상에 사용되는 감각

② 시각(perspective): 시각적인 관점

③ 각도(angle): 3인칭 관점에서의 관찰 각도(위·측면·뒤·앞·아래)

④ 주체(agency): 심상 과정에서 기술을 수행하는 사람이 자신인지 타인인지

⑤ 신중함(deliberation): 자발적 참여와 몰입의 정도

2. 심상의 활용과 효과

누군가가 알려주지 않아도 스포츠 참여자들은 스스로 심상 훈련을 한다. 예를 들어 고등학생인 수찬이는 얼마 전 당구를 처음 배웠고 그 매력에 빠졌다. 그는 자려고 누우면 천장을 바라보고 당구대를 떠올린다. 당구대 위에 공들이 놓여있고 그는 어느 각도로 얼마나 강하게 쳐야 하는지 생각하면서 공의 흐름을 상상한다. 이러한 사례는 스포츠 상황에서 쉽게 찾아볼 수 있다. 그리고 거의 모든 종목의 참여자들은 의식적이거나 무의식적으로 심상을 하는 경향이 있다. 골프 참여자들은 자신이 친 공이 공중으로 포물선을 그리며 날아가는 장면, 축구와 농구 참여자들은 공이 포물선을 그리다가 골대 혹은 림 속으로 빨려 들어가는 장면, 태권도 겨루기 선수들은 상대의 움직임에 자신의 신체가 빠르고 정확하게 반응하는 장면 등이 대표적이다. 이처럼 거의 모든 스포츠 종목은 각각의 특징에 따라 심상이 이루어진다.

심상의 구체적인 장면이나 특징은 스포츠 종목마다 다르지만, 그 활용과 효과에 있어서는 몇 가지 공통점이 있다. 스포츠에서 심상은 다음과 같은 활용과 효과를 기대한다.

1) 집중력 향상

결정적 상황에서 나타나는 **자신의 행동과 반응을 시각화함으로써 집중력이 흐트러지는 것을 예방**할 수 있다. 결정적 상황이란 보통 승패와 관련된 중요한 상황(예: 득점 직전, 실점 직후 등)을 의미한다. 선수들은 심상을 통해 이와 같은 상황이 벌어졌을 때 어떻게 침착함을 유지할 수 있는지, 그 일이 벌어진 이후 어떤 플레이를 해야 하는지, 그에 따른 대처 전략은 무엇인지 연습할 수 있다. 실제로 칼멜스(Calmels)와 동료들[4]은 심상 훈련을 받은 국가대표 소프트볼 선수들이 외부의 자극을 쉽게 다루게 되었고 향상된 주의집중력을 보였다고 보고했다. 또한 심상을 통한 반복된 훈련은 빠른 의사결정에 도움을 주므로 집중력을 향상할 수 있다.[5]

2) 동기의 증가

심상은 **스포츠 및 운동 참여자들의 동기를 높이는 데 효과**가 있다. 예를 들어 생활체육으로 유산소성 에어로빅 댄스에 참여하는 성인들은 주로 자신의 몸이 건강해지고 좋은 외모(예: 다이어트)를 갖게 되는 모습을 떠올린다.[6] 이는 선수들도 마찬가지다. 중요한 시합을 앞둔 선수는 자신이 설정한 목표를 달성하는 미래의 모습(예: 대표 선발, 금메달, 기록 단축 등)을 떠올린다. 이러한 성공 장면에 대한 심상은 하고 싶은 마음을 자극하고 훈련에 대한 명확한 목표를 갖게 함으로써 운동에 대한 내적 동기를 자극한다.

3) 자신감 향상

스포츠 참여자가 저조한 기술 수행으로 문제를 겪고 있다면 **성공적인 기술 수행 장면을 떠올림으로써 자신감 향상을 기대**할 수 있다. 만약 많은 관중이나 상대 선수에 대한 두려움을 가지고 있는 선수라면 이러한 외부 요소들에 대처하는 모습을 상상하면서 자신감을 키울 수 있다. 이처럼 심상과 자신감은 밀접한 관련이 있다. 한 연구에 따르면, 자신감이 높은 선수는 높은 수준의 수행 심상(예: 중요한 상황에서 성공적으로 수행하는 모습)과 각성 심상(예: 경쟁 상황에서 각성을 잘 조절한 모습)을 사용하고 자신감이 낮은 선수보다 운동감각과 시각화 능력이 뛰어났다.[7] 자신감을 높이기 위해서는 동작의 느낌, 힘, 노력, 공간 감각에 중점을 둔 심상을 하는 것이 효과적이다.[8] 이 밖에 선수들이 심상을 이용해 자신감을 높이고 불안을 조절한다는 연구도 보고된 바 있다.[9]

4) 경쟁 준비

선수들은 **중요한 경쟁 상황**(예: 시합, 대회)**을 대비하기 위해서 심상을 활용**한다. 이때의 심상은 연극 배우가 무대에 오르기 전 리허설을 하는 것과 유사하다. 선수들은 자신이 뛰게 될 경기장이나 코트를 상상하고 그곳에서 시합 전 몸을 푸는 모습, 루틴을 수행하는 모습 등을 떠올린다. 이를 통해 경쟁을 위한 최적의 상태를 유지하거나 만들 수 있다.

5) 부상 대처

심상은 **선수가 부상을 당해 훈련이 불가능할 때 대처 수단**으로 활용된다. 심상이 부상 부위의 치료에 직접적으로 관여하지는 않지만, 부상을 회복하는 동안 선수의 기술이 저하되는 것을 어느 정도 예방할 수는 있다. 앞서 언급했듯이 심상은 마음속에서 이루어지는 훈련 과정이므로 물리적 공간이나 신체의 제약을 받지 않는다. 부상으로 인해 훈련 참여가 불가능한 선수들은 심상을 적극적으로 활용함으로써 몸의 감각을 지속할 수 있다. 이러한 노력은 부상에서 복귀했을 때 빠른 회복을 돕는다.

> **유용한 정보!**
>
> <심상의 활용과 효과>
> 앞서 심상은 집중력 향상, 동기의 증가, 자신감 향상, 경쟁 준비, 그리고 부상 대처를 위해 활용할 수 있다는 것을 살펴보았다. 그러나 심상의 활용과 효과는 이것보다 훨씬 다양하다. 앞서 살펴본 다섯 가지 외에도 심상은 다음과 같은 활용 및 효과가 있다.
> - 정서 반응의 조절
> - 스포츠 기술의 습득 · 훈련 · 수정
> - 스포츠 경기 전략의 습득과 훈련
> - 수행 관련 문제해결

3. 심상의 원리

상대 선수보다 더욱 빠르게 움직이고, 자신의 한계보다 높게 점프하여 슛을 던지고, 상대방의 강한 테니스 서브를 맞받아치는 생각들이 실제 운동수행에 어떤 도움이 될 수 있을까?

우리는 개인이 지각하는 정보입력 과정에서 해답을 찾을 수 있다. 이 정보는 실제 상황에서 얻는 정보와 유사성을 가지고 있다. 마크스(Marks)[10]에 따르면 심상을 통한 자극과 지각(perception)은 실제 상황에서의 자극 및 지각과 질적으로 매우 유사한 상태를 가지고 있다. 스포츠심리학자들은 이러한 원리를 설명하기 위해 다섯 가지 주요 이론을 다루고 있다.

1) 심리-신경근 이론

카팬터(Carpenter)[11]는 심리-신경근 이론(psycho-neuromuscular theory)을 적용해서 심상의 효과를 체계화하였다. 이 이론에 따르면 **특정한 동작을 머릿속으로 그릴 때 실제로 그 동작을 수행하는 것과 동일한 유형의 신경근 활성화**가 발생한다. 즉 선수가 심상을 활용해서 기술을 수행하면 실제로 그 기술을 수행할 때와 똑같은 근육과 신경에 자극이 일어난다는 것이다. 이러한 특징 때문에 심상 훈련은 우리 몸의 근육과 신경회로에 지속적인 자극을 주어 실제 훈련과 유사한 효과를 만들어 낼 수 있다. 비록 심상을 통한 신경근의 활성화 정도가 실제로 수행하는 것보다는 약하게 발생할지라도 유사한 패턴의 자극이 주어지기 때문에 운동효과가 있다.

<심상을 통한 근력 강화>
랑가나단(Ranganathan)과 동료들[12]은 심상 훈련이 실제 몸에 어떠한 영향을
미치는지 연구했다. 젊은 참여자들을 대상으로 12주 동안(하루 15분, 주 5회) 4개
그룹으로 나누어 실험했다. A그룹은 심상-새끼손가락 훈련, B그룹은 심상-팔꿈치
훈련, C그룹은 비교 집단, D그룹은 실제 새끼손가락 훈련을 수행했다. 연구 기간
종료 후 A그룹은 35%, B그룹은 13.5%, D그룹은 53% 힘이 증가했다. 즉 심상으로만
훈련했던 A와 B그룹에서 유의미한 변화가 나타난 것이다.

2) 기호학습 이론

기호학습 이론(symbolic learning theory)[13]에 의하면 **지각적이고 공간적인 기호
적 표상을 포함하는 학습은 인지 과정에 효과**를 발휘한다. 예를 들어 태권도 겨루
기 선수가 상대 선수의 움직임과 발차기 패턴, 특성을 미리 파악하고 심상 훈련을
적용하였다면, 지속적인 경험으로 인해 실제 시합 상황에서 효율적으로 대비할 수
있다. 또한 스포츠 참여자는 심상을 통해 새롭게 배워야 할 기술들을 머릿속으로
그려봄으로써 익숙함을 느끼는 데 도움이 된다. 이때 형성되는 익숙함은 실제 동
작을 수행하는 데 도움을 준다.

3) 생체정보 이론

생체정보 이론(bio-informational theory)[14]은 심상을 통해 **뇌에 저장된 과제들
을 조직적이고 체계적으로 정리하는 데 도움받을 수 있음**을 가정한다. 이 이론은 자
극-과제(stimulus proposition)와 반응-과제(response proposition)라는 두 가지 요인을
가지고 심상의 생체정보 원리를 설명한다. 자극-과제는 외부로부터 선수에게 주어
지는 특정한 상황(자극)을 상상하는 것이다. 예를 들어 선수에게 전략을 설명해 주
는 감독, 나와 맞붙어야 할 상대 선수, 경기장, 심판, 응원해 주는 사람 등을 상상할
수 있을 것이다. 반대로 반응-과제는 주어진 상황(자극)에 대한 자신의 신체-심리

적 반응을 상상하는 것이다. 경기장 상태를 느껴보고, 응원해 주는 사람들의 함성에 따른 심박수의 변화, 상대방과 경기하며 느껴지는 신체감각 등이 이에 해당한다.

효과적인 심상을 위해서는 위의 두 가지 요인을 함께 활용해야 한다. 단순히 외부로부터 선수에게 주어진 상황(자극-과제)만을 상상하는 것은 자신의 내적 활성화를 일으킬 수 없기에 신체적인 느낌(반응-과제)들이 필수적으로 포함되어야 한다.[3][15]

4) 트리플 코드 모델

트리플 코드 모델(triple code model)[16]은 세 가지 요인을 이해하는 것이 중요하다고 주장한다. 첫 번째 요인은 바로 **심상** 그 자체다. 아센(Ahsen)[16]은 "우리가 실제 세상과 다양한 방법으로 상호작용하는 것처럼, 심상은 다양한 감각을 활용하여 가상의 세계와 우리가 상호작용할 수 있게 만들어 준다."라고 설명한다. 두 번째 요인은 **신체반응**(somatic response)이다. 심상은 신체의 심리·생리적 변화를 유발한다. 마지막 요인은 **심상이 가지는 의미**(meaning)다. 아센에 따르면 모든 심상은 선수에 따라 다른 의미로 나타난다. 즉 두 선수가 같은 심상 훈련을 하더라도 서로 다른 이미지와 의미를 만들어 낸다. 이와 관련하여 한 가지 사례가 있다.

머피(Murphy)[17]는 피겨 선수 두 명에게 '심호흡하고 집중하며 밝게 빛나는 에너지를 상상해 보고, 이를 몸 안으로 흡수해 보자'라고 지시하였다. 한 선수는 밝게 빛나는 에너지가 자신의 몸 안으로 들어가 자신과 동화되는 상상을 하였다. 반면 다른 선수는 밝게 빛나는 에너지 때문에 앞을 볼 수 없어 결국 넘어지는 상상을 하였다고 한다. 따라서 심상 훈련에서 핵심적인 것은 선수들 개인에게 의미 있는 심상이 되도록 격려해야 하고 실제 상황과 유사한 심상이 이루어지도록 해야 한다는 것이다.

5) 주의-각성 세트 이론

주의-각성 세트 이론(attention-arousal set theory)에 의하면 **심상은 최적의 각성 상태에 도달하는 데 도움**이 된다. 특히 경쟁적인 스포츠 활동에 참여하는 선수들의 경우 최적의 각성 상태에 도달하면 수행과 관련 없는 단서를 무시하고 관련된 단서에만 집중할 수 있다. 즉 심상은 최적의 각성 수준을 만들고 적절한 단서에만 집중하게 함으로써 수행에 도움을 주게 된다. 나아가 수행에 필수적으로 작용하는 심리 요인(예: 자신감, 불안, 집중력 등)을 효과적으로 조절할 수 있도록 돕는다.

축구선수인 정현이는 전국대회 결승전에 진출했다. 하지만 과도한 긴장으로 인해 골대 앞에서 결정적인 득점 기회를 놓쳐 결국 우승하지 못했다. 하지만 정현이는 해당 경험을 통해 긴장감을 조절하는 방법을 찾았다. 시합장에 들어가기 전에 심호흡하기, 득점에 성공할 수 있다는 혼잣말하기, 심상을 통해 실패 경험을 성공 경험으로 바꾸기 등을 연습하였다. 정현이는 더 이상 떨지 않고 시합에 더 잘 집중할 수 있게 되었다. 이처럼 성공 경험에 집중하는 심상, 시합에서 이기는 심상, 성공 기술 심상, 기분이 좋아지는 심상은 선수가 심리 · 신체적인 측면의 주의 집중과 통제력을 높이는 효과가 있다.

KEY POINT

앞서 살펴본 다섯 가지 이론들을 요약하면 다음과 같다. 선수들은 심상 훈련을 통해 머릿속으로 수행해야 할 동작을 반복적으로 떠올림으로써 빠르고 정확한 의사결정을 할 수 있다. 그리고 자신감과 집중력을 증진할 수 있다. 또한 신경과 근육에서 실제 움직임과 유사한 활성 패턴을 만들 수 있다. 결국 시합에서 주의 협소화나 불안을 조절하고 중요한 상황에 자동적 수행이 가능하도록 도움받을 수 있다.

4. 효과적인 심상 훈련 전략

1) 선명도와 조절력

모든 심리기술과 마찬가지로 심상 또한 꾸준한 훈련을 통해 개발된다. 같은 스포츠에 참여하는 사람일지라도 누군가는 심상 이미지를 자유자재로 만들어 내지만 누군가는 어렴풋한 이미지만 떠올린다. 두 사람의 차이는 심상 능력에 있다. 그리고 심상능력은 보통 **선명도**(vividness)와 **조절력**(controllability)이라는 두 개념으로 설명한다.[18]

(1) 선명도

선명도는 **심상 이미지나 장면의 생생함**을 의미한다. 심상 능력이 뛰어난 선수들은 자신의 모든 감각과 느낌을 동원하여 심상 이미지를 최대한 실제에 가깝게 만든다. 경기장에 있는 시설물들의 배치(예: 전광판, 심판석 등), 코트나 경기장 바닥의 재질, 관중석의 모습과 거리 등 구체적인 환경 요소들에 주의를 기울여야 한다. 또한 실제 경기에서 느껴지는 감정과 생각을 경험하기 위해 노력해야 한다. 경쟁 상황에서 발생하는 집중력, 에너지, 흥분, 불안까지 다양한 감정을 느낄 수 있다. 무엇보다 이 모든 것을 실제 이미지와 똑같은 색감과 선명함으로 보는 것이 중요하다.

(2) 조절력

조절력은 **심상의 이미지를 자신이 원하는 대로 조작하는 것**을 말한다. 심상은 단순한 상상이 아니다. 어떤 선수들은 머릿속에 떠오르는 잡념들을 쉽게 통제하지 못한다. 예를 들어 한 야구선수는 타석에 들어서서 날아오는 공을 정확한 힘과 타이밍으로 타격한 뒤 공이 관중석 너머로 날아가는 장면을 떠올린다. 그런데 가끔 공이 자신을 지나 포수의 글러브에 꽂히는 장면이 떠오른다. 결국 자신이 스트라이크 아웃되는 상황까지도 그려진다. 이 사례에서 야구선수는 심상 과제와 내용에 대한 통제가 원활하게 이루어지지 않은 것이다. 실수하는 장면이 심상에서 자주 나타난다면 우리가 기대하는 심상의 효과를 보기 어렵다. 따라서 조절력을 키워 심상의 효과를 높여야 한다.

자신의 수행을 떠올리다 보면 실패하거나 부정적인 장면이 무의식적으로 떠오르곤 한다. 이때 의도적으로 이를 멈추고 조절해야 한다. 심상 훈련을 할 때는 성공적으로 해내는 모습을 떠올리는 것이 바람직하다.

심상 조절력 테스트[19]

① <보기>에 제시된 디지털 숫자의 기본 모양을 10초간 바라본다.
② 이후 제시된 과제의 막대기를 <보기>의 모양에서 빼면 어떤 숫자가 나타나는지 마음속에 그려본다.
③ 1번 과제부터 4번 과제까지 수행하고 정답에 숫자를 적는다.

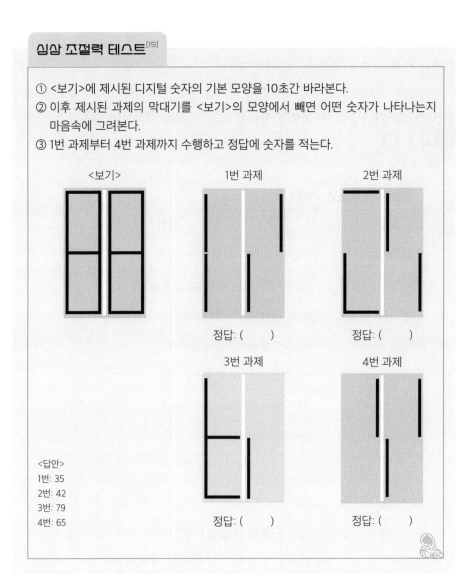

<보기>

1번 과제

정답: (   )

2번 과제

정답: (   )

3번 과제

정답: (   )

4번 과제

정답: (   )

<답안>
1번: 35
2번: 42
3번: 79
4번: 65

2) 패틀랩 모델

패틀랩(PETTLEP) 기법은 효과적인 심상 훈련 전략으로 활용된다. 이는 심상 훈련을 할 때 고려해야 할 7가지 요소의 앞 글자를 따서 만들어진 것이다. 즉 신체(Physical), 환경(Environment), 과제(Task), 타이밍(Tieming), 학습(Learning), 감정(Emotion), 그리고 관점(Perspective)을 포함한다. 라이트(Wright)와 동료들[20]은 패틀랩 기법의 효과를 검증한 바 있다. 이들은 참여자들을 5개 그룹으로 나누어 패틀랩과 신체 훈련을 병행한 그룹과 전통적인 심상 훈련 그룹을 구분하여 효과를 비교하였다. 결과적으로 패틀랩과 신체 훈련을 병행한 그룹에서 가장 높은 효과가 있는 것으로 나타났다. 패틀랩을 활용한 심상 훈련을 위해서는 다음의 사항들을 고려해야 한다.

표 5-1 **패틀랩의 요소와 개념**[21]

	요소	개념
1	신체(Physical)	구체적인 신체의 동작, 옷, 장비 등을 심상
2	환경(Environment)	심상이 이루어지는 주변 장소나 환경
3	과제(Task)	과제의 특성 혹은 전문성 수준
4	타이밍(Timing)	시간적 흐름 혹은 기술의 수행 속도
5	학습(Learning)	기능 향상이나 보완점 발견 등 새롭게 배울 수 있는 내용
6	감정(Emotion)	심상 내에서 나타나는 정서적 반응
7	관점(Perspective)	내적 혹은 외적 심상

(1) 신체

효과적인 심상을 위해서는 **신체적 특성이 반영**되어야 한다. 즉 스포츠 종목에 참여하며 요구되는 신체적 반응을 포함한 심상 훈련이 병행되어야 한다. 예를 들어 축구선수는 자신이 착용하는 유니폼과 보호장비를 떠올려야 한다. 또한 기술을 사용할 때 나타나는 신체의 느낌과 동작의 과정을 생생하게 떠올려야 한다. 스타트 상황을 심상 훈련하는 육상 선수는 준비 자세를 취할 때 나타나는 근육의 느낌과 호흡을 떠올리면서 동시에 자신의 옷과 운동화 등을 함께 심상해야 한다.

(2) 환경

환경은 자신이 참여하는 **물리적 공간을 함께 심상**하는 것이다. 이때 가능한 실제 경기장과 동일한 환경을 떠올리는 것이 중요하다. 예를 들어 경기가 열리는 대기실과 경기장, 대기실에서 경기장으로 이어지는 경로, 관중들의 응원과 소음 등이 대표적이다. 만약 실외에서 진행되는 스포츠 종목에 참여하는 경우 날씨는 어떨지 경기장 상태는 어떤지 생생하게 떠올리는 것이 필요하다. 즉 실제 경기장 상황과 최대한 똑같은 수준으로 심상을 하는 것이 중요하다. 경기가 진행되는 곳에 대한 정보가 부족하다면 사진 자료를 찾아보거나 영상 매체를 수집하여 심상 훈련을 할 수 있다.

(3) 과제

과제는 **심상 속에서 이루어지는 기술이나 상황의 특성**을 의미한다. 즉 심상 훈련에서 달성해야 할 과제의 특성이 명확해야 한다. 이때 심상 과제를 수행하기 위한 절차와 동작을 정확하게 하는 것이 중요하다. 예컨대 슈팅 장면을 심상하는 축구선수는 스윙 동작과 디딤발의 위치, 발에 공이 맞아서 슈팅으로 연결되는 일련의 과정을 구체적으로 떠올려야 한다.

심상 과제의 특성은 종목의 특성과 밀접하다. 예를 들어 농구 경기에서 포인트 가드가 상대방의 공을 빼앗는 순간 주변 선수들의 위치가 순간적으로 변한다. 이때 가드는 성공적인 역습을 위해 공격수와 수비수의 위치를 재빠르게 파악하고 어디로 패스하는 것이 가장 효율적인지 판단하는 의사결정능력이 필요하다. 따라서 농구와 같은 구기 종목은 선수의 기술에 초점을 둔 심상과 더불어 수행 과정을 예측하고 경험해 볼 수 있는 심상 과제가 필요하다.

(4) 타이밍

기술을 떠올렸다면, 실제로 수행되는 동작을 위해 걸리는 시간을 함께 떠올리는 것이 필요하다. 즉 기술을 시도했을 때 어느 정도의 시간이 걸리게 되는지 실제와 같이 심상하는 것이 중요하다. 축구 경기에서 득점을 위해 슈팅 동작을 떠올렸다고 가정해보자. 그렇다면 앞선 단계에서 슈팅을 위한 정확한 동작과 기술을 떠올렸을 것이다. 이때 슈팅 이후 발을 벗어난 공의 속도와 골네트까지 도달하는 시간을 함께 떠올린다.

> **유용한 정보!**
>
> <수영 국가대표 선수의 이미지 트레이닝>
> 과거 세계수영선수권대회 국가대표였던 백승호 선수의 이미지 트레이닝 방법은 심상 훈련 특징 중 타이밍에 대한 좋은 사례다. 그는 자기 전에 침대에 누워 스마트폰의 스톱워치를 켠다. 그리고 눈을 감고 심상을 시작하면서 스타트와 동시에 스톱워치를 누른다. 이후 물속에 뛰어들었을 때의 차가운 느낌, 호흡, 스트로크 등을 실제와 같은 타이밍으로 상상한다. 도착 지점에 도착했을 때 눈을 뜨고 스톱워치를 정지한다. 그는 실제 수영장에서 수행한 시간과 심상으로 수행한 시간을 비교하면서 심상 능력을 키운다.
>
> 출처: 수영국가대표 백승호(유튜브 채널)

(5) 학습

학습은 **심상을 통해 얻을 수 있는 피드백**을 의미한다. 이때 초보자와 숙련자에 따라 학습은 다르게 나타난다.[22] 초보자의 경우 심상을 통해 기술의 절차와 반복과 같은 핵심적인 단서에 집중하는 인지적 요인을 배우는 데 초점을 둔다. 예를 들어 태권도 사범의 돌려차기 시범을 본 후 디딤발은 언제 돌려야 하는지, 무릎은 어느 정도 접어야 하는지와 같이 성공적인 기술 수행에 필요한 정보를 심상 훈련을 통해 얻게 된다. 반면 숙련자는 기술 자체의 향상보다 습득된 기술의 응용에 초점을 둔다. 즉 다양한 상황에서 하나의 기술을 어떻게 사용하는 것이 효과적인지와 같은 적절한 의사결정 정보를 심상 훈련을 통해 얻는다. 숙련된 선수들은 세계대회 같은 실제 시합에서 정신력을 유지하고 최상의 기술 발휘를 위해 초보자들보다 심상을 더 자주 한다.[22][23][24]

(6) 감정

특정한 수행을 하기 전이나 성공적으로 수행을 했을 때 경험한 감정을 함께 떠올리는 것 또한 심상 훈련에서 중요하게 여겨져야 할 요소다. 이는 중요한 수행을 앞두고 밀려오는 긴장감이나 부담감 등을 조절하는 데 효과적일 뿐 아니라 성공적인 수행을 해내는 데 영향을 미친다.[25] 특히 선수들은 편안하고 안정된 상태에서 경기에 나서는 경우가 드물기에 효과적인 심상 훈련을 위해서는 당시의 감정을 떠올리기 위한 노력이 필요하다.

(7) 관점

관점은 효과적인 심상 훈련을 위한 시각화(visualization)의 개념으로 설명한다. **시각화란 이미지의 시각적인 부분을 강조한 심상 방법**이다. 떠올리는 이미지들은 내적으로 또는 외적으로 그려질 수 있다. 외적 시각화(external visualization)는 자신의 경기를 동영상으로 촬영한 후 스크린에서 보는 것과 같다. 즉 관중이 되어 자신의 수행을 바라보는 3인칭 시점이다(그림 5-1의 오른쪽). 외적 시각화는 대부분의 선수들이 가장 손쉽게 사용할 수 있는 심상의 한 종류로 기술을 배우거나 연습할 때 유용하게 사용된다. 특히 기술을 분석하고 그 기술을 평가할 때 유용하다. 내적 시각화(internal visualization)는 자신이 직접 경기에 임하는 상황이다. 즉 자신의 두 눈으로 보는 것과 똑같은 장면들이 보이므로 1인칭 시점이다(그림 5-1의 왼쪽). 내적 시각화는 기술을 배우거나 수정하고 또 기술들을 비교할 때 효과적이다.

그림 5-1 1인칭 시점(왼쪽)과 3인칭 시점(오른쪽)의 심상

내적 시각화

외적 시각화

측정하기

<표 5-2>에 제시된 스포츠 심상 검사지(sport imagery ability questionnaire)[26]는 참여자들의 심상 능력을 측정한다. 앞서 살펴보았던 효과적인 심상 능력을 평가하는 데 유용하다. 구체적으로, 이 검사지는 전략(strategy images), 목표(goal images), 기술(skill images), 감정(affect images)에 관한 심상 능력을 측정한다. 스포츠에 참여했던 경험과 당시의 상황을 떠올려 보고 해당하는 점수에 응답해 보자.

표 5-2 스포츠 심상 검사지

	내용	절대 그렇지 않다	드물다	가끔 그렇다	종종 그렇다	항상 그렇다
1	나는 운동에 참여하기 전에 계획과 전략을 떠올린다.	①	②	③	④	⑤
2	나는 머릿속에서 계획과 전략을 떠올린다.	①	②	③	④	⑤
3	나는 새로운 경기 전략을 떠올린다.	①	②	③	④	⑤
4	나는 우승 후 인터뷰하는 모습을 떠올린다.	①	②	③	④	⑤
5	나는 우승하는 모습을 떠올린다.	①	②	③	④	⑤
6	나는 경기에서 이기는 모습을 떠올린다.	①	②	③	④	⑤
7	나는 경기에서 에너지 넘치는 모습을 떠올린다.	①	②	③	④	⑤
8	나는 경기에 대한 기대감에 차 있는 모습을 떠올린다.	①	②	③	④	⑤
9	나는 경기 중 긍정적인 감정을 떠올린다.	①	②	③	④	⑤
10	나는 머릿속으로 특정 기술이 개선된 모습을 떠올린다.	①	②	③	④	⑤

11	나는 머릿속으로 특성 기술이 향상된 것을 떠올린다.	①	②	③	④	⑤
12	나는 신체 기술이 향상된 것을 떠올린다.	①	②	③	④	⑤

평가방법

전략 이미지	1, 2, 3번 문항 ÷ 3
목표 이미지	4, 5, 6번 문항 ÷ 3
감정 이미지	7, 8, 9번 문항 ÷ 3
기술 이미지	10, 11, 12번 문항 ÷ 3

1) 유형별로 점수를 합한 후 문항의 개수에 맞춰 나눈다.

2) 아래 그래프에 자신의 점수대로 막대그래프를 그린다.

3) 자신의 심상 능력을 확인한다.

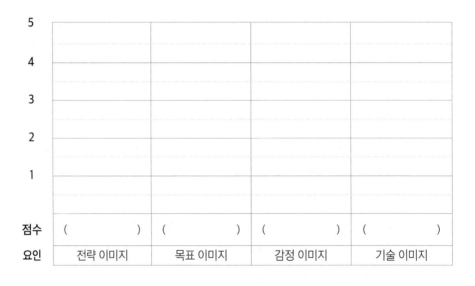

해보기

    몇 가지 테스트를 활용하여 심상 능력을 확인해 보자. 우선 조용한 곳을 찾아 편안한 자세로 눈을 감고 앉는다. 숨을 들이쉬고 내쉬는 것에 집중하면서 조용히 몸과 마음의 안정을 찾는다. 떠오르는 생각은 그냥 자연스럽게 흘려보낸다. 온전한 상태로 마음이 안정되고 잡념이 사라지면 아래 제시된 상황을 하나씩 상상해 보자.

1) 심상 능력 테스트

01 2인 1조로 짝을 지어 한 사람이 먼저 아래 지문을 읽는다. 그리고 다른 사람은 눈을 감고 이야기에 집중하면서 상황을 상상한다.

> 주말 오후, 시장 구경을 나섰다. 날씨는 화창했고 거리에는 사람들이 북적거려 소음이 심했다. 나는 고개를 돌려 과일가게를 바라본다. 형형색색 다양한 과일들이 진열되어 있다. 이때 과일가게 사장님이 나를 부른다. 그러더니 노란 레몬을 집어 들어 나에게 만져보라며 건네준다. 그동안 사장님은 또 다른 레몬을 도마에 놓고 과도로 자르고 있다. 사장님은 네 등분으로 자른 레몬 중 한 조각을 나에게 먹어보라며 건넨다. 나는 들고 있던 레몬을 내려놓고 사장님이 주신 레몬 한 조각을 받는다. 그리고 그 레몬 조각을 입으로 가져와 한 입 베어 문다. 입 안에서 레몬의 알갱이가 톡톡 터지면서 나오는 즙의 새콤한 맛을 느껴본다.

상상한 내용을 토대로 아래 질문을 읽고 O 또는 X로 표시한다.

- 시장과 레몬의 모습이 색깔로 보였는가?　　　　　　　　(　　)
- 레몬의 촉감을 느꼈는가?　　　　　　　　　　　　　　(　　)
- 레몬의 향기를 맡았는가?　　　　　　　　　　　　　　(　　)
- 시장의 소음을 들었는가?　　　　　　　　　　　　　　(　　)
- 레몬의 신맛을 느꼈는가?　　　　　　　　　　　　　　(　　)
- 실제로 입 안에 침이 고였는가?　　　　　　　　　　　(　　)

2) 오감으로 느끼기

다음 제시된 이미지를 보고 오감을 총동원하여 상상해 보자. 예를 들어 '마음으로 보기'에서는 상상 속에 존재하는 시각에 초점을 두고 최대한 선명하게 보도록 노력한다. '마음으로 듣기'에서는 실제 상황에서 들을 수 있는 청각 정보들에 초점을 둔다. 이처럼 각 이미지에 해당하는 것들을 순서대로 상상하고 질문에 답하면서 자신의 심상 능력을 확인해 보자.

01　**마음으로 보기**

밝은 별들로 가득한 밤하늘　　　　　　바람에 흔들리는 꽃밭의 꽃들

02 마음으로 듣기

운동경기를 관람하는 관중들의 함성소리

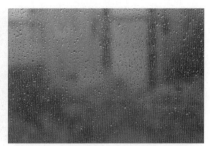
창문에 떨어지는 빗방울 소리

03 마음으로 맛보기

당신이 가장 좋아하는 음료의 맛

사과의 맛

04 마음으로 냄새 맡기

방금 깎인 풀의 냄새

빵 굽는 냄새

05 마음으로 느껴보기

따뜻한 날 나에게로 쏟아지는 햇살   추운 날 내 뺨을 스치는 찬바람

06 오감 경험을 바탕으로 아래 질문에 응답해 보자.

오감	매우 쉬움	쉬움	중간	어려움	매우 어려움
보기	①	②	③	④	⑤
듣기	①	②	③	④	⑤
맛보기	①	②	③	④	⑤
냄새 맡기	①	②	③	④	⑤
느끼기	①	②	③	④	⑤

• 떠올린 이미지 중에서 가장 선명하고 명확한 것은 무엇인가? 기억에 남는
  것을 구체적으로 설명해 보자.

• 떠올린 이미지 중에서 이동하거나 움직이는 것처럼 느껴진 것은 무엇인가? 그 느낌에 대해서 구체적으로 설명해 보자.

• 떠올린 이미지 중에서 흑백인 것과 컬러인 것의 차이는 무엇인가?

돌아보기

문제 1   **심상의 정의에 대한 설명으로 <u>올바르지 않은</u> 것은?**

① 실제로 수행해야 할 행동을 머릿속으로 그려보거나 과거의 행동을 상기시
키는 것을 말한다.

② 이미지 트레이닝, 이미지 메이킹이라는 용어로 사용되기도 한다.

③ 실제의 경험(예: 느낌, 보기, 듣기, 만지기 등)을 느껴볼 수 있다는 장점이
있다.

④ 시간과 장소가 반드시 마련되어야 한다는 단점을 지니고 있다.

문제 2   **심상의 효과에 대한 설명으로 올바른 것은?**

① 심상은 주의집중의 초점을 잃게 만들 우려가 있다.

② 심상은 실수장면을 떠올리므로 동기를 저하한다.

③ 성공적인 기술 수행 장면을 상상함으로써 자신감이 향상된다.

④ 부상을 치료하는 효과가 있다.

문제 3   **<보기>를 보고 심상 훈련의 다섯 가지 중요 특성을 연결하시오.**

① 감각의 양식   •   • ㄱ. 자발적 참여와 몰입의 정도

② 시각   •   • ㄴ. 심상의 대상이 자신인가 타인인가

③ 각도   •   • ㄷ. 3인칭 관점에서 관찰 각도

④ 주체   •   • ㄹ. 1인칭 또는 3인칭 관점

⑤ 신중함   •   • ㅁ. 심상에 사용되는 여러 감각

다음 <보기>에서 설명하는 이론으로 올바른 것은?

<보기>

선수들은 심상 훈련을 통해서 팔이나 다리의 근육과 신경을 활성화할 수 있다. 또한 특정한 동작을 머릿속으로 떠올리면 실제로 그 동작을 수행하는 것과 동일한 유형의 신경 자극이 나타난다.

① 심리-신경근 이론(psycho-neuromuscular theory)
② 기호학습 이론 (symbolic learning theory)
③ 생체정보 이론(bio-informational theory)
④ 트리플 코드 모델(triple code model)

문제 5 생체정보 이론에서 제시한 심상의 특징적인 요인으로 알맞은 두 가지 요인은?

① 자극 과제   ② 심상 과제
③ 반응 과제   ④ 생체 과제

문제 6 트리플 코드 모델에서 제시한 심상이 가지고 있는 세 가지 요인으로 올바르지 않은 것은?

① 심상   ② 신체반응
③ 심상이 가지는 의미   ④ 기호학습

문제 7 심상의 선명도와 조절력에 대한 설명으로 올바르지 않은 것은?

① 심상의 선명도는 성공 장면을 상상하기 위해 조절하는 것이다.
② 심상의 선명도가 높을수록 실제 상황과 유사한 장면을 떠올릴 수 있다.
③ 조절력이란 심상 이미지를 내가 원하는 대로 통제하는 것이다.
④ 선명함과 조절력은 훈련을 통해 얼마든지 향상시킬 수 있다.

문제 8 효과적인 심상 훈련을 위한 패틀랩 기법 중 환경 요인에 해당하지 않는 것은?

① 경기장   ② 호흡
③ 날씨   ④ 대기실

문제 9 효과적인 심상 훈련을 위한 설명으로 올바른 것은?

① 실제 수행 시간(타이밍)보다 천천히 심상하도록 한다.

② 신체 훈련과 심상 훈련을 병행하는 것이 가장 효과적이다.

③ 실패하거나 잘못된 부분을 반복적으로 심상하며 고친다.

④ 심상만 해도 신체 훈련과 똑같은 효과를 볼 수 있다.

문제 10 시각화에 관한 설명으로 올바른 것은?

① 선수 자신의 특성에 따라 한 가지만 연습한다.

② 내적 시각화는 자신의 경기를 스크린으로 보는 것과 같다.

③ 외적 시각화는 자신이 직접 경기에 임하는 관점이다.

④ 내적 시각화는 새로운 기술을 배우거나 개선할 때 효과적이다.

답안

1	④	2	③	3	1-ㅁ, 2-ㄹ, 3-ㄷ, 4-ㄴ, 5-ㄱ	4	①
5	①, ③	6	④	7	①	8	②
9	②	10	④				

참고문헌

[1] MacIntyre, T., & Moran, A. (2010). Meta-imagery processes among elite sports performers. *The neurophysiological foundations of mental and motor imagery*, 227-244.

[2] Moran, A., & MacIntyre, T. (1998). 'There's more to an image than meets the eye': A qualitative study of kinaesthetic imagery among elite canoe-slalomists. *The Irish Journal of Psychology, 19*(4), 406-423.

[3] Cumming, J., & Williams, S. (2012). The role of imagery in performance. In S. Murphy (Ed.), *The Oxford handbook of sport and performance psychology (pp. 213-232)*. NY: Routledge.

[4] Calmels, C., Berthoumieux, C., & d'Arripe-Longueville, F. F. (2004). Effects of an imagery training program on selective attention of national softball players. *The Sport Psychologist, 18*(3), 272-296.

[5] Hale, B. D., Seiser, L., McGuire, E. J., & Weinrich, E. (2005). Mental imagery. *Applying sport psychology: Four perspectives, 1*, 119-132.

[6] Hausenblas, H. A., Hall, C. R., Rodgers, W. M., & Munroe, K. J. (1999). Exercise imagery: Its nature and measurement. *Journal of Applied Sport Psychology, 11*(2), 171-180.

[7] Moritz, S. E., Hall, C. R., Martin, K. A., & Vadocz, E. (1996). What are confident athletes imaging?: An examination of image content. *The Sport Psychologist, 10*(2), 171-179.

[8] Callow, N., & Waters, A. (2005). The effect of kinesthetic imagery on the sport confidence of flat-race horse jockeys. *Psychology of Sport and Exercise, 6*(4), 443-459.

[9] Williams, S. E., & Cumming, J. (2016). Athlete imagery ability: A predictor of confidence and anxiety intensity and direction. *International Journal of Sport and Exercise Psychology, 14*(3), 268-280.

[10] Marks, D. F. (1977). Imagery and consciousness: A theoretical review from an individual differences perspective. *Journal of Mental Imagery, 2*, 275-290.

[11] Carpenter, W. B. (1894). *Principles of mental physiology*. NY: Appleton.

[12] Ranganathan, V. K., Siemionow, V., Liu, J. Z., Sahgal, V., & Yue, G. H. (2004). From mental power to muscle power—gaining strength by using the mind. *Neuropsychologia, 42*(7), 944-956.

[13] Sackett, R. S. (1934). The influences of symbolic rehearsal upon the retention of a maze habit. *Journal of General Psychology, 10*, 376-395.

[14] Lang, P. J. (1979). A bio-informational theory of emotional imagery. *Psychophysiology, 16*(6), 495-512.

[15] Cumming, J., Olphin, T., & Law, M. (2007). Self-reported psychological states and physiological responses to different types of motivational general imagery. *Journal of Sport and Exercise Psychology, 29*(5), 629-644.

[16] Ahsen, A. (1984). *Trojan horse: Imagery in psychology, art, literature & politics*. New York: Brandon House.

[17] Murphy, S. M. (1990). Models of imagery in sport psychology: A review. *Journal of Mental Imagery, 14*(3-4), 153-172.

[18] Weinberg, R. S., & Gould, D. (2023). *Foundations of sport and exercise psychology*. Human kinetics.

[19] Di Nuovo S, Castellano S, Guarnera M. (2014). *MIT Mental Imagery Test*. Florence: Hogrefe Editor.

[20] Wright, C. J., & Smith, D. (2009). The effect of PETTLEP imagery on strength performance. *International Journal of Sport and Exercise Psychology, 7*(1), 18-31.

[21] Wakefield, C., & Smith, D. (2012). Perfecting practice: Applying the PETTLEP model of motor imagery. *Journal of Sport Psychology in Action, 3*(1), 1-11.

[22] Hall, C. R. (2001). Imagery in sport and exercise. *Handbook of sport psychology, 2*, 529-549.

[23] 임태희(2016). 국가대표선수의 세계태권도선수권대회 입상유무에 따른 심리수준 차이. **체육과학연구, 27**(4), 984-996.

[24] Arvinen-Barrow, M., Weigand, D. A., Thomas, S., Hemmings, B., & Walley, M. (2007). Elite and novice athletes' imagery use in open and closed sports. *Journal of Applied Sport Psychology, 19*(1), 93-104.

[25] Gregg, M., & Hall, C. (2006). The relationship of skill level and age to the use

of imagery by golfers. *Journal of Applied Sport Psychology, 18*(4), 363-375.

[26] Williams, S. E., & Cumming, J. (2011). Measuring athlete imagery ability: The sport imagery ability questionnaire. *Journal of Sport and Exercise Psychology, 33*(3), 416-440.

06

주의집중

Concentration

이해하기

1. 주의집중의 개념

1) 주의집중의 정의

주의집중은 주의(attention)와 집중(concentration)을 통합적으로 부르는 용어다. 주의(主意)는 '의미나 뜻을 어딘가에 두는 것'으로 **어떤 한 곳이나 일에 관심을 기울인다는 의미**다. 집중(集中)은 '가운데로 모은다'는 뜻으로 **노력이나 정신을 가운데로 모으는 것**을 가리킨다. 즉 주의는 관심이 가는 것을 보거나, 듣거나, 느끼는 등의 에너지를 쓰는 것이고 집중은 그러한 에너지를 한 방향으로 모으고 유지하는 것을 말한다.

스포츠 및 운동 환경에서는 주의집중이라는 말을 쉽게 접할 수 있다. 특히 경쟁이 치열한 스포츠일수록 주의집중은 승리를 위한 결정요인이 되는 경우가 많다. 주의집중 수준이 높고 오래 유지되는 선수는 더 많은 기회를 얻을 수 있고 자기가 원하는 수행을 펼칠 수 있다. 단거리 달리기나 높이뛰기, 태권도처럼 경기 시간이 짧은 종목이든 축구, 테니스, 골프처럼 경기 시간이 긴 종목이든 얼마나 오래 주의집중 능력을 유지할 수 있는지가 승부처다.

반대로 주의집중을 잘하지 못하는 선수 혹은 어떤 계기(예: 실점)로 주의집중이 흐트러진 선수는 실수가 반복되거나 중요한 정보를 놓치는 상황에 빠진다. 예를 들어 출발 신호가 울리기 전 다른 선수에 신경이 쓰여 늦게 반응한 100m 달리기 선수, 자유투 직전 골대 뒤 관중에게 시선을 빼앗긴 농구선수, 타석에 들어서면서 삼진아웃 당하는 모습을 생각하는 야구선수 등은 모두 주의집중을 실패한 사례다. 스포츠에서 주의집중의 실패는 곧 경기의 실패를 의미하기 때문에 그 중요성은 아무리 강조해도 지나치지 않는다.

주의는 어떤 한 곳이나 일에 관심을 기울이는 것을 의미한다.
집중은 기울인 관심(노력, 정신 등)을 가운데로 모으는 것을 의미한다.

2) 주의집중의 네 가지 특성

"누구나 집중이 무엇인지 알고 있다. 집중은 동시다발적으로 일어나는 여러 개의 사건 중 하나에 정신적으로 명확하고 생생하게 주의를 기울이거나 유지하는 능력이다. 의식적으로 주의를 통제할 수 있는 것이 핵심이다. 효과적으로 정보를 처리하기 위해서는 중요한 단서에만 주의를 집중해야 한다."

윌리엄 제임스(William James)[1]가 정의한 집중은 어떤 한 사건에 초점을 두는 것이 핵심이다. 반면 집중을 광범위하게 바라볼 필요성을 언급한 학자도 있다. 모란(Moran)[2]은 집중을 '어떤 상황에서 가장 중요한 단서나 정보에 의도적으로 주의를 기울이거나 정신적인 노력을 기울이는 과정'으로 정의한다. 이러한 연구자들의 정의를 종합해보면 스포츠 현장에서 집중에 대한 적절한 정의는 다음의 네 가지 요소를 포함한다.

(1) 관련 단서에 집중

선수는 자신이 참여하고 있는 스포츠 종목의 기술과 동작을 수행할 때 관련 단서에 주의를 기울여야 한다. 즉 수행과 상관이 없는 단서를 무시하거나 제거할 수 있어야 한다. 육상 400m에서 올림픽 금메달을 딴 미국의 마이클 존슨(Michael Johnson)은 주의집중에 대해 다음과 같이 말했다.

"나는 트랙에서 모든 불필요한 생각을 버리는 방법을 배웠다. 나는 단순하게 눈에 보이는 것에만 집중한다. 스타팅 블록(starting block), 트랙, 달리는 것, 내가 해야 할 일에만 집중한다. 관중과 다른 선수들은 사라지고 오직 나와 레인만 남는다."

마이클 존슨의 말처럼 경기가 시작되면 주위의 많은 것에 신경을 쓸 필요가 없다. 오직 최고의 수행과 관련된 단서에만 주의를 기울이면 된다. 숙련된 선수라면 대부분의 스포츠 기술이 자동화 단계에 있으므로 주의를 집중하기 위한 노력이 중요하다. 하지만 초보자는 수행 과정에 집중해야 한다. 예를 들어 농구나 축구에서 드리블을 시도하는 경우 공을 계속해서 쳐다봐야 한다. 그러나 기술이 점차 자동화 단계에 도달하면 초보자들은 드리블을 시도할 때 계속해서 공에 집중할 필요가 없다. 그들은 성공적인 패스를 위해 다른 선수들의 위치를 살피는 등 다양한 정보에 집중할 수 있게 된다.

유용한 정보!

<선택적 주의와 칵테일파티 효과>
관련된 단서에 집중하기 위해서는 선택적 주의(selective attention)가 필요하다. 이는 특정 정보나 자극에 주의를 의도적으로 집중하는 능력을 말한다. 다른 의미로는 필요한 정보 이외의 것은 무시할 수 있는 능력이기도 하다. 선수는 선택적 주의를 통해 자신의 정신력 자원을 효율적으로 사용하고 목표를 달성할 수 있다.
칵테일파티 효과(Cocktail party effect)는 인간의 선택적 주의를 잘 설명한다. 이는 파티의 소음 속에서도 자신의 이름을 부르는 것과 같은 특정한 그리고 유의미한 정보에는 주의를 기울이게 되는 현상을 의미한다. 이처럼 인간은 자신에게 특별하고 의미 있는 정보에 의식적으로 혹은 무의식적으로 선택적 주의를 할 수 있다.

(2) 주의초점의 유지

집중은 **주의를 기울이는 것에서 그치지 않고 이를 일정 시간 동안 지속하는 것**을 의미한다. 아무리 뛰어난 선수라 할지라도 강도 높은 집중을 오랫동안 유지하는 것은 어려운 일이다. 평균적으로 사람들은 하루 16시간 동안 4,000개의 다른 생각을 하고 각각의 생각에 집중하는 시간은 평균적으로 약 5초 정도 소요된다. 이렇게 수많은 생각을 지배하는 것은 쉬운 일이 아니다. 훌륭한 선수 중에서도 시합 내내 높은 수준의 집중력을 계속해서 유지할 수 있는 선수는 그리 많지 않다. 2012년 오스트리아 테니스 오픈(Australian Open)에서 나달(Nadal)과 조코비치(Djokovic)의 경기는 왜 그들이 세계적인 선수인지를 증명해 주었다. 그들은 무려 6시간 동안 경기를 뛰었고 그 긴 시간 동안 주의를 집중할 수 있다는 것을 증명해 주었다.

(3) 적절한 상황 파악

선수를 둘러싸고 있는 **여러 가지 상황을 정확하고 빠르게 파악하는 것** 또한 집중의 한 부분이다. 적절한 상황 지각은 선수가 시합의 흐름을 정확히 파악하고 이에 적합한 의사결정을 빠르게 하는 데 도움을 준다. 이에 대한 유명한 일화가 있다. 1965년 NBA 결승에 진출한 보스턴 셀틱스(Boston Celtics)와 필라델피아 세븐티식서스(Philadelphia 76ers)의 이야기다. 경기 종료까지 5초 남은 상황에서 1점 차이로 지고 있는 필라델피아 세븐티식서스의 공격이 펼쳐지고 있었다. 이때 보스턴 셀틱스의 선수 하블리섹(Havlicek)은 그가 전담하고 있는 상대 선수(가드)를 수비하고 있었다. 심판이 호각을 불어 시합이 재개되자 하블리섹은 마음속으로 숫자를 세었다. '하나, 둘, 셋...' 셋까지 세고 있음에도 불구하고 상대 선수들이 움직이지 않자 하블리섹은 뭔가 이상함을 느꼈다. 재빠르게 공을 가지고 있는 상대 선수 쪽으로 시선을 돌려 상황을 파악했다. 패스하려는 상대 선수의 동작이 완벽하지 않다는 것을 알아챈 그는 빠른 상황 판단을 통해 상대 선수의 어설픈 패스를 가로채는 데 성공했다. 이로 인해 보스턴 셀틱스는 그해 우승 트로피를 거머쥐게 되었다. 후에 하블리섹은 숫자 세는 것으로 상황을 빠르고 적절하게 판단함으로써 중요한 상황에서 훌륭한 수행을 할 수 있었다고 회상했다.[3]

(4) 주의집중 전환

상황이 변할 때마다 **주의집중은 빠르고 적절하게 전환**되어야 한다. 시합이 진행되는 동안 주의집중의 전환은 끊임없이 일어난다. 골프선수는 공을 치기 전에 먼저 주변 환경을 살펴본다. 바람의 방향, 페어웨이(티와 그린 사이의 기다란 잔디밭)의 길이, 물웅덩이, 나무, 벙커 등의 위치를 파악한다. 외부 환경을 파악하고 나면 다음으로 현재 상황과 유사한 과거의 성공 경험을 떠올리거나 현재 상황에 적절한 샷을 위한 정보를 분석(예: 어떤 클럽을 사용할지, 어떻게 공을 쳐야 할지)한다. 이 과정을 거치고 나면 크게 심호흡을 내쉬며 성공적인 샷을 머릿속으로 상상해 보고 자신의 긴장 상태를 점검하며 프리샷을 한다. 마지막으로 공을 치기 위해 자세를 취한다. 그리고 앞에 놓인 공에 온전히 집중하고 샷이 끝날 때까지 공에만 집중한다.

이처럼 골프선수는 한 번의 스윙을 완성하기 위해 주의집중을 수시로 전환한다. 또한 외부 환경을 전체적으로 봐야 하고 자신의 상태를 파악한 뒤 구체적인 전략과 기술에 초점을 맞춘다. 최종적으로 외부 목표에만 집중하고 수행한다. 모든 스포츠 종목의 선수들은 이와 같은 다양한 주의집중 전환 과정을 거쳐야 온전한 기술을 발휘할 수 있다.

표 6-1 주의집중의 네 가지 특징

특징	내용
관련 단서에 집중	수행과 관련된 단서에만 선택적 주의를 기울이는 것
주의초점의 유지	주의초점을 일정 시간 동안 유지하는 것
적절한 상황 파악	동시다발적으로 발생하는 여러 상황을 파악하는 것
주의집중 전환	상황 변화에 따라 주의와 집중을 빠르게 전환하는 것

3) 몰입

몰입(flow)은 **고도의 집중력이 발휘되어 무언가에 모든 에너지가 집중된 상태**다. 칙센트미하이(Csikszentmihalyi)[4]가 제안한 몰입은 무언가에 집중되어 순간적인 무아지경(無我之境) 상태에 빠지는 것이다. 무아지경에 빠진 선수는 흔히 시간과 공간의 왜곡 현상을 경험한다.[5] 예를 들어 축구선수가 90분 경기를 뛰었음에도 경기 시간을 고작 30분 정도로 느끼는 것, 태권도에서 상대의 발차기가 마치 슬로우 모션(slow motion) 효과처럼 느리게 보이는 것은 시간 왜곡을 경험하는 몰입의 특징이다. 또한 페널티킥을 준비 중인 축구선수에게 골대의 구석이 크게 보이는 것, 퍼팅을 하는 골프선수에게 홀컵의 구멍이 넓게 보이는 것, 태권도 겨루기 선수에게 상대 몸통 보호대(득점 부위)가 커 보이는 것은 공간 왜곡 현상이다.

　고도의 주의집중은 몰입에 다다르기 위한 조건이다. 앞서 마이클 존슨의 사례처럼 몰입에 다다른 선수는 불필요한 정보는 지워지고 오로지 자신과 수행 관련 단서만 남게 된다. 선수들이 최적의 몰입을 경험하기 위해서는 자신의 기술 수준(기능)과 요구되는 과제의 수준(도전)이 일치해야 하고 그 일치된 수준이 높아야 한다. 구체적으로 〈그림 6-1〉에는 칙센트미하이가 제안한 몰입 모형이 나타나 있다. 선수에게 요구되는 기술과 과제의 수준이 중간 이상에서 일치할 때 몰입이 발생한다. 그러나 둘 중 어느 하나가 부족하거나 과도하게 되면 각각 다른 현상을 경험한다. 특히 기술 수준은 낮은데 요구되는 과제 수준이 높다면 선수는 불안을 경험한다.

그림 6-1 **몰입 모형**[6]

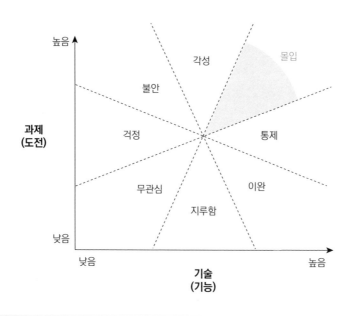

<몰입을 방해하는 요인>
스포츠 상황에서 수행자의 몰입(혹은 주의집중)을 방해하는 요인들이 있다. 크게
내적 요인과 외적 요인으로 구분한다.

□ 내적 요인
· 과거 수행에 대한 생각과 집착　　　　· 신체 동작에 대한 과도한 분석
· 미래 결과에 대한 예측　　　　　　　· 피로감
· 숨 막힐 듯한(choking) 압박감　　　　· 적절하지 않은 동기

□ 외적 요인
· 시각적 방해 요소(예: 응원 카드)　　　· 경기 상황과 흐름(예: 득점, 실점)
· 청각적 방해 요소(예: 관중의 환호)　　· 심판의 오심(예: 경고, 감정 등)

2. 주의집중 이론

정도의 차이는 있지만 우리가 하는 대부분의 행동은 주의집중과 전환의 연속선에 있다. 우리는 식사를 할 때도 많은 반찬 중에 무엇을 먼저 먹을지 주의를 기울인 뒤 결정해야 하고 운전할 때도 언제 차선을 변경할지 선택하여 집중하기 때문이다. 따라서 주의집중을 이해하기 위해서는 먼저 인간 행동의 원리를 이해할 필요가 있다.

1) 정보처리 이론

정보처리 이론(information processing theory)은 인간의 인지 과정을 설명하고 이해하기 위한 심리학 이론 중 하나다. 이 이론은 **인간의 인지 과정이 어떻게 이루어지는지 컴퓨터 작동 원리에 빗대어 설명**한다. 정보처리 과정은 자극확인 단계, 반응선택 단계, 반응실행 단계를 거친다(그림 6-2 참조).

그림 6-2 **정보처리 과정**

(1) 자극확인 단계

자극확인 단계는 **다양한 자극 중 자신의 수행과 관련된 자극이 무엇인지 확인**하는 것이다. 이 단계에서는 자극이 정확하고 강도가 높을수록 이후의 반응시간이 줄어든다. 예컨대 첫 스타트가 중요한 단거리 육상 경기에서 선수들은 여러 종류의 소음(예: 관중, 경기진행, 대화, 장비사용)을 들을 것이다. 그러나 선수들에게 필요한 소리는 오직 '스타팅 건(starting gun)'의 소리뿐이다. 스타팅 건이 발사되면 출발 소리가 자극 신호가 되고 선수는 이 자극을 확인한다.

(2) 반응선택 단계

반응선택 단계는 **주어진 자극에 어떻게 반응할 것인지 그리고 가장 적절한 반응은 무엇인지 판단하고 선택**하는 것이다. 스타팅 건의 출발 신호를 들은 선수는 어떻게 반응할지 선택한다. 스타팅 블록(starting block)을 어느 정도의 힘으로 밀 것인지, 몸과 팔의 동작은 어떻게 반응할 것인지 등을 선택한다. 또한 태권도 선수는 상대의 발차기(자극)에 대한 여러 반응 중 무엇이 가장 합리적일지 선택하고, 페널티킥을 준비하는 축구선수는 골키퍼의 동작(자극)을 보고 어느 방향으로 얼마나 강하게 찰지 선택한다.

(3) 반응실행 단계

반응실행 단계는 **선택한 반응과 관련된 신체 부위로 명령을 전달**하는 단계다. 마치 컴퓨터의 파일을 실행했을 때 그 파일이 실행되기 직전 거치는 '로딩(loading)' 과 유사한 개념이다. 우리의 뇌도 반응을 선택하고 실행하기 위해 각 부위에 명령을 보내는 로딩이 필요하다. 예컨대 출발 신호를 들은 100m 육상 선수는 어떻게 반응할지 선택한 후에 그 반응이 실제로 발생하는 데 필요한 근육, 신경, 관절 등에 명령을 보낸다. 이 단계는 실제행동을 의미하는 것은 아니다.

(4) 반응시간

반응시간은 **자극이 제시되는 순간부터 이와 관련된 실제행동이 일어나는 순간까지의 시간**을 의미한다. 즉 '자극확인-반응선택-반응실행'까지의 과정이 발생하는 시간을 가리킨다. 이 과정은 거의 동시에 이루어지는 것처럼 느껴질 정도로 짧은 순간이다. 이 찰나의 순간에 선수들은 주의를 기울이고 적절한 반응을 선택 및 실행해야 한다. 주어지는 자극에 최대한 신속하고 적절한 반응을 보이는 것이 승리의 관건이다. 따라서 반응시간을 더 구체적으로 이해할 필요가 있다.

① 반응시간의 종류

반응시간은 종목에 따라 다르게 나타난다. 예컨대 수영과 육상은 스타팅 건과 자신의 반응에만 집중하면 된다. 그러나 탁구와 테니스는 상대가 어떤 서브 기술을 사용할지 모르기 때문에 다양한 가능성을 염두에 두고 있어야 한다. 이처럼 제시되는 자극의 특성에 따라 반응시간은 다르게 나타난다. 반응시간은 단순 반응시간, 변별 반응시간, 선택 반응시간으로 나뉜다. 반응시간의 내용과 종류는 〈표 6-2〉와 같다.

표 6-2 반응시간의 종류

반응시간의 종류	내용	예
단순 반응시간	하나의 자극에 하나의 동작이 수행되는 데 걸리는 시간	육상, 수영의 스타트
변별 반응시간	두 개 이상의 자극이 제시되고 어느 특정한 자극에 대해서만 반응할 때 걸리는 시간	신호등
선택 반응시간	두 개 이상의 자극이 제시되고 각각 다른 반응을 보일 때 걸리는 시간	탁구, 테니스의 상대 서브

② 반응시간에 영향을 주는 요인

가. 자극-반응 대안 수

태권도 경기 중 상대 선수가 한 개의 발차기보다 다양한 공격 발차기를 구사할 수 있는 능력이 있다면, 수비를 하는 입장에서 매우 곤혹스러울 것이다. 왜냐하면 상대가 어떤 공격을 할지 여러 가능성을 고려해야 하고 이는 즉각적인 대처(수비)에 어려움을 주기 때문이다. 이처럼 자극의 종류가 다양하게 제시되면 될수록 그 자극에 대한 반응 역시 다양해진다. 즉 그만큼 반응을 선택하는 데 어려움이 따른다. 이를 **자극-반응 대안 수**라고 한다. 학자들은 실험을 통해 자극-반응 대안 수가 많을수록 반응시간이 느려진다는 사실을 입증하였다(그림 6-3 참조).[7]

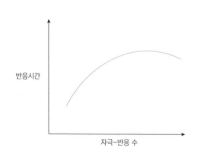

그림 6-3 **자극-반응 수와 반응시간**

나. 자극-반응 적합성

반응시간을 결정하는 또 다른 요인으로 자극-반응 적합성이 있다. 이는 자극과 그 **자극에 대한 반응이 자연스러운 방식으로 연결되는 정도**를 말한다. 자극과 그에 따른 반응이 서로 적절한 배열 관계에 있을수록 반응시간은 감소한다. 〈그림 6-4〉와 같이 제시되는 불빛에 대하여 동일한 방향의 신체 부위를 사용하여 반응하는 것 (A 그림)과 제시되는 불빛의 반대 방향의 신체 부위를 사용하여 반응하는 것(B 그림)을 비교하면 A에서 더욱 빠른 반응시간이 나타난다. 이를 두고 A는 적합성이 높고, B는 적합성이 낮다고 표현한다. 따라서 자극-반응의 적합성이 높은 상황은 그렇지 않은 상황보다 더욱 빠른 반응시간을 기대할 수 있다.

그림 6-4 **자극-반응 적합성**[8]

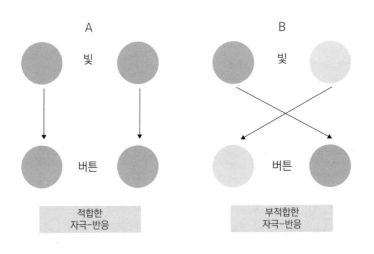

2) 단일통로 이론

단일통로 이론은 **인간의 정보처리 능력이 고정되어 있어 한 번에 하나의 정보를 처리할 수 있다고** 보는 이론이다. 또한 이 이론은 다양한 자극 중 하나의 자극만이 처리되기 때문에 인간의 정보처리가 병목현상(bottleneck)과 같은 구조로 되어 있다고 본다(그림 6-5 참조). 그러나 학자들마다 병목현상이 발생하는 시작점은 다르게 본다. 어떠한 학자들은 이미 자극확인 단계에서 주의통로가 좁아진다고 보지만,[9][10] 일부 학자들은 반응선택 단계[11][12] 혹은 반응실행 단계[13]에서 병목현상이 나타난다고 주장하기도 한다(그림 6-6).

그림 6-5 병목현상의 예

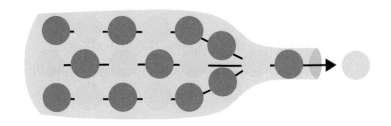

그림 6-6 정보처리 단계에 따른 주의통로

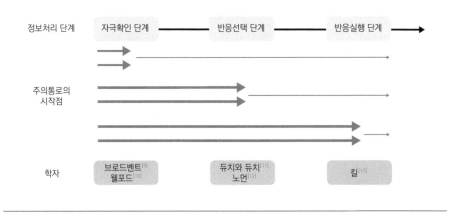

단일통로 이론은 심리적 불응기라고도 한다. 대표적인 예로 농구의 페인팅 동작을 들 수 있다. 우리는 한 번에 하나의 작업만을 처리하는 특성 때문에 공격수의 첫 번째 속임동작(fake)에 대해 수비수가 반응하게 되면 바로 즉시 이어지는 공격수의 두 번째 동작(슛 또는 패스)에 제대로 반응하지 못한다. 즉 첫 번째 동작에 대한 반응을 먼저 처리하게 되기 때문에 자연스레 두 번째 반응이 늦어지는 것이다. 여기서

중요한 것은 공격수의 첫 번째, 두 번째 동작 사이의 시간이다. 다수의 연구에 따르면 60ms(약 0.06초)에서 100ms(약 0.1초) 정도의 시간 차이를 두는 것이 수비자의 반응시간을 가장 오래 지연시키는 데 좋다.[14] 만약 이보다 길어지면 수비수는 첫 번째 반응을 처리하는 시간이 길어지기 때문에 두 번째 동작에 반응을 보이게 된다.

3) 주의역량의 가변성

단일통로 이론에 따르면 우리는 동시에 두 가지 일을 처리할 수 없다. 그러나 멀티태스킹(multitasking)이란 말처럼 동시에 여러 가지 일들을 처리할 수 있다. 대표적으로 운전하면서 옆 사람과 대화를 할 수 있고 드리블하면서 동료들의 위치를 파악할 수 있다.

카네먼(Kahneman)[15]은 인간의 주의역량이 상황에 따라 변할 수 있다고 하였다. 이는 자극에 대한 동시처리, 병렬적 처리가 가능하다는 것이다. 대신 선수는 자신이 발휘할 수 있는 **최대 주의역량**을 넘지 못한다. 자신의 한계 용량 내에서 각성 수준에 따라 주의의 가용역량이 변화하는 것을 경험한다. 각성 수준이 매우 높거나 낮은 상태에서는 가용할 주의역량이 나빠지고 적정한 각성 수준에서는 주의역량의 가용성이 좋아진다.

주의의 역량이 정해지면 특정 과제에 주의를 할당하게 된다. 그 정도는 지속적 성향, 순간 의도, 그리고 역량 요구의 평가와 같이 3가지 요인에 영향을 받는다. 지속적 성향이란 특정 자극(예: 관중의 함성)에 무의식적으로 주의를 기울이는 것을 말한다. 순간 의도는 선수 자신이 의도하는 상황이나 정보에 주의를 집중하는 것이다. 끝으로 역량 요구의 평가는 주의할당에 영향을 미치며 가용역량 단계에도 영향을 준다(그림 6-7 참조).

그림 6-7 주의역량 모델[15]

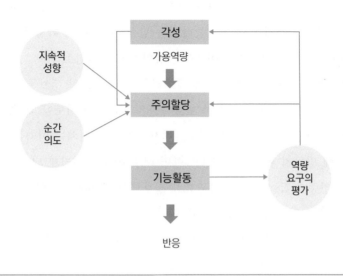

4) 다중 자원 이론

다중 자원 이론(multiple-resource theories)의 핵심은 **인간이 여러 가지 중심 자원을 가지고 있다**는 것이다. 여기서 말하는 중심 자원이란 시각과 관련된 자원, 손과 관련된 자원, 목소리와 관련된 자원 등을 의미한다. 따라서 각각 다른 자원들을 사용한다는 가정하에 인간은 동시에 두 가지 이상의 일을 처리할 수 있다는 것이다.

축구 경기에서 선수가 드리블을 시도하면서 패스할 동료를 찾는 경우를 생각해 보자. 드리블은 발과 관련이 있고 패스할 동료를 찾는 것은 시각과 관련되어 있다. 이는 서로 다른 자원이므로 동시에 처리가 가능하다. 반대로 양손으로 각각 다른 도형을 동시에 그리는 것과 같은 공통된 자원을 사용하는 경우는 동작 수행이 어렵거나 불가능하다.

5) 지각협소화

지각협소화(perceptual narrowing)는 **각성 수준에 따라 주의집중의 폭이 달라진**

다는 이론이다.[15] 경쟁 상황에서 긴장을 전혀 하지 않아 문제가 발생하면 '주의가 산만했다', '방심했다'라는 표현을 한다. 반대로 극도로 긴장한 상태가 되면 '눈앞이 캄캄하다', '아무것도 생각이 나지 않는다'라는 말을 자주 한다. 이처럼 극도로 높은 각성으로 인해 주의집중의 폭이 좁아지는 현상이 바로 지각협소화다(그림 6-8 참조).

지각협소화는 성공적으로 기술을 수행하기 위해 필요한 정보들을 놓치게 만든다. 이제 막 축구를 배우기 시작한 초보자들은 드리블을 시도할 때 오로지 공만 보지만 숙련된 선수들은 드리블을 시도하면서 수비수의 위치는 어떠한지 팀의 동료들은 어디에 있는지 확인할 수 있다. 반면 너무 여유를 부리게 되면(매우 낮은 각성 수준) 주의집중의 폭이 넓어져 불필요한 정보들의 과부하 현상이 생길 수 있다. 이런 경우 자칫 중요한 정보들을 놓치게 되어 실수를 유발할 수 있다.

스포츠 현장에서 지각협소화는 상황에 따라 다르게 적용된다. 농구를 예로 들어보자. 천천히 공격하는 상황에서 가드는 주의집중의 폭을 넓힌(다소 넓은 주의집중) 상태에서 어떻게 공격을 이끌어갈지 생각하고 동료들과 수비수들의 위치를 전반적으로 파악하는 것이 중요하다. 그리고 패스할 대상자가 정해지면 순간적으로 주의집중의 폭을 좁혀 원하는 곳으로 정확한 패스를 하는 것이 중요하다.

그림 6-8 각정 수준에 따른 주의집중의 폭

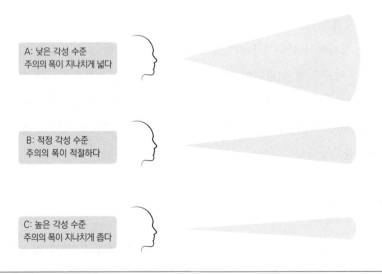

A: 낮은 각성 수준
주의의 폭이 지나치게 넓다

B: 적정 각성 수준
주의의 폭이 적절하다

C: 높은 각성 수준
주의의 폭이 지나치게 좁다

3. 주의집중의 네 가지 유형

우리는 주의집중을 너무 단순하게 생각하는 경향이 있다. 주의집중을 말할 때 주의집중이 '있다'와 '없다' 또는 주의집중을 '했다'와 '하지 않았다' 같은 두 가지 측면으로만 생각한다. 예를 들어 코치는 선수들에게 흔히 '너는 이때 주의를 집중하지 않았어', '너는 지금 주의가 산만해. 더 집중해!'라고 말한다. 엄밀히 따지면 이러한 피드백에는 오류가 있다. 사실 선수들은 주의집중을 하지 않은 것이 아니라 주의집중의 초점이나 전환이 적절하지 못한 것이다. 즉 주의집중은 했거나 하지 않은 것의 문제가 아니라 주의집중을 어떤 형태로 어떻게 했는가의 문제로 보아야 한다.

스포츠심리학자들은 각기 다른 스포츠와 신체활동에 적합한 주의집중의 형태를 발견하였다. 대표적으로 나이드퍼(Nideffer)와 세갈(Segal)[16]은 주의집중의 영역을 **폭**(width)과 **방향**(direction)이라는 두 가지 차원으로 구분하였다. 이들이 제시한 이론적 틀은 주의집중의 유형과 역할을 가장 잘 설명한다고 평가받는다.

1) 주의집중의 폭

(1) 넓은 주의집중

넓은 주의집중(broad attentional focus)**은 한 번에 많은 양의 정보를 탐색하거나 동시에 일어나는 여러 사건을 인지하는 것이다.** 이 형태의 주의집중은 빠르게 변화하는 환경을 지각해야 하는 축구·아이스하키·농구 등의 선수들에게 특히 중요하다. 이들 종목에서는 다양한 단서들에 빠르게 반응하고 판단하는 것이 경기에 직접적인 영향을 미치기 때문이다. 공을 드리블하는 상황이나 동료 선수에게 패스하는 상황 등이 적절한 예다.

(2) 좁은 주의집중

좁은 주의집중(narrow attentional focus)은 단 몇 가지 단서나 한 가지 정보에만 주의를 집중시키는 것을 말한다. 만약 집중해야 하는 단서나 정보의 수가 적다면 좁은 주의집중으로 전환하는 것이 좋다. 이러한 형태의 주의집중은 높은 수준의 주의를 유지하는 능력이 필요하다. 예를 들어 양궁과 사격선수는 슈팅이나 격발을 할 때 표적에만 집중해야 한다. 그리고 골프선수는 스윙할 때 볼에만 집중해야 한다.

2) 주의집중의 방향

(1) 외적 주의집중

외적 주의집중(external attentional focus)은 자신을 둘러싸고 있는 환경이나 사물에 초점을 두는 것이다. 집중의 방향이 자신의 외부를 향하기 때문에 폭이 넓거나 좁은 것과 관계없이 외적 단서나 정보에 초점을 둔다. 앞의 예처럼 공을 드리블하는 상황, 같은 팀에게 패스하는 상황, 표적, 공을 바라보는 것과 같은 단서나 정보들은 모두 외적 주의집중에 속한다.

(2) 내적 주의집중

외적 주의집중과는 반대로 주의의 초점이 자신의 내부로 향했을 때 내적 주의집중(internal attentional focus)이라고 한다. 내부로 향하는 주의집중의 단서로는 자신의 생각·감정·느낌·의사결정 등이 있다. 예를 들어 사격이나 양궁 선수는 수행하기 전 자신의 내부로 주의를 집중시켜야 원활한 수행이 가능하다. 주의가 과도하게 외부로 향한다면 집중력이 무너지거나 집중력을 유지하기 힘들다.

앞서 살펴본 네 가지 주의집중 유형들은 복합적으로 작용한다. 폭(넓은 또는 좁은)과 방향(외적 또는 내적)이라는 두 가지 축을 기반으로 세부적인 네 가지 주의집중 형태가 완성된다. 넓은-외적 주의집중, 넓은-내적 주의집중, 좁은-외적 주의집중, 그리고 좁은-내적 주의집중으로 구분할 수 있다. 각각의 주의집중 형태는 경기의 흐름에 따라 시시각각 변하는 특징을 가지고 있다. 주의집중의 네 가지 복합적인 유형은 아래 <그림 6-9>와 같다.

그림 6-9 주의집중의 네 가지 형태

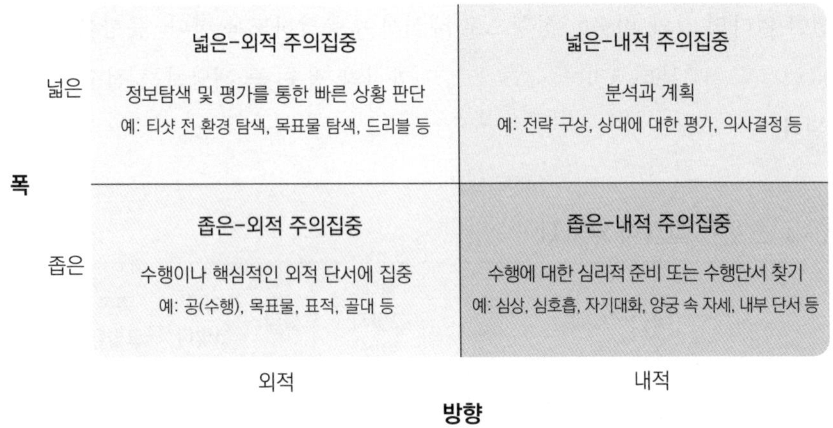

	외적	내적
넓은	**넓은-외적 주의집중** 정보탐색 및 평가를 통한 빠른 상황 판단 예: 티샷 전 환경 탐색, 목표물 탐색, 드리블 등	**넓은-내적 주의집중** 분석과 계획 예: 전략 구상, 상대에 대한 평가, 의사결정 등
좁은	**좁은-외적 주의집중** 수행이나 핵심적인 외적 단서에 집중 예: 공(수행), 목표물, 표적, 골대 등	**좁은-내적 주의집중** 수행에 대한 심리적 준비 또는 수행단서 찾기 예: 심상, 심호흡, 자기대화, 양궁 속 자세, 내부 단서 등

폭 (세로축) / 방향 (가로축)

측정하기

<표 6-3>에는 스포츠 집중력 평가지[17]가 제시되어 있다. 이 검사지는 경쟁 상황에서 얼마나 집중력을 발휘하는지 평가하는 도구다. 최근 경쟁적인 스포츠에 참여했거나 과거에 참여한 경험을 떠올려 보자. 만약 경쟁적인 스포츠에 참여한 경험이 없다면 그와 비슷한 상황으로 해석하여 응답하도록 한다. 문항을 읽고 1점(전혀 그렇지 않다)부터 5점(전적으로 그렇다)까지의 점수 중 해당하는 점수에 체크하면 된다.

표 6-3 스포츠 집중력 평가지[17]

"나는~"		절대 그렇지 않다	드물다	가끔 그렇다	종종 그렇다	전적으로 그렇다
1	지고 있는 상황에서도 집중력을 유지할 수 있다.	①	②	③	④	⑤
2	접전의 상황에서도 흔들리지 않고 집중을 유지하는 편이다.	①	②	③	④	⑤
3	극도의 긴장감에서도 집중을 잘할 수 있다.	①	②	③	④	⑤
4	지고 있을 때 집중을 잃지 않는다.	①	②	③	④	⑤
5	중요한 상황일 때 결정적인 점수를 올린다.	①	②	③	④	⑤
6	경쟁이 심할수록 집중을 잘하는 편이다.	①	②	③	④	⑤

※ 위 검사지는 박진성과 김성현[17]의 문헌에서 발췌하고 수정함.

1) 전체 점수를 합산한다.
2) 합산한 점수를 6으로 나눈다(평균값).
3) 다음의 내용을 참고하여 집중력 수준을 확인한다.
   ① 2.5점 미만: 낮은 집중력
   ② 2.5~4점 이하: 보통 집중력
   ③ 4점 이상: 높은 집중력

해보기

1) 주의집중 테스트: 격자판 훈련

다음 격자판에는 1부터 225까지의 숫자들이 무작위로 나열되어 있다. 타이머는 30초로 맞춰두고, 1부터 순서대로 자신이 찾을 수 있을 만큼 찾는다. 찾은 숫자는 격자판 위에서 순서대로 지운다. 첫 번째 연습이 끝난 후에는 자신이 찾은 숫자가 몇 개인지 확인한다. 두 번째 연습은 첫 번째 연습에서 찾은 숫자 이후부터 찾는다(예: 첫 번째 연습에서 9까지 찾았다면 두 번째 연습은 10부터 시작). 훈련을 위한 준비가 될 때까지 격자판은 보지 않도록 주의한다.

1차: (   ) 개   2차: (   ) 개   3차: (   ) 개

40	107	121	198	63	51	64	201	92	161	96	189	25	145	7
81	207	141	13	42	129	39	84	134	2	117	123	153	104	184
136	167	32	158	150	146	102	171	177	75	196	165	17	179	47
100	127	3	55	163	78	138	11	97	30	105	210	128	116	56
45	115	212	68	111	16	133	49	149	173	205	46	183	144	202
69	222	131	54	87	224	77	67	216	18	31	219	57	176	58
95	164	9	185	106	27	86	90	108	190	98	118	10	36	191
225	70	154	33	192	74	5	19	206	60	168	152	221	160	93
61	174	147	203	166	208	28	53	85	213	172	94	137	197	151
199	22	34	80	12	73	143	223	124	14	37	162	59	76	178
155	139	44	217	109	125	204	72	113	180	175	112	186	26	120
114	193	188	88	220	20	21	157	182	142	48	218	4	130	65
82	62	135	1	35	119	195	169	91	6	159	122	38	211	41
23	209	170	103	156	215	15	66	194	29	181	71	214	83	132
140	24	99	200	50	89	126	43	110	187	52	148	101	79	8

2) 주의집중 테스트: 도형 찾기

아래 제시된 과제를 빠르게 찾아 개수를 적는다. 각 과제의 시간은 30초로 설정한다.

▶ 수행 과제 1
▨과 동일한 도형의 개수 (   )개

▶ 수행 과제 2
▥과 동일한 도형의 개수 (   )개

▶ 수행 과제 3
▦과 동일한 도형의 개수 (   )개

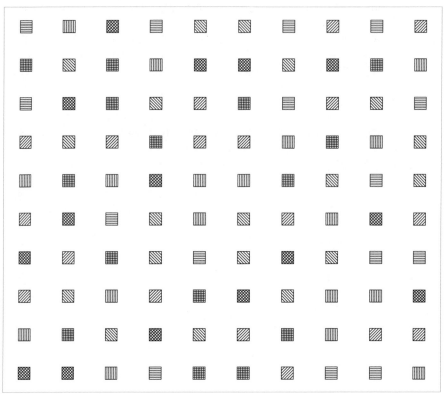

* 정답은 다음 페이지 하단에 있음.

3) 주의집중 유형 분석

자신의 주의집중 유형을 정확하게 판단하는 선수는 주의의 변화나 집중을 유지하는 것 또한 능숙하다. 시시각각 변하는 상황에 적응하여 경기의 주도권을 가질 수 있고, 자신의 잘못된 주의 형태나 초점을 스스로 찾아내 바꿀 수도 있다. 이처럼 자신의 주의집중 유형을 분석하고 유연하게 변화시키는 능력은 경기력 향상을 위해 반드시 필요하다.

최근에 있었던 시합이나 가장 기억에 남는 사건은 무엇인가? 그 상황에서 자신의 주의집중 형태는 어땠는지 그 유형을 작성해 보자.

┌──────────────── 〈상황 예시〉 ────────────────┐
│   │
│ • 시합 당일 몸을 푸는 상황   • 시합이 시작되는 순간   • 점수를 실점하는 순간   │
│ • 시합 직전에 대기하는 상황 • 점수를 획득하는 순간   • 지도자의 지시를 받은 상황 │
│   │
└──┘

운동 종목:

넓은-외적 주의집중 정보탐색 및 평가를 통한 빠른 상황 판단	**넓은-내적 주의집중** 분석과 계획
좁은-외적 주의집중 수행이나 핵심적인 외적 단서에 집중	**좁은-내적 주의집중** 수행에 대한 심리적 준비 또는 수행단서 찾기

폭: 넓은 / 좁은

방향: 외적 / 내적

* 주의집중 테스트: 도형 찾기 정답

과제 1	과제 2	과제 3
19개	18개	15개

돌아보기

문제 1 | 집중에 대한 설명으로 <u>올바르지 않은</u> 것은?

① 집중은 적절한 환경 단서에 주의를 기울이고 이를 유지하는 능력이다.

② 의식적으로 주의를 통제할 수 있는 것이 핵심이다.

③ 효과적으로 정보를 처리하기 위해 중요한 단서에만 주의를 모으는 것이다.

④ 과거 또는 미래에 관한 생각은 집중을 높인다.

문제 2 | 집중을 정의할 때 포함되어야 하는 네 가지 요소에 대한 설명으로 <u>올바르지</u> <u>않은</u> 것은?

① 관련 단서에 집중   ② 주의초점의 유지

③ 적절한 상황 파악   ④ 주의집중 고정

문제 3 | 집중에 대한 이론으로 <u>올바르지 않은</u> 것은?

① 정보처리 이론   ② 주의역량의 가변성

③ 단일통로 이론   ④ 자산 이론

문제 4 | 정보처리 이론의 과정 중 올바른 것을 고르시오.

① 반응지연 단계   ② 자극확인 단계

③ 반응집중 단계   ④ 자극시간 단계

문제 5 다음 <보기>에서 반응시간의 종류로 올바르게 묶인 것을 고르시오.

<보기>

반응시간	⒜ 단순 반응시간 ⒝ 변별 반응시간 ⒞ 선택 반응시간
설명	㉠ 하나의 자극에 하나의 동작이 수행되는 데 걸리는 시간 ㉡ 두 개 이상의 여러 가지 자극에 대하여 각각 다른 반응을 보일 때 걸리는 시간 ㉢ 두 개 이상의 자극이 제시되고 어느 특정한 자극에 대해서만 반응할 때 걸리는 시간

① ⒜-㉠, ⒝-㉡, ⒞-㉢   ② ⒜-㉡, ⒝-㉠, ⒞-㉢
③ ⒜-㉢, ⒝-㉡, ⒞-㉠   ④ ⒜-㉠, ⒝-㉢, ⒞-㉡

문제 6 다음 그림이 설명하는 이론으로 올바른 것을 고르시오.

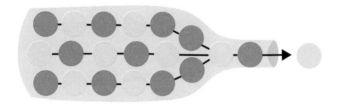

① 주의집중 이론   ② 주의역량의 가변성
③ 단일통로 이론   ④ 자원이론

문제 7 주의집중의 네 가지 유형으로 올바르지 않은 것은?

① 넓은 주의집중   ② 높은 주의집중
③ 좁은 주의집중   ④ 내적 주의집중

문제 8 지각협소화에 관한 설명으로 올바르지 않은 것은?

① 적정 각성 수준일 때 주의의 폭은 적절하다.
② 낮은 각성 수준일 때 주의의 폭은 좁아진다.

③ 주의의 폭이 너무 넓어지면 불필요한 정보들의 과부하가 올 수 있다.

④ 스포츠 현장에서 지각협소화는 상황에 따라 다르게 나타난다.

문제 9   **주의역량의 가변성에 관한 설명으로 올바르지 않은 것은?**

① 자극에 대한 동시처리, 병렬적 처리가 가능하다.

② 개인의 한계 용량 내에서 각성 수준에 따라 주의의 가용역량이 변화한다.

③ 각성 수준이 매우 높거나 낮은 상태에서는 가용할 주의역량이 좋아진다.

④ 인간의 주의역량은 상황에 따라 변할 수 있다.

문제 10   **다음 <보기>의 괄호 안에 들어갈 용어가 바르게 나열된 것은?**

〈보기〉

(㉠) 주의집중은 한 번에 많은 양의 정보를 탐색하거나 동시에 일어나는 여러 사건을 인지할 수 있다. (㉡) 주의집중은 자신을 둘러싸고 있는 환경이나 사물에 초점을 두는 것이다. (㉠, ㉡) 주의집중은 (㉢)을 할 수 있다.

	㉠	㉡	㉢
①	넓은	내적	평가를 통한 빠른 상황 판단
②	외적	내적	분석과 계획
③	넓은	외적	평가를 통한 빠른 상황 판단
④	좁은	외적	수행에 대한 심리적 준비 또는 감정조절

답안

1	④	2	④	3	④	4	②
5	④	6	③	7	②	8	②
9	③	10	③				

참고문헌

[1] James, W. (2007). The principles of psychology(Vol. 1). Cosimo, Inc.

[2] Moran, A. (2004). Attention and concentration training in sport. *Encyclopaedia of Applied Psychology, 1*, 209-214.

[3] Hemery, D. (1986). *The pursuit of sporting excellence: A study of sport's highest achievers*. Willow Books.

[4] Jackson, S. A., & Csikszentmihalyi, M. (1999). *Flow in sports*. Human Kinetics.

[5] 권성호(2011). 스포츠심리학 용어사용의 개념적 혼란 사례: flow와 commitment를 대상으로. **한국스포츠심리학회지, 22**(4), 157-168.

[6] Nakamura, J., & Csikszentmihalyi, M. (2002). The concept of flow. *Handbook of positive psychology, 89*, 105.

[7] Hick, W. E. (1953). Some features of the after-contraction phenomenon. *Quarterly Journal of Experimental Psychology, 5*(4), 166-170.

[8] Schmidt, R. A., Lee, T., Winstein, C., Wulf, G., & Zelaznik, H. (2018). *Motor Control and Learning*, 6E. Human kinetics.

[9] Broadbent, D. E. (1958). Effect of noise on an "intellectual" task. *The Journal of the Acoustical Society of America, 30*(9), 824-827.

[10] Welford, A. T. (1952). The 'psychological refractory period' and the timing of high-speed performance: a review and a theory. *British Journal of Psychology. General Section, 43*(1), 2-19.

[11] Deutsch, J. A., & Deutsch, D. (1963). Attention: Some theoretical considerations. *Psychological review, 70*(1), 80-90.

[12] Norman. D. A. (1976). *Memory and Attention: An Introduction to Human Information Processing (2nd Eds.)*. London: Wiley.

[13] Keele, S. W. (1973). *Attention and human performance. Goodyear Publishing Company*.

[14] 김선진(2009). **운동학습과 제어: 인간 움직임 원리와 응용 (개정판)**, 대한미디어.

[15] Kahneman, D. (1973). *Attention and effort (Vol. 1063)*. Englewood Cliffs, NJ: Prentice-Hall.

[16] Nideffer, R. M., & Segal, M. (2001). Concentration and attention control training. In J. M. Williams (Ed.), *Applied sport psychology: Personal growth to peak performance (4th ed., pp.312-332)*. Mountain View, CA: Mayfield.

[17] 박진성, 김성현(2007). 스포츠 집중력 척도 개발 및 타당화. **한국스포츠심리학회지,** 18(3), 87-100.

07

자신감

Confidence

이해하기

1. 자신감의 정의

통상적으로 자신감은 **무엇인가를 해낼 수 있다는 자신의 신념이나 믿음**으로 정의된다. 즉 어떠한 일을 스스로가 성공적으로 해낼 수 있다고 믿는 확신의 정도를 자신감으로 이해한다. 하지만 스포츠심리학자들은 일상에서 흔히 말하는 자신감과 스포츠 환경에서 나타나는 선수들의 자신감을 다르게 바라본다. 그들은 경쟁적인 환경에서 나타나는 자신감의 개념을 구체적이고 명확하게 설명하고자 노력했다. 대표적으로 빌리(Vealey)[1]는 스포츠 자신감(sport confidence)을 통해 스포츠라고 하는 특수한 상황을 전제로 자신감을 설명하였다.

스포츠 자신감은 스포츠팀의 문화뿐만 아니라 지도자나 동료 같은 환경의 영향을 받는다. 예를 들어 지도자로부터 긍정적인 피드백을 많이 받은 선수는 자신감이 증가하는 반면, 부정적인 피드백을 많이 받은 선수는 자신감이 감소한다. 성별에 따라서도 자신감은 달라질 수 있다. 일반적으로 레슬링이나 럭비와 같은 종목은 남자들에게 더 적절하고 피겨스케이팅이나 리듬체조와 같은 종목은 여자들에게 더 적절하다. 이러한 종목들의 특성이나 사회의 통념은 참여자들의 동기와 자신감을 자극한다.

스포츠심리학자들에 의하면 스포츠 환경에서 자신감은 다음과 같이 다양한 형태로 나타난다.[2]

- 신체 기술 발휘 능력이 있다고 믿는 자신감
- 심리 기술 활용 능력이 있다고 믿는 자신감
- 의사결정 같은 판단(인식) 능력이 뛰어나다고 믿는 자신감
- 체력이 좋고 연습에 충실하게 임하고 있다고 믿는 자신감
- 잠재력이 풍부하고 이를 개발할 수 있다고 믿는 자신감

2. 자신감의 특성

1) 특성 및 상태 자신감

스포츠에서 자신감은 크게 특성 자신감(trait self-confidence)과 상태 자신감(state self-confidence)으로 구분한다.[1] **특성 자신감은 개인이 타고난 기질이나 성격과 관련**이 있다. 예를 들어 소극적인 태도를 지닌 선수보다 활력이 넘치고 도전적인 태도를 지닌 선수의 자신감이 높을 수 있다. 또한 평소 부정적인 생각을 하는 선수보다 긍정적인 생각을 더 많이 하는 선수의 자신감도 더 높은 경향을 보일 것이다. 이처럼 선수의 평소 태도나 경향성과 같은 기질에 따라 자신감에 차이가 있다.

한편 **상태 자신감은 선수가 처한 상황이나 환경에 따라 자신감이 달라지는 것**을 말한다. 특성 자신감은 개인의 기질과 성격에 기인하므로 변하기 어렵지만, 상태 자신감은 상대적으로 쉽게 변한다. 예컨대 평소 자신감이 넘치는 생활체육 수준의 펜싱 동호인이 우연히 국가대표들과 훈련하거나 연습 경기를 한다면 자신감은 감소한다. 또한 선수가 예선전을 치를 때의 자신감과 결승전에서의 자신감은 다르게 나타난다. 이처럼 상황 변수에 따라 달라지는 것을 상태 자신감이라고 한다.

KEY POINT

특성 자신감은 개인의 성격이나 기질에 의해 나타나는 것으로 변하기 어렵다.
상태 자신감은 개인이 처한 상황이나 환경 변수에 따라 쉽게 변한다.

---

2) 자신감의 수준

(1) 자신감 부족

자신감 부족(lack of confidence)은 **낮은 자신감 수준으로 인해 충분한 기량을 보이지 못하는 현상**을 의미한다. 선수들은 승리를 위해 충분한 기술을 가지고 있음에도 불구하고 시합에서 어려운 상황에 봉착하면 자신의 능력을 불신하게 되면서 기술을 제대로 발휘하지 못하게 된다. 이것은 대표적인 자신감 하락(부족) 현상이다. 다음의 사례를 살펴보자.

민수는 겨루기 선수다. 그는 돌려차기가 주특기다. 평상시 연습게임에서 득점률이 상당히 높은 편이다. 주변 사람들로부터 자신의 주특기를 인정받고 있기 때문에 자신감이 넘친다. 어느 날 민수는 시합에 출전했다. 그는 주특기인 돌려차기를 찼다. 그런데 상대가 피했다. 몇 차례 시도에서도 득점하지 못했다. 그러자 그는 자신의 기술에 의문이 들기 시작하면서 머뭇거리기 시작했다. 그의 자신감 또한 훈련 때보다 떨어지고 말았다.

이같이 자기 의심(self-doubt)은 불안 수준이 높아지고 주의집중이 낮아지는 원인으로 작용함으로써 수행에 악영향을 미친다. 자신감이 부족한 사람은 강점보다 단점에 초점을 두고 자신이 하는 일을 산만하게 만드는 경향이 있다. '자신의 능력을 의심하기 시작하면 선수 수명은 끝이다'라는 말을 귀담을 들을 필요가 있다.

재활 훈련을 마치고 훈련에 복귀하는 선수들 대부분은 자신이 부상에서 완전히 회복되었는지에 대해서 의구심을 갖는다. 생활체육에 참여하는 사람들은 그 스포츠가 나한테 잘 맞는지, 잘 해낼 수 있는지, 현재 운동 프로그램에 계속 참여할 수 있는지 등에 대해서 자기 의심을 가지고 있다. 어떤 사람들은 약간의 자기 의심을 긍정적으로 활용하기도 한다. 이들은 약간의 자기 의심으로 동기를 촉진하고 자신의 마음을 다잡는다. 그리고 지나친 자신감은 오히려 독이라고 생각하고 현재에 안주하지 않는다.

예를 들어 충분한 기량을 가진 선수는 자기 의심을 통해 끊임없이 자신의 기술을 향상하고자 하는 동기를 유발한다. 주변의 긍정적인 평가에도 불구하고 그는 '아직 나의 기술은 완벽하지 않아', '내가 목표를 달성하기 위해서는 이 기술을 더 연습해야 할 것 같아'와 같은 자기 의심을 통해 현실에 안주하지 않고 더 나은 수행을 위해 노력한다.

(2) 과도한 자신감

과도한 자신감(over confidence)은 **자신의 능력보다 지나치게 높은 수준의 자신감을 보임으로써 수행의 하락이 나타나는 현상**이다. 과도한 자신감을 보이는 선수들은 사실 거짓된 자신감을 가지는 것과 같다. 이들은 무리하게 시합을 준비하거나 특별한 노력을 할 필요가 없다고 믿기 때문에 수행이 오히려 감소한다. 다음의 사례를 살펴보면 지나친 자신감이 경기 결과를 매우 처참하게 만든다는 것을 알 수 있다.

1970년대 중반 바비 리그스(Bobby Riggs)는 빌리 진 킹(Billie Jean King)과 펼친 테니스 성대결(battle of the sexes)에서 패했다. 리그스는 자신의 패배를 다음과 같이 회상했다.

"이 패배는 내가 지나치게 자신만만했던 탓이다. 나는 내 스스로를 과대평가했다. 그리고 빌리 진이 압박에 대처하는 능력 또한 과소평가했다. 나는 그녀가 지형과 공을 고르도록 놔두었다. 왜냐하면 이것이 내 승리를 막을 수 없다고 판단했기 때문이다. 그리고 그녀가 첫 번째 세트를 이겼을 때도 나는 걱정하지 않았다. 하지만 이것은 자만에서 온 잘못된 계산이었다. 나는 시간이 지날수록 지쳐갔고 그녀는 점점 더 활력이 넘쳤다. 내 상황은 점점 더 나빠졌다."[4]

많은 사람이 이 대결에서 당연히 남자가 이길 것으로 생각했지만, 리그스의 과도한 자신감은 그에게 처참한 패배를 안겨주었다. 예상치 못한 패배는 그를 더 큰 충격에 빠뜨렸다.

한편 반두라(Bandura)와 웨슬(Wessels)[5]에 의하면 지나친 자신감은 실제로 존재하지 않는다. 단지 실패에 대한 이유로 드는 설명(a post hoc explanation), 즉 변명에 불과하다고 주장하였다. 기본적으로 선수들이 자신보다 열등한 선수에게 패하면 상대를 너무 과소평가했다거나 준비를 제대로 하지 않았다고 변명한다. 반면 경기에서 이기고 나면 자신이 지나치게 자신만만했다고 말하지 않는다. 과도한 자신감이 실제로 존재하는지에 대한 경험적인 질문은 아직 논의가 필요하다.

(3) 적정 자신감

자신감은 최상수행을 위해 매우 중요한 요소다. 하지만 선수들의 무능력까지 극복시키지는 못한다. 자신감은 선수들이 효과적으로 수행할 수 있도록 길잡이 역할을 해 주지만 완벽한 수행까지 담보하지는 못한다. 특히 자신감이 무조건 높다고 해서 수행에 도움이 되지는 않는다. 자신감과 수행의 가장 최고 지점은 역-U 모양에서 약간 오른쪽으로 치우친 곳에 위치한다(그림 7-1 참조). 마튼즈(Martens)[3]에 따르면 수행은 자신감 수준이 증가함에 따라 적정 지점까지 증가한다. 하지만 자신감이 지나치게 높으면 수행은 오히려 감소한다.

적정 자신감(optimal self-confidence)은 선수가 지닌 잠재력을 최대로 발휘하기 위해 필수적인 영역이다. 선수 자신에 대한 적절한 믿음은 실수나 문제를 효과적으로 대처할 수 있도록 도와주고 성공을 향해 계속해서 나아갈 수 있도록 한다. 모든 선수는 각자의 적정 자신감 수준이 있고 경기에서 나타나는 다양한 문제들은 너무 낮거나 높은 자신감에서 발생할 수 있다.

자신감이 높아지면(좌에서 우로) 경기력도 증가하지만 너무 과도한 자신감(예: 자만심, 오만)에 이를 경우에는 수행이 급격하게 떨어지는 것을 볼 수 있다. 마찬가지로 너무 자신감이 없는 경우도 경기력이 낮아지기 때문에 개인차를 고려한 적정 자신감 구간을 찾는 것이 중요하다.

그림 7-1 자신감의 수준[3]

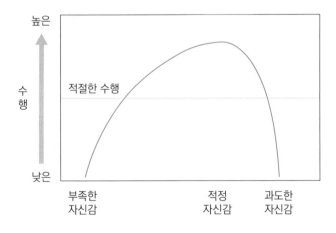

3. 자신감의 효과

자신감은 성공에 대한 높은 기대감으로 형성된다. 성공에 대한 높은 기대는 선수들의 긍정적인 정서를 촉진한다. 훈련이나 시합에서 개인의 기술이나 전략에 대한 집중력을 높여줄 뿐 아니라 구체적인 목표를 설정하도록 돕는다. 그리고 그 목표를 성취하기 위한 노력과 동기를 유발하는 효과가 있다. 이러한 특징을 가진 자신감은 정서(affect), 행동(behavior) 그리고 인지(cognition)에 영향을 미친다.

1) 긍정적 정서 촉진

선수들은 높은 자신감을 가질 때 급박한 상황에서도 침착함과 평정심을 유지한다. 이러한 신체와 정서 상태는 선수들이 경쟁에서 더 좋은 결과를 낼 수 있도록 도전적으로 만들고 승리에 대한 확신을 가지게 한다. 존스(Jones)와 스와인(Swain)[6]의 연구에서는 높은 자신감을 지닌 집단이 그렇지 않은 집단보다 불안을 긍정적으로 해석하였다. 또한 높은 자신감 집단은 좋은 감정을 불러일으키는 믿음이 더 강하기 때문에 결과적으로 더 나은 수행을 하였다.

2) 집중력 향상

우리는 자신감을 가지면 원하는 것에 자유롭게 집중할 수 있지만, 자신감이 부족하면 '내가 과연 잘할 수 있을까?', '내가 하는 것을 남들은 어떻게 평가할까?'와 같은 걱정에 휩싸인다. 이러한 걱정은 주의를 분산시키는 주된 원인이다. 결국 중요한 단서에 집중하지 못함으로써 저조한 수행이 나타난다. 따라서 자신의 기술 수행과 능력을 믿는 선수는 주어진 과제에 온전히 그리고 적절히 주의를 집중할 수 있게 된다.

3) 목표성취

자신감이 높은 선수는 도전적인 목표를 수립하는 경향이 있고 그 목표를 달성하려고 적극적으로 노력한다. 자신감은 선수가 가진 잠재 가능성을 일깨워 줌으로써 목표성취에 긍정적인 영향을 준다. 반면 자신감이 낮은 선수는 쉬운 목표를 설정하거나 남과 비교하는 것에 관심이 많다. 이러한 목표는 자신의 한계를 극복하는 기회를 제공하지 못한다.

4) 더 큰 노력

자신감은 선수가 목표를 성취하기 위해 얼마나 많은 시간과 노력을 투자하는지 결정짓는 중요한 단서 중 하나다.[7][8] 두 선수의 기량이 비슷할 때 승리는 보통 자신의 능력을 믿거나 확신에 찬 선수에게 돌아간다. 이것은 특히 마라톤이나 재활 훈련을 병행하는 선수에게서 두드러지게 나타나는 현상이다.[9]

5) 시합 전략

시합에 출전하는 선수는 보통 두 가지 성향으로 나뉜다. 하나는 이기려고 노력하는 선수이고 다른 하나는 패배하지 않으려는 선수다. 두 성향은 승리를 노린다는 점에서 비슷해 보이지만 사실 아주 큰 차이가 있다. 자신감이 있는 선수들은 이기기 위한 경기를 하려는 경향이 있다. 그들은 보통 실패를 두려워하지 않기 때문에 기회가 왔을 때 과감하게 기술을 시도하는 것을 선호하고 결과적으로 시합을 유리하게 이끌어간다.

반면 자신감이 부족한 선수들은 지지 않기 위한 시합을 하려는 경향이 있다. 자신감 있는 농구선수는 기회가 생길 때 슛과 리바운드 그리고 공을 빼앗고자 서슴없이 시도하지만, 자신감이 부족한 선수는 공을 빼앗기지 않기 위해 다른 선수에게 계속 공을 돌리기만 할 것이다. 이러한 성향의 선수들은 긍정적인 경기 결과를 얻기 위해 무언가를 시도하기보다는 현재 상황이 더 악화되지 않는 것에 만족한다.

6) 심리적 기세

스포츠 선수와 감독은 경기의 승패를 결정짓는 주요 요인으로 기(氣) 싸움을 손에 꼽는다.[10] 우리는 시합에서 기세(氣勢, force or spirit)를 경기 분위기, 경기 흐름, 그리고 경기 주도권이란 용어에 접목해서 사용한다. 상대 선수(팀)와 기 싸움이나 시합 분위기, 경기 흐름을 자신이 주도하면 승리할 가능성은 그만큼 커진다. 이를 심리적 기세(psychological momentum)라고 한다.

경기 흐름은 상황에 따라 끊임없이 변한다. 때문에 좋은 경기 흐름을 가져오는 데 자신감이 매우 중요한 요인이라는 것은 틀림없다. 자신감이 충만한 선수는 경기 흐름이 나쁘더라도 절대 포기하지 않는다. 비록 좋지 않은 경기 흐름을 타고 있더라도 이를 극복하기 위해 도전한다. 그리고 그 상황을 헤쳐나가기 위해 끊임없이 노력하고 시도한다.

르브론 제임스(Lebron James), 세레나 윌리엄스(Serena Williams), 라파엘 나달(Rafael Nadal)과 같은 세계적인 스포츠 선수들은 시합 분위기와 경기 흐름이 불리하게 돌아가더라도 그 분위기를 깨거나 흐름을 돌리기 위해 의도적으로 자신감 있는 행동을 하거나 표현한다. 그리고 경기 흐름을 바꾸기 위해서 끊임없이 인지ㆍ행동적 루틴을 사용한다.

> **KEY POINT**
>
> 스포츠 자신감은 선수들의 긍정적 정서, 집중력, 목표, 노력, 시합 전략, 심리적 기세 등의 차원에서 긍정적인 효과가 있다.

4. 자신감 이론

1) 스포츠 자신감 모델

스포츠 자신감 모델(sport confidence model)[2][11]은 **스포츠 상황에서 자신감이 어떠한 과정을 거쳐 발현되는지를 설명**한다. 자신감에 영향을 주는 요인·자신감의 원천·자신감의 구조·자신감의 결과라는 4가지 요인을 포함하고 있다(그림 7-2 참조).

먼저 선수의 성격(예: 목표 성향, 도전적, 열정, 낙관성 등), **인구통계학적 특성**(예: 성별, 나이, 인종 등), **그리고 조직문화**(예: 동기 분위기, 지도자 행동, 스포츠 환경 등)**와 같**은 요인들은 사각형 안에 있는 스포츠 자신감의 원천(source)과 구조(construct)에 영향을 준다. 원천과 구조는 사각형 내에서 다양한 차원의 형태를 이루고 있다. 이들은 서로 영향을 주고받는다. 그 결과로 스포츠 자신감(사각형)은 선수의 감정·인지·행동의 결과물을 만들고 이를 토대로 실제 수행이 나타난다. 그러나 자신감의 생성이 긍정적인 수행 결과를 담보하지는 않는다. 수행은 단순히 자신감만으로 나타나는 것이 아니라 통제할 수 없는 외적인 요인들(예: 날씨, 부상 등)과 신체·심리·기술 및 특성에 따라 달라지기 때문이다.

그림 7-2 다차원 스포츠 자신감 모델[11]

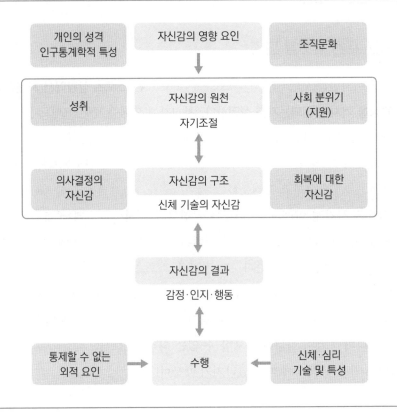

2) 자기효능감 모델

자기효능감 모델(self-efficacy model)은 캐나다의 심리학자 알버트 반두라(Albert Bandura)[12]에 의해 개발된 자신감 이론이다. **자기효능감이란 자신에게 주어진 과제를 성공적으로 수행할 수 있다는 믿음이나 기대 정도**를 말한다. 자신감과 비슷하지만, 특정 작업과 과제 그리고 도전 상황에서 자신의 능력으로 목표를 달성할 수 있다고 믿는 신념이라는 점에서 개념적 차이가 있다. 도전 상황에서 자기 능력에 대한 긍정적인 평가와 기대는 자기효능감을 높이는 원동력으로 작용한다. 자기효능감이 높으면 과제에 대한 주의집중 능력이 높아지고 기대심리가 실제 행동으로 나타날 가능성이 커진다.

〈그림 7-3〉과 같이 효능기대(기대하는 마음)에 영향을 주는 요인은 성취 경험·대리경험·언어설득·신체상태·감정상태·심상 경험으로 구성된다. 이러한 자기효능감 모형은 스포츠 환경과 수행을 예측할 수 있는 매우 영향력 있는 이론으로 알려져 있다. 효능기대에 영향을 주는 요인들에 대해 구체적으로 살펴보자.

그림 7-3 **자기효능감 모델**[12]

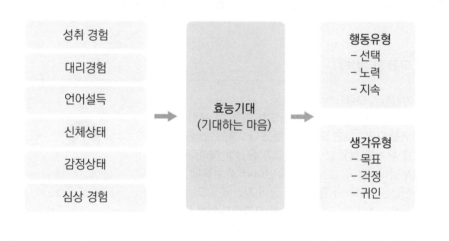

(1) 성취 경험

성취 경험(performance accomplishment)은 **어떤 과제와 도전이 주어졌을 때 과거에 성공한 경험**을 의미한다. 자기효능감 이론에서 효능기대를 높이는 가장 주요한 요인은 바로 성취 경험이다. 특히 과제가 어려운 경우 과거에 성취한 경험이 있다면 그것을 수행하는 데 주저하지 않고 자신 있게 임하게 될 가능성이 크다. 하나의 성공은 또 다른 성공을 만든다. 그러므로 새로운 기술이나 전략을 배울 때, 스포츠에서 경쟁의 경험을 쌓을 때, 그리고 유능감을 높이고자 할 때 작은 성취 경험을 차곡차곡 쌓는 것이 중요하다.

예를 들어 한국 여자 양궁은 80년대부터 지금까지 올림픽과 세계대회에서 정상을 굳건히 지켜오고 있다. 한국 양궁의 선수층은 매우 두껍다. 양궁 선수들은 국가대표가 되는 것이 국제대회에서 메달을 따는 것보다 어렵다고 한다. 이들은 한국 양궁의 문턱을 넘어서면 오히려 세계대회에서 수월하게 메달을 딸 수 있다는 기대감을 가지고 있다.

선수들의 성공 경험을 증가시키기 위해서는 과제를 보다 쉽게 관리할 수 있도록 '작은 조각'으로 쪼갤 필요가 있다. 단계적이고 점진적인 난이도로 구성된 과제는 선수들의 성취 경험을 향상한다. 시합이 많이 없는 시즌에는 난이도가 낮은 기술이나 훈련을 하고 어렵지 않은 상대(팀)를 골라 성취 경험을 높이는 것이 좋다.

유용한 정보!

<박지성의 슬럼프 극복>
축구선수 박지성은 2002 월드컵 이후 첫 유럽 무대에 데뷔했지만, 고전을 면치 못했다. 홈팬 관중들조차 그를 반기지 않았고 오히려 그가 등장할 때마다 야유를 퍼부었다. 결국 그는 1년 동안이나 슬럼프에 빠졌고 자신감은 바닥까지 떨어졌다. 공이 자신에게 오는 것조차 무서웠다. 하지만 그는 슬럼프를 극복하기 위해 바닥까지
떨어진 자신감부터 끌어올려야 한다는 것을 알았다. 이를 위해 사소한 성공 경험부터 다시 쌓기 시작했다. 코앞에 있는 선수에게 패스를 잘 하거나 간단한 드리블을 하는 것처럼 아주 기초적인 기술부터 성공 경험을 쌓아갔고 그때마다 자신을 칭찬했다. 마침내 그는 자신감을 되찾았고 승승장구하며 축구계의 전설이 되었다.

(2) 대리경험(모델링)

대리경험(modeling)은 **동료나 타인이 성공적으로 수행하는 것을 관찰하고 간접적으로 경험**하는 것을 말한다. 선수들은 자신과 비슷한 수준의 또래 또는 다른 선수가 성공적으로 수행하는 것을 보면 '나도 할 수 있다', '나도 하고 싶다'와 같은 동기가 생긴다. 대리경험 또한 선수들의 효능기대를 촉진하거나 향상할 수 있다. 특히 어린 선수들이 어려운 과제를 수행할 때 두려움을 극복할 수 있는 중요한 요인으로 작용한다.

우리는 스스로 인식하고 있지 못하지만 기억하고 선택하여 행동하는 대부분은 모방, 즉 다른 사람이 하는 것을 보고 학습하여 따라 하는 것이다. 마찬가지로 선수들은 다른 사람의 스포츠 수행을 보고 모델링함으로써 기술과 전략을 배운다. 더 나아가 자신이 나아가고자 하는 방향과 목표를 설정하기도 한다. 대리경험이 비교보다 정보적인 방식으로 사용된다면 선수들은 이를 통해 '만약 그 사람이 할 수 있다면 나도 할 수 있다'고 믿게 도와줄 수 있다.

유용한 정보!

<거울신경>[13]

거울신경(mirror neuron)은 이탈리아 신경학자인 리졸라티(Rizzolatti)의 원숭이 실험으로 밝혀졌다. 거울신경의 핵심 내용은 타인의 행동을 간접적으로 경험하는 것만으로도 자신이 실제 행동을 하는 것과 같은 뇌신경세포가 활성화된다는 것이다. 이는 단순히 눈으로 보는 것뿐만 아니라 이야기를 듣는 것, 느끼는 것 등도 포함된다. 거울신경은 관찰자의 의지가 아니라 자동적인 발생하는 현상이다. 자신의 의도와는 상관없이 우리의 거울신경은 늘 활성화되어 있다. 거울신경의 대표적인 기능은 행동 이해, 모방, 상대방의 의도 이해, 그리고 공감 등이 있다.

(3) 언어설득

언어설득(social persuasion)이란 **피드백과 같은 맥락으로서 선수들에게 동기를 부여하거나 믿음을 심어줄 수 있는 말을 의미**한다. 특히 주요 타자(예: 지도자, 부모, 교사 등)의 언어설득은 자신감의 또 다른 선행 요인이다. 언어설득이 효능기대에 의미 있는 효과를 만들기 위해서는 선수와 언어설득을 제공하는 사람과의 관계가 무엇보다 중요하다. 만약 언어설득을 제공하는 사람이 선수와 신뢰 관계가 형성되지 않았거나 선수 본인이 신뢰하지 못하는 사람의 경우 긍정적인 효과를 기대할 수 없다. 언어설득의 효과를 높이기 위해서는 관계를 맺는 사람과 선수 사이에 신뢰가 형성돼 있어야 한다.

또한 언어설득은 주요 타자의 사회적 지위에 따라 그 효과가 달라진다. 예를 들어 일반적으로 코치보다 경력이 더 많은 감독의 언어설득이 효과적이다. 그뿐 아니라 세계적으로 인정받거나 영향력 있는 전문가의 언어설득은 선수에게 훨씬 더 큰 영향력을 행사할 수 있다. 예컨대 골프선수인 지영이는 잘 알지 못하는 어떤 프로로부터 '샷이 정말 좋구나!'라는 칭찬을 들었다. 쑥스러우면서도 기분이 좋았다. 그로부터 얼마 후 우연히 연습장에 방문한 세계적인 골프 스타 타이거 우즈는 지영이의 스윙을 보고 다가가 '샷이 정말 좋구나!'라고 칭찬한다. 이때 지영이는 기분 좋은 상태를 넘어 자신의 기술과 수행에 자신감이 생긴다. 즉 타이거 우즈의 말에 큰 효능기대를 느끼게 된다.

(4) 신체상태

선수가 신체불안을 저조한 수행, 지각된 무능력과 패배감 등과 연결해서 해석하면 효능기대에 부정적 영향을 준다. 반대로 선수가 신체불안을 적정 각성 상태나 활력으로 해석하면 효능기대에 긍정적 영향을 준다. 선수는 자신의 **신체상태**(physical states)**를 긍정적 또는 부정적으로 해석하느냐에 따라 효능기대가 달라지고 달라진 효능기대는 수행에 영향**을 준다.

부정적인 신체상태는 높은 신체불안과 낮은 효능기대가 서로 연결된 상태다. 한 선수는 신체 각성이나 불안의 증가를 기술의 실패나 패배 가능성에 대한 두려움으로 해석하지만 다른 선수는 다가오는 경기에 준비되었다는 신호로 인식한다. 선수가 외부 환경과 자신의 심리상태를 어떻게 수용하고 해석하느냐에 따라 신체상태의 결과는 달라진다.

프로축구선수인 영범은 경기 전 심박수가 급격히 빨라지는 것을 느낀다. 영범은 이 느낌을 설렘, 두근거림, 기대감, 활력 등으로 해석하고 자신의 몸을 준비시킨다. 태권도 선수인 형호 또한 매 경기 전에 영범과 같은 느낌을 갖는다. 그러나 형호는 이를 긴장, 불안, 불편감, 두려움 등과 같이 부정적으로 해석한다. 이 경우 형호는 영범에 비해 만족스럽지 못한 경기 결과를 얻을 가능성이 높다.

(5) 감정상태

감정이나 기분의 상태(emotional states)는 효능기대에 추가적인 정보로 활용된다. 잭슨(Jackson)과 동료들[14]에 의하면 부상을 당한 선수가 자신의 재활에 대해 불안과 우울을 느끼면 효능기대가 낮아지지만, 가능성, 긍정, 활기를 느끼면 효능기대가 높아진다.

선수들은 훈련과 시합에서 신체뿐만 아니라 자신의 감정과 기분을 인지하고 적절한 수준으로 조절할 수 있어야 한다. 선수들은 감정을 조절하기 위해 자신만의 심리기술과 전략을 사용하는 것이 좋다. 예를 들어 어떤 선수는 시합 전에 음악을 듣거나 전날 일찍 잠자리에 든다. 어떤 선수는 가벼운 오락이나 게임을 즐기며 잡생각을 없앤다. 또 다른 선수는 체계적인 인지적·행동적 루틴을 실천하고 심리 훈련으로 시합을 대비한다. 아니면 자신의 종교적 신념을 토대로 자신감을 충만하게 한다.

(6) 심상 경험

선수들은 심상 경험(imagery experience)을 통해 **미래에 일어날 상황에 대비함으로써 효능기대를 긍정적으로 만들 수 있다.** 효과적인 심상은 선수의 기술 향상뿐만 아니라 수행에 대한 믿음까지 군건하게 만든다. 특히 패배 경험으로 슬럼프에 빠졌거나 부상을 당한 선수는 꾸준한 심상 훈련으로 고난과 역경의 시기를 슬기롭게 헤쳐나갈 수 있다.

경기력이 뛰어난 선수일수록 자신의 성공 장면을 규칙적으로 떠올리고 수없이 그려본다.[15] 사격선수라면 과녁의 정중앙을 명중시키는 장면을, 축구선수라면 자신의 발에서 떠난 공이 골대로 빨려 들어가는 장면을, 골프선수라면 볼이 홀로 빨려 들어가는 장면을, 태권도 선수라면 자신이 연습하고 있는 기술이 정확하게 상대의 득점 부위를 가격하는 장면을 상상할 것이다. 선수는 심상을 통해 구체적으로 기술, 정서, 시합 장면, 불안을 조절함으로써 경기력을 최상으로 유지할 수 있다. 결과적으로 심상은 선수가 시합에서 자신감을 극대화하는 데 직접적인 영향을 미친다.

5. 자신감 향상 전략

　자기효능감 모델은 효능기대를 높이기 위한 핵심 요인들을 설명하고 있다. 그러나 자신감을 높이기 위한 조건은 매우 다양하다. 이 장에서는 스포츠와 운동에 참여하는 개인의 자신감을 향상할 수 있는 전략에 대해 살펴본다.

1) 긍정적 기대

　긍정적 기대(positive expectation)는 **선수를 둘러싼 주요 타자의 기대감을 의미**한다. 선수는 자신을 지원하는 부모나 코치의 기대를 받는다. 운동 참여자들 역시 운동에 참여하도록 배려해 준 가족이나 함께 참여하는 동료들의 기대를 받는다. 이들은 주변 사람들의 기대를 충족하기 위해 노력하고 역경(예: 중도 탈락)을 이겨낸다. 즉 주변인들의 기대가 든든한 버팀목이 되어 준다. 하지만 주요 타자의 지나친 기대나 그 기대에 집착하는 것은 오히려 상태(인지·신체)불안을 높이고 좌절이나 패배감을 증가시킨다.

2) 성공 이미지

　반복적인 **심상 훈련은 수행에 대한 자신감을 촉진**한다. 최상수행을 했을 때의 느낌과 감정 그리고 동작의 절차 등을 구체적으로 심상하면 성취 경험을 가질 수 있다. 자기효능감에 모델에서 보았듯이 반복적인 성취 경험은 수행에 대한 효능기대를 높인다. 심상을 이용해 성공 이미지를 그리는 것은 성취 경험과 같은 효과가 있다.
　과거의 성취 경험이 현재 내 모습의 밑바탕인 것처럼 지금 새롭게 만들고 실천하는 성취 경험은 바로 미래의 내 모습이다. 심상은 가능하면 생생하게 그리고 긍정적인 방향으로 조절해야 한다. 그리고 인지·신체적으로 루틴이 생성되도록 연습한다. 이 루틴은 선수가 훈련이나 시합에서 난관에 봉착했을 때 자신감을 되찾을 수 있는 길라잡이 역할을 할 것이다.

3) 목표설정과 점검

구체적인 목표설정과 점검 또한 자신감을 촉진하는 전략이다. 목표는 항상 눈에 띄는 곳에 두는 것이 좋다. 예컨대 핸드폰 배경화면이나 잠금화면, 메신저의 프로필 사진, 책상이나 침대 머리맡, 냉장고, 화장대 거울, 자주 드나드는 방문 등에 목표 체크리스트를 게시할 수 있다. 목표는 동기를 높이고, 어디를 향해 달려가야 하는지 방향을 제시해 줄 뿐만 아니라 역경과 고난 속에서도 인내하고 더 노력하도록 만든다.

4) 행위 실천

중국 후한시대 역사가 반고(班固)가 기술한 한서(漢書)에는 백문불여일견(百聞不如一見)이라는 말과 백견불여일행(百見不如一行)이라는 말이 있다.[16] 이것은 '백 번 듣는 것은 한 번 보는 것만 못하고', '백 번 보는 것은 한 번 실천하는 것만 못하다'는 뜻이다. '실천'이야말로 배움의 근본이며 가장 중요한 덕목으로 손꼽힌다. 직접 해 보고 느끼는 것이야말로 가장 의미 있는 경험과 깨달음을 줄 수 있다.

어떤 선수는 목표만 세우고 실천하지 않는다. 심상 계획을 세우고 체계적으로 실천하지 않는다. 스트레스 상황을 긍정적으로 해석하겠다고 다짐해 놓고 실천하지 않는다. 따라서 성공 기대나 계획을 세우는 것에 그치지 않고 이것이 실현되도록 훈련과 시합에서 끊임없이 실천해야 한다.

> **KEY POINT**
>
> 자신감을 높이기 위해서는 통제가 가능한 에너지와 이미지에만 집중해야 한다. 우리는 간혹 통제할 수 없는 것에 지나치게 시간과 에너지를 낭비한다. 결국 불안만 가중되고 자신감마저 떨어지는 원인으로 작용한다. 내가 마음만 먹으면 개선할 수 있는 것을 찾고 통제가 가능한 것에 집중하자.

5) 긍정적 자기 충족 예언

자기 충족 예언(self-fulfilling prophecy)은 **선수가 스스로 예언하고 생각하는 것이 실제 현실에서 충족되는 방향으로 이루어지는 현상**을 말한다. 만약 어떤 선수가 '실패', '패배', '불안감 증가', '비관적 결말' 등과 같이 부정적인 일이 벌어질 것으로 생각한다면 그 선수는 잘못된 자기 충족 예언을 한 것이다. 불행히도 스포츠 현장에서는 부정적인 자기 충족 예언을 하는 선수들이 많다. 선수는 실패에 대한 예언으로 진짜 실패를 만들고 그 실패는 자신감과 효능기대를 떨어뜨려 경기력마저 저조해진다. 또한 미래의 실패로 이어지는 악순환의 고리에 빠진다.

슬럼프에 빠진 야구선수가 있다. 그는 타석에 나가기 전부터 '삼진아웃을 당하면 어쩌지?'라고 걱정한다. 이 때문에 불안감이 증가하고 집중력이 떨어져 평소 가지고 있던 수행루틴이 깨지고 만다. 결국 진짜 삼진아웃을 당했다. 그는 자신이 예언한 대로 삼진아웃을 당했기 때문에 부정적인 자기 충족 예언이 맞아떨어졌다고 생각한다. 이 때문에 자신감과 유능성이 하락하고 실패 경험이 머릿속에 각인된다. 이 상황은 악순환의 연속이 되어버린다.

자기 충족 예언을 긍정적으로 만들고 유지하기 위해서 긍정적인 혼잣말, 앵커(anchor; 중요한 상황에 기술이나 집중유지 전환을 위해 사용하는 단서어), 자기 확신, 인지 재구성 등을 사용하는 것이 바람직하다. 이 기술들은 심리·신체적 자기조절과 꾸준한 수행향상을 위해 활용 가치가 높다. 다음에 제시된 긍정적인 단서와 전략을 사용해 보자.

유용한 정보!

자기 충족 예언과 이를 이끌 수 있는 기술들은 훈련이나 시합에서만 사용해서는 안 된다. 평소 자신의 삶에 적용하여 긍정적인 단서와 전략을 습관화하는 것이 좋다. 삶이 훈련이고 훈련이 곧 시합인 셈이다.

---

(1) 성공과 관련 있는 자료를 눈에 띄는 곳에 두자

상장 · 메달 · 신문기사 · 사진 등을 보이는 곳에 두고 계획한 목표가 뜻대로 되지 않거나 다가오는 시합에 불안감이 엄습해 오면 보도록 하자. 이것들은 긍정적인 자기 충족 예언을 위한 단서로 활용될 수 있다. 과거 성취 경험에 대해서 재확인시켜 주는 효과도 있다.

(2) 지금까지 그래왔던 것처럼 계속 성공할 거라 믿자

일어날 수 있는 좋은 일들과 자신이 가진 모든 역량을 토대로 경기력을 평가하고 바라본다. 훈련과 시합에서 실수가 아닌 교정과 개선에 초점을 맞추는 것은 기술 향상과 좋은 루틴을 만드는 것에 탁월한 효과가 있다.

(3) 긍정적인 혼잣말을 메모하거나 가지고 다니자

긍정적 생각과 아이디어 또는 글귀를 카드에 써서 가지고 다니면서 읽는다. 혼잣말은 적재적소에 사용될 수 있고 반복됨에 따라 긍정적 행동을 유발하는 동기로 작용할 것이다. 단어나 문구로 만들어진 혼잣말은 회의감이 들 때 이를 극복할 수 있는 '자기암시'로 활용된다.

그림 7-4 긍정적 자기암시의 예[17]

🏌 심리 훈련에 도움을 주는 혼잣말의 종류[17]

지도적 혼잣말	동기적 혼잣말	긍정적 혼잣말
"떨어뜨릴 목표위치를 정하고"	"모두 성공해야지"	"좋아, 바로 그거야"
"손목과 어깨의 힘을 빼고"	"멋지게 해내야지"	"오케이"
"여유를 가지고 스윙 속도를 적당히"	"욕심내지 말고"	"좋다, 해보자"
"체중을 왼발에 많이 두고"	"나는 잘할 수 있어"	"잘되겠지"
"하체를 단단히 고정하고"	"잘 좀 해보자"	"느낌이 좋은데"

측정하기

아래의 신체 자기효능감 척도는 리크만(Ryckman)과 동료들[18]이 자신감 수준을 측정하기 위해 개발한 것이다. 척도는 본인이 인지하는 신체능력과 신체적 자기표현을 묻는다. 아래 문항을 잘 읽고 해당하는 번호에 솔직하게 답해 보자.

표 7-1 신체 자기효능감 척도[18]

	질문	전혀 그렇지 않다	그렇지 않다	보통 이다	그렇다	전적 으로 그렇다
1	나는 반사 능력이 뛰어나다.	①	②	③	④	⑤
2	나는 신체 훈련과 관련된 테스트를 받을 때 자신 있다.	①	②	③	④	⑤
3	나는 신체 움직임이 민첩하고 세련됐다.	①	②	③	④	⑤
4	나는 달리기를 잘한다.	①	②	③	④	⑤
5	나는 체력이 좋은 편이다.	①	②	③	④	⑤
6	나는 부지런하기 때문에 활동적인 운동을 잘 하는 편이다.	①	②	③	④	⑤
7	나는 대체로 스포츠에 자신 있다.	①	②	③	④	⑤
8	나는 또래 친구들보다 운동을 잘하는 편이다.	①	②	③	④	⑤
9	나는 다른 사람들이 어려워하는 것을 할 수 있다.	①	②	③	④	⑤
10	나는 운동선수만큼 신체적 매력이 있다고 생각 한다.	①	②	③	④	⑤
11	나는 평소 신체 움직임이 민첩해서 다른 사람들 보다 활동적인 것을 잘한다.	①	②	③	④	⑤
12	나는 힘이 센 편이다.	①	②	③	④	⑤

평가방법

인지된 신체능력	1, 3, 5, 7, 9, 11번 문항 ÷ 6
신체적 자기표현	2, 4, 6, 8, 10, 12번 문항 ÷ 6

1) 요인별로 점수를 합산한다.

2) 합산한 점수를 6으로 나눈다(평균값).

3) 다음과 같이 결과를 해석한다.

   ① 4점 이상: 높은 수준 자신감

   ② 2.5~4점 이하: 보통 수준 자신감

   ③ 2.5점 미만: 낮은 수준 자신감

해보기

1) 수행 자신감 높이기

최근 자신이 참여하는 스포츠나 운동 종목을 떠올려 보자. 만약 스포츠나 운동에 참여하지 않는다면 특정 활동(예: 자격증 시험 준비, 진로 관련 준비 등)을 떠올려 보길 바란다. 이 활동들을 성공적으로 수행하기 위해서는 높은 효능기대가 필요하다. 효능기대를 높이기 위한 조건들을 어떻게 달성할 수 있는지 정리해 보자.

<예시>

참여 활동(과제)	축구에서 슈팅

성취 경험	슈팅 10개 중 5개 성공하기
대리경험(모델링)	손흥민 슈팅 장면 영상 분석하기
언어설득	친한 친구에게 긍정적 피드백 받기
신체·감정상태	발목 보강훈련, 인지 루틴 개발 후 연습
심상 경험	슈팅이 궤적을 그리며 골대 안으로 들어감 슈팅 성공 후 동료들과 세리머니

참여 활동(과제)	

성취 경험	
대리경험(모델링)	
언어설득	
신체·감정상태	
심상 경험	

2) 자기암시

모든 선수는 과거·현재·미래의 수행에 관해서 자신에게 말을 걸거나 혼잣말을 한다. 자신에게 말을 하는 것은 스포츠 기술과 전략을 배우거나 시합에서 주의전환 및 집중 그리고 수행루틴을 지키기 위해 사용된다. 스포츠 기술 습득 단계에서 긍정적인 자기암시의 사용은 학습의 효율을 높여주고 생활·훈련·시합에서 자신감을 강화한다.

그럼 긍정적·부정적 자기암시를 사용하는 상황을 조사하여 자기암시 사례를 찾아보고 활용 전략을 세워보자. 자신의 훈련 상황을 떠올려 보거나 가능하다면 메모지와 펜을 가지고 다니며 실제 상황에서 나타나는 자기암시 사례를 적어도 좋다. 아래 워크시트에 긍정적 자기암시와 부정적 자기암시가 나타나는 상황과 사례를 적어보자.

구분	N	상황	사례
긍정적 자기암시	1		
	2		
	3		
	4		
	5		
부정적 자기암시	1		
	2		
	3		
	4		
	5		

3) 성공 이미지 그리기

앞서 작성했던 심상의 내용을 더 구체화해 보자. 심상을 활용한 성공 이미지를 그릴 때는 구체적이고 뚜렷할수록 효과가 좋다. 1) 수행 자신감 높이기에서 작성한 활동(과제)을 성공적으로 수행하여 마침내 원하는 목표를 이루는 장면을 상상해 보자. 그리고 아래 워크시트의 빈칸을 채워보길 바란다. 만약 빈칸에 해당하는 장면이 뚜렷하지 않다면 다시 눈을 감고 해당 장면을 떠올린다.

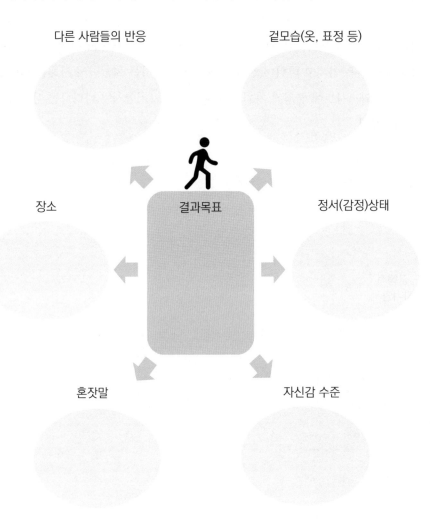

돌아보기

문제 1 스포츠 자신감에 대한 설명으로 <u>올바르지 않은</u> 것은?

① 자신감은 무엇인가를 해낼 수 있다고 믿는 자신의 신념이나 믿음이다.

② 스포츠 자신감은 스포츠라고 하는 특수한 상황을 전제로 한다.

③ 스포츠 자신감은 기분에 따라 구분된다.

④ 자신감은 상황에 따라 시시각각 변화된다.

문제 2 <보기>를 보고 괄호 안에 들어갈 용어로 올바르게 나열된 것을 고르시오.

〈보기〉

(㉠)은/는 성공적인 수행을 위해 중요한 요소임은 분명하다. 하지만 성공적인 수행을 위한 길라잡이 역할을 할 뿐 (㉡)을 담보하지는 않는다. 이에 개인에게 (㉢) 자신감 수준을 찾는 것이 중요하다.

	㉠	㉡	㉢
①	자신감	완벽한 수행	적정한
②	스포츠	무능한 수행	과도한
③	연습	과도한 수행	저조한
④	잠재력	적정한 수행	완벽한

문제 3 스포츠 환경에서 나타나는 스포츠 자신감의 형태로 <u>올바르지 않은</u> 것은?

① 연습에 충실하게 임할 수 있다고 믿는 자신감

② 잠재력이 풍부하고 개발할 수 있다고 믿는 자신감

③ 심리기술 활용 능력이 있다고 믿는 자신감

④ 의사결정 같은 판단 능력은 좋아질 수 없다고 믿는 자신감

문제 4 **자신감의 효과에 대한 설명으로 올바른 것은?**

① 자신감은 급박한 상황 속에서 침착함을 유지하지 못하게 한다.

② 자신감은 불확실한 상황을 기피하게 한다.

③ 자신감이 높은 선수는 익숙한 목표를 수립하는 경향이 있다.

④ 자신감은 지속적인 노력을 추구하는 데 도움이 된다.

문제 5 **아래 <그림>에서 (ㄱ), (ㄴ), (ㄷ)에 들어갈 말로 올바르게 연결된 것은?**

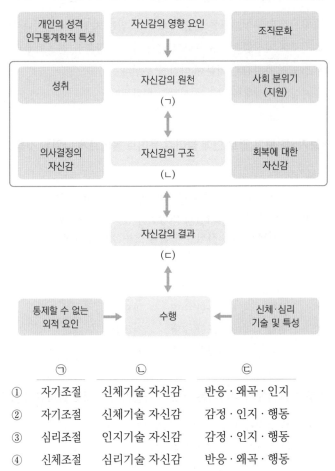

	㉠	㉡	㉢
①	자기조절	신체기술 자신감	반응 · 왜곡 · 인지
②	자기조절	신체기술 자신감	감정 · 인지 · 행동
③	심리조절	인지기술 자신감	감정 · 인지 · 행동
④	신체조절	심리기술 자신감	반응 · 왜곡 · 행동

아래 그림은 반두라(Bandura)의 자기효능감 모델에 대한 설명이다. 괄호 안에 들어갈 용어로 올바른 것은?

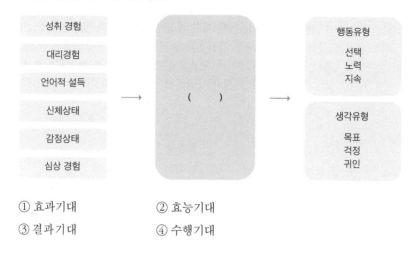

성취 경험

대리경험

언어적 설득

신체상태

감정상태

심상 경험

(   )

행동유형

선택
노력
지속

생각유형

목표
걱정
귀인

① 효과기대   ② 효능기대
③ 결과기대   ④ 수행기대

문제 7 **자기효능감에 대한 설명으로 올바르지 않은 것은?**

① 자신에게 주어진 과제를 성공적으로 수행할 수 있다는 믿음이나 기대이다.

② 자기효능감은 과제에 대한 주의집중력을 높이는 효과가 있다.

③ 자기효능감은 부정적인 자기결정의 원동력이 된다.

④ 자기효능감은 기대심리를 높이게 되어 실제 행동으로 나타날 가능성이 높다.

문제 8 **효능기대에 영향을 주는 요인에 대한 설명으로 올바르지 않은 것은?**

① 성취 경험은 자기효능감의 가장 영향력 있는 결정요인이다.

② 대리경험은 동료의 수행에 영향을 받아 동기가 변화되는 것이다.

③ 심상 경험은 미래 예측을 통해 효능기대에 영향을 주는 요인이다.

④ 언어설득은 위계적 관계가 형성될 때 매우 효과적이다.

문제 9 아래 <보기>를 보고 괄호 안에 들어갈 내용으로 올바른 것은?

〈보기〉

어떤 선수는 부상 이후 재활 과정에서 우울감과 상실감을 느낀다. 반면 성공적인 재활에 대한 가능성과 긍정적 활기를 느낌으로써 높은 효능기대를 갖는 선수들도 있다. 선수들은 훈련과 시합에서 신체뿐만 아니라 자신의 (   )을/를 인지하고 적절한 수준으로 조절하여 효능기대를 높일 수 있다.

① 대리경험   ② 감정상태
③ 신체상태   ④ 심상 경험

문제 10 자신감 향상 전략으로 올바르지 않은 것은?

① 성공적인 수행 장면이나 최상수행을 머릿속으로 떠올려 본다.
② 실패 장면을 지속적으로 떠올리며 반성하고 또 반성한다.
③ 자신이 달성하고자 하는 목표를 눈에 보이는 곳에 붙여둔다.
④ 긍정적인 자기 충족 예언을 반복한다.

답안							
1	③	2	①	3	④	4	④
5	②	6	②	7	③	8	④
9	②	10	②				

참고문헌

[1] Vealey, R. S. (2001). Understanding and enhancing self-confidence in athletes. *Handbook of sport psychology, 2*, 550-565.

[2] Vealey, R. S., & Knight, B. J. (2002). Multidimensional sport-confidence: A conceptual and psychometric extension. In *Association for the Advancement of Applied Sport Psychology Conference*, Tucson, AZ.

[3] Martens, R. (1982). Kids sports: A den of iniquity or land of promise. *Children in sport*, 204-218.

[4] Tarshis, B. (1977). *Tennis and the mind. Atheneum.*

[5] Bandura, A., & Wessels, S. (1997). *Self-efficacy* (pp. 4-6). W.H. Freeman & Company.

[6] Jones, G., & Swain, A. (1995). Predispositions to experience debilitative and facilitative anxiety in elite and nonelite performers. *The Sport Psychologist, 9*(2), 201-211.

[7] Hutchinson, J. C., Sherman, T., Martinovic, N., & Tenenbaum, G. (2008). The effect of manipulated self-efficacy on perceived and sustained effort. *Journal of Applied Sport Psychology, 20*(4), 457-472.

[8] Weinberg, R. S., Yukelson, D., & Jackson, A. (1980). Effect of public and private efficacy expectations on competitive performance. *Journal of Sport Psychology, 2*(4), 340-349.

[9] Maddux, J. E., & Lewis, J. (1995). Self-efficacy and adjustment. In *Self-efficacy, adaptation, and adjustment* (pp. 37-68). Springer, Boston, MA.

[10] Miller, S., & Weinberg, R. (1991). Perceptions of psychological momentum and their relationship to performance. *The Sport Psychologist, 5*(3), 211-222.

[11] Vealey, R. S. (1986). Conceptualization of sport-confidence and competitive orientation: Preliminary investigation and instrument development. *Journal of sport psychology, 8*(3), 221-246.

[12] Bandura, A. (1986). The explanatory and predictive scope of self-efficacy theory. *Journal of social and clinical psychology, 4*(3), 359-373.

[13] 최현석(2011). 인간의 모든 감정: 우리는 왜 슬프고 기쁘고 사랑하고 분노하는가. 파주: 서해문집.

[14] Jackson, B., Knapp, P., & Beauchamp, M. R. (2008). Origins and consequences of tripartite efficacy beliefs within elite athlete dyads. *Journal of sport and exercise psychology, 30*(5), 512-540.

[15] 임태희(2016). 국가대표선수의 세계태권도선수권대회 입상유무에 따른 심리수준 차이. **체육과학연구, 27**(4), 984-996.

[16] 두산백과(2019). **한서[漢書]**. 접속일자: 2019년 2월 9일. http://www.doopedia.co.kr/

[17] 윤기운(2007). 운동수행 향상을 위한 혼잣말 전략개발. **한국스포츠심리학회지, 18**(2), 75-91.

[18] Ryckman, R. M., Robbins, M. A., Thornton, B., & Cantrell, P. (1982). Development and validation of a physical self-efficacy scale. *Journal of personality and social psychology, 42*(5), 891-900.

08

리더십
Leadership

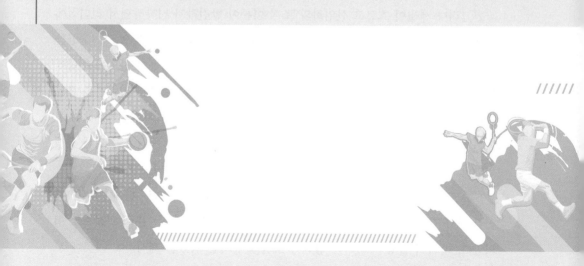

이해하기

1. 리더십의 정의

리더십(leadership)은 **집단의 공통된 목표를 달성하기 위해 구성원을 다스리거나 이끌어가는 능력**이다. 이러한 능력은 집단과 사회를 이루어 살아가는 인간의 본능적 특성과 밀접한 관련이 있다. 과거 인간은 생존율을 높이기 위해 무리를 지었는데 이때 리더의 역할은 핵심적이었다. 즉 리더십이 무리의 생존을 결정했다. 이때문에 수 세기 전 유럽의 봉건사회에서는 왕족의 기득권을 유지하는 방법으로 리더 이론을 연구하였다. 당시 이론은 리더가 만들어지는 것이 아닌 태어나는 것임을 주장했고 리더가 사회문화를 형성해 가는 중요한 역할을 한다고 보았다. 귀족들은 자신들이 훌륭한 리더의 혈통을 타고났다는 관념에 사로잡혀 있었다.

그러나 세월이 흐르고 산업화와 조직 이론이 발전하기 시작하면서 리더십에 대한 인식과 관점도 변하기 시작했다. 이 과정에서 리더십을 전문적으로 연구하는 학자들은 저마다의 관점에서 개념을 정의하고자 노력했다. 이들의 정의를 통합적으로 해석해 보면 리더십은 한 사람이 집단에 영향력을 행사함으로써 변화를 유도하는 과정이다. [1][2] 또한 특정 구성원이 다른 구성원들에게 영향력을 행사하여 공통된 목표를 달성하는 과정이다. [3] 결국 집단이 달성하고자 하는 목표를 위해 구성원과의 협력이 요구된다는 것은 학자들이 주장하는 공통된 개념이다.

스포츠 분야에서 리더십은 의사결정·소통·정보적 피드백·관계·확신·자신감 등과 같은 능력을 토대로 **팀이 목표에 도달하도록 헌신하는 조력** 과정으로 정의한다. 따라서 훌륭한 리더는 집단이 도달해야 하는 목표를 제시하고 그곳에 도달하기 위해 어떤 노력과 정보가 필요한지 명확하게 알고 있어야 한다. 매일매일 구성원들의 동기를 부여하고 목표를 달성하기 위한 사회적 지원도 아끼지 말아야 한다. 또한 긍정적 역할 모델(role model)이 되어야 하고 구성원 개개인의 성공은 집단의 목표를 달성하는 데 도움이 되기 때문에 성장의 기회도 제공해야 한다.

유용한 정보!

<태권도 사범의 의미>
태권도 지도자를 의미하는 사범(師範)은 역할 모델의 아주 좋은 예다. 사범은 '학위인사 행위세범(學爲人師 行爲世範)'의 약자다. 학위인사란 '배워서 남에게 스승이 되는 것'을 의미한다. 행위세범은 '행동이 세상의 모범이 되는 것'을 말한다. 즉 사범의 진짜 의미는 '배워서 남에게 스승이 되고 그 행동은 세상의 모범이 되는 것'이다. 이는 태권도 지도자의 역할이 가르치는 것뿐만 아니라 솔선수범의 자세가 중요하다는 의미를 담고 있다.

2. 리더십 연구의 접근 방법

리더십이 인간 사회에 미치는 영향력은 매우 중요하지만 이것이 과학적으로 연구되기 시작한 것은 그리 오래되지 않았다. 불과 수십 년의 기간이지만 연구자들은 리더십을 이해하기 위해 다각도에서 접근했다. 예컨대 누군가는 리더의 성격이나 기질에 초점을 두었고 누군가는 행동 자체에 초점을 두기도 했다. 이러한 접근 방식들을 가리켜 특성 접근·행동 접근·상황 접근·상호보완 접근으로 구분한다. 이 장에서는 리더십 연구의 각 접근 방식에 대해 살펴본다.

1) 특성 접근법

특성 접근법(trait approach)은 **리더십의 발현을 리더의 성격이나 기질과 같은 특성적 요인으로 설명**한다. 1920년대 연구자들은 비즈니스와 산업 현장에서 위대한 리더로 인정받는 사람들이 공통으로 가진 요인이 무엇인지 규명하기 위해 노력했다. 특히 이들은 리더의 성격과 특성에서 공통된 요인을 찾고자 하였다. 그들은 훌륭한 리더가 지식·특성 자신감·태도·기질·의사결정과 같은 상대적으로 안정적인 특성이 있다고 믿었다. 즉 특성 접근 연구자들은 우수한 리더들은 변하지 않는 뛰어난 특성을 지니고 있기 때문에 어떠한 상황에 놓인다 하더라도 항상 훌륭한 리더가 될 것이라고 가정하였다.

특성 접근 관점에서 바라볼 때 훌륭한 스포츠 스타들은 은퇴 이후에도 분명 좋은 지도자가 될 것이고, 다른 스포츠 종목 혹은 다른 삶의 영역에서도 훌륭한 리더가 될 것으로 가정할 수 있다. 이에 대한 근거로 학자들은 역사적 인물들의 성격적 특성이 유사하다고 주장했다. 예컨대 윈스턴 처칠(Winston Churchill), 마하트마 간디(Mahatma Gandhi), 마틴 루터 킹(Martin Luther King)과 같은 역사적 인사들은 모두 성공적인 리더가 되는 데 유사한 특성이 있었다고 믿었다.

그러나 특성 접근은 강력한 비판을 마주했다. 100편 이상의 특성 접근 연구를 분석한 결과 여러 분야에서 성공한 리더들의 공통된 성격 특성은 단지 몇 가지에 지나지 않았기 때문이다.[4] 게다가 공통으로 발견된 성격 특성이 훌륭한 리더로서 도움이 될 수는 있지만 성공적인 리더가 되기 위한 필요충분조건은 아니었다. 더욱이 스포츠 분야에서 성공한 리더들 사이에서는 공통적인 성격 특성이 발견되지 않았다. 이러한 탓에 2차 세계대전을 기점으로 리더에 대한 특성 접근의 관심은 점차 줄어들었다. 왜냐하면 학자들이 리더의 성격이나 특성보다 그들이 보여주는 '공통적인 행동'을 규명하여 성공적인 리더십을 설명하는 데 관심을 기울이기 시작했기 때문이다.

2) 행동 접근법

행동 접근법(behavioral approach)은 **리더십의 발현을 리더의 특정한 행동 요인으로 설명**한다. 특성 접근법의 설명이 한계를 보인 이후 연구자들은 유능한 리더들이 보편적으로 나타내는 행동(예: 리더가 무엇을 하는지)을 발견하는 것에 초점을 두었다. 이러한 행동 접근을 지지하는 학자들은 우수한 리더의 행동을 모방하거나 학습하여 누구나 성공적인 리더가 될 수 있다고 주장하였다. 그들은 리더가 타고나는 것이 아니라 만들어지는 것이라고 주장하였다.

전 UCLA 농구 감독 존 우든(John Wooden)은 농구계의 전설적인 감독이다. 미국에서 농구선수와 감독으로 활약하며 경이적인 기록을 세운 신화적 인물이다. 그가 이끈 UCLA 농구팀은 12년 동안 88연승, NCAA 내셔널 챔피언십(전 미국 대학 농구선수권대회) 10회 우승이라는 대기록을 세웠다. 세계 최고 권위를 자랑하는 스포츠 채널 ESPN에서 '금세기 최고의 감독'이라는 칭호를 얻은 존 우든은 선수와 코치 부문 모두에서 최초로 '명예의 전당'에 올랐다.

그의 성공 요인은 무엇이었을까? 학자들은 존 우든의 리더십 행동을 분석하였다.[5] 그 결과 존 우든은 선수들이 무엇을 어떻게 수행해야 하는지에 대한 지도에 많은 시간을 소비하였으며, 선수의 집중과 노력이 발현되도록 동기부여하는 것에 초점을 두었다. 구체적으로 우든은 코칭 행동의 50%를 언어적 지시(instruction)에 사용하였고, 8% 정도는 잔소리와 추가적인 언어적 설명을, 6.9%는 칭찬과 격려를, 6.6%는 단순한 불쾌함, 화남을 표현하였다.

여기서 우든의 코칭 행동 중 시범은 5초 남짓을 넘지 않았다는 것에 주목할 필요가 있다. 짧은 시범임에도 불구하고 깔끔하고 명확하게 전달하여 선수들의 기억 속에 생생하게 남도록 하였다. 또한 우든은 항상 선수들이 승리에 만족하지 않고 지속적인 노력과 자신이 할 수 있는 전부에 최선을 다하는 것을 강조하였다. 이렇듯 행동 접근법 관점에서의 리더십의 핵심은 명확한 피드백과 언어적 지시 등을 제공함으로써 영향력을 행사하는 데 있다.

유용한 정보!

<존 우든 감독의 지도 전략>[6]
• 많은 정보 전달보다는 꾸준한 계획수립, 선수들과 생산적인 대화, 정교한 연습계획 구성이 중요하다.
• 선수들이 무엇을 어떻게 해야 할지에 대한 정보 제공은 긍정적인 코칭의 접근 방법이다.
• 후보 선수들은 주전 선수들보다 더 많은 칭찬을 받아야 한다.
• 설명, 시범, 모방, 반복은 성공적인 학습을 위한 필수조건이다.
• 선수들에게 모범적인 롤 모델(role model)이 되는 것은 매우 중요한 철학이다.

3) 상황 접근법

1970년대, 리더십을 이해하기 위한 접근법으로 리더가 놓인 상황적 요인이 고려되어야 한다는 주장이 제기되었다. 즉 성공적인 리더는 개인의 특성과 행동보다 주어진 상황적 특성(characteristic of situation)에 더 의존되어야 한다는 것이다. 비록 상황 접근법(situational approach)을 지지하는 연구자들은 소수에 불과하지만 리더에게 주어진 상황이나 환경이 리더십에 영향을 주는 것만은 분명하다.

일례로 축구팀의 사례를 통해 상황 접근법의 필요성을 이해할 수 있다. 현돈이가 소속되어 있는 축구팀은 전날의 부진한 경기력으로 인해 사기가 떨어졌다. 다음날 지도자는 부족했던 부분을 분석했고 이를 보완하기 위한 훈련을 계획했다. 그러나 훈련 시간에 선수들을 지켜보니 팀의 분위기가 좋지 않다는 것을 깨달았다

(상황적 특성). 이에 지도자는 계획했던 훈련을 뒤로하고 레크리에이션으로 긍정적인 팀 분위기를 만들었다.

사람들은 종종 위대한 리더십을 타고난 특성으로 믿는 경향이 있다. 그러나 앞선 사례에서 알 수 있듯, 이들을 위대한 리더로 만든 상황을 고려하지 않는다면 자칫 리더십을 이해하는 데 큰 착각을 불러일으킬 수 있다.

4) 상호보완 접근법

상호보완 접근법(interactional approach)은 **리더 개인의 성격적인 특성뿐만 아니라 고유한 행동 방식과 주변의 상황을 복합적으로 다루는 관점**이다. 즉 상호보완 접근법은 특성 접근법, 행동 접근법, 그리고 상황 접근법을 모두 포함한다.

우발모델(contingency model)을 주장한 피들러(Fiedler)[7]에 의하면, 효과적인 리더십은 주어진 상황의 좋고 나쁨에 따라 상호보완적으로 변화되어야 한다. 예를 들어 학교의 지원이 넉넉하지 않은 운동부 지도자는 과제를 효과적으로 달성하려는 목표 지향적인 리더십이 필요하다. 왜냐하면 지도자에게 주어진 환경이 양호하지 않기에 선수와의 인간적 관계보다는 과제를 성공적으로 달성하는 것이 무엇보다 중요하기 때문이다. 반면, 지원이 풍부한 학교 운동부의 지도자는 선수들을 지지하고 독려하는 관계 지향적 리더십이 효과적일 수 있다. 이처럼 지도자들은 팀의 상황이나 환경에 따라 요구되는 리더십을 시의적절하게 적용할 수 있는 유연함이 필요하다. 만약 지도자가 특정한 리더십을 고수하고자 한다면, 그가 추구하는 리더십이 효과적으로 발휘될 수 있는 상황이나 환경을 구축하는 것도 효과적인 방법이 될 수 있다.

또한 국가대표와 같이 우수한 기량을 가진 선수들은 이미 과제 지향적 특성을 지니고 있을 가능성이 크므로 이러한 선수들에게는 관계 지향적 리더십이 효과적일 수 있다. 반대로 초보자들의 경우 피드백이 우선시되는 과제 지향적 리더십이 적합할 것이다. 그렇다고 초보자들에게 관계 지향적 리더십이 요구되지 않는다는 것은 아니다. 핵심은 리더가 소속된 집단의 특성과 상황에 따라 어떠한 리더십이 적합할 것인지 고려되어야 한다는 것이다.

앞서 살펴본 바와 같이 성공적인 리더십을 완벽하게 보장할 수 있는 요인은 아직까지 밝혀지지 않았다. 소수의 사람들은 유능한 지도자들에게 공통된 성격 특성이 있다고 믿지만, 단순히 개인의 특성만으로 리더십을 이해하는 것은 옳지 않다. 게다가 최근의 연구에 의하면 개인의 특성은 상황적 요인과 맞물려 매우 복잡한 방식으로 변화되거나 상호작용한다.[8]

3. 스포츠 리더십 이론

효과적인 리더십을 위해서는 지도자의 노력(예: 학습과 지식에 대한 열망), 선수들의 성장(예: 스포츠를 통한 개인의 역량 개발), 체계적이고 과학적인 기술 지도(예: 효율적인 연습계획 수립), 명확한 비전 제시(예: 목표설정) 등의 요인을 종합적으로 고려해야 한다. 또한 팀이 처한 상황에 따라 적절한 리더십이 유연하게 적용되어야 한다. 스포츠 분야에서 이러한 리더십 과정은 크게 두 가지 이론을 이용해 설명한다.

1) 인지-중재 모델

인지-중재 모델(cognitive-mediational model)은 **상황 · 인지 · 행동 · 그리고 개인차 요인 사이의 관계를 강조**하는 리더십 이론이다.[9] 이 이론은 스포츠 및 운동 분야에서 지도자가 처한 상황에 따라 리더 행동이 달라진다는 사실에 기반하였다. 다시 말해 리더십에 대한 행동 접근법과 상황 접근법을 통합한 이론이다. 나아가 리더 행동 및 상황요인과 코칭 결과 사이에서 이를 중재하는 인지 과정 및 개인차 변수(예: 성격)도 고려한다는 특징이 있다.

〈그림 8-1〉에는 리더십에 대한 인지-중재 모델이 나타나 있다. 코칭 행동은 지도자의 개인차 변수에 영향을 받는다. 개인차 변수는 코칭 목표와 동기, 의도, 코칭 수단과 방법, 철학과 지도자 역할에 대한 개념, 자기평가 및 점검, 그리고 성별을 포함한다. 선수들은 이러한 코칭 행동을 인식하고 기억하는데 이것은 코칭 행동과 선수의 평가적 반응 사이에서 중재 역할을 한다. 즉 코칭 행동과 그에 따른 운동 경험을 선수들이 어떻게 인식하고 기억하는지에 따라 태도(예: 만족감)가 달라진다. 만약 선수들이 코칭 행동에 대한 좋은 기억과 인식을 갖게 된다면 지도자의 리더십에 대해 선수들은 긍정적인 태도를 가질 가능성이 크다. 이 또한 코칭 행동과 마찬가지로 선수들의 개인차 변수(예: 나이, 성별, 성취동기 수준 등)에 따라 다르게 나타날 수 있다. 이후 지도자는 선수들의 평가적 반응을 관찰하고 그들의 태도를 인식한다. 이러한 인식은 이후 나타나는 코칭 행동에 영향을 준다. 예컨대 선수들

의 평가적 반응이 부정적(예: 비판적 태도)이었고 이를 지도자가 인식한다면 다음 코칭 행동은 선수들의 긍정적 반응을 끌어내기 위한 노력 행동으로 이어질 수 있다.

예를 들어 항상 선수들에게 압박을 가하고 엄격하게 대하는 지도자가 있다고 생각해 보자. 그는 선수들이 훈련 중이나 경기 중에 범하는 실수에 대해 매우 엄하게 꾸짖거나 선수 개인의 생활에도 상당 부분 간섭한다(과거의 코칭 행동). 그러다 보니 선수들은 자연스럽게 지도자와 의사소통을 기피(선수의 인식과 기억)하고 결국 지도자와 선수들의 사이는 멀어지게 된다(선수들의 평가적 반응). 이를 인지한 지도자는 자신의 코칭 행동을 조금씩 수정하여 꾸중보다는 잘한 것에 대해 칭찬하기 시작한다(현재의 코칭 행동). 즉 지도자는 자신의 과거 행동에 대한 피드백을 선수들의 반응에서 찾고, 이를 수정하여 변화된 코칭 행동을 나타낸다.

끝으로 스포츠의 특성이나 경쟁 수준 등과 같은 상황요인들은 이 모든 과정에 직·간접적으로 영향을 준다.

그림 8-1 인지-중재 모델[9]

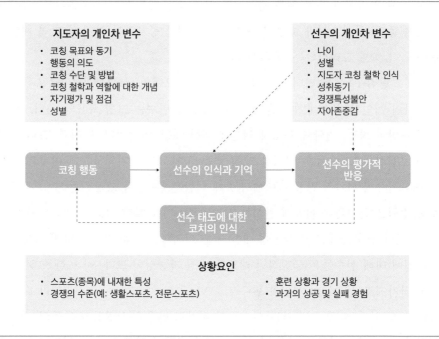

인지-중재 모델은 리더와 구성원의 행동, 개인차 변수, 인지와 반응, 그리고 상황요인까지 다양한 요소를 복합적으로 다룬다.

2) 스포츠 다차원 리더십 모델

스포츠 다차원 리더십 모델(multidimensional model of sport leadership)은 상호보완 접근법에 기반한 모델이다.[10] 이 때문에 앞서 살펴본 인지-중재 모델과 유사하게 **리더십의 효율성은 선수와 팀의 다양한 상황적 요소에 의존한다고 가정**한다(그림 8-2 참조). 모델에 따르면 선수의 수행 결과와 만족은 리더의 필수행동, 선호행동, 실제행동으로 결정된다.

필수행동(required behavior)은 지도자가 선수나 팀의 목표를 달성하기 위해 반드시 수행해야 하는 역할 행동을 의미한다. 예를 들어 지도자 대부분은 선수들에게 운동과 기술을 가르치고 경기력을 증진함으로써 시합에서 좋은 성적을 거두도록 조력해야 한다. 만약 지난 시합에서 선수들의 체력이 부족하다는 피드백을 받았다면 체력을 보강하기 위한 훈련을 계획하고 가르치는 것이 필수행동이다. 이 밖에도 효율적인 선수 및 팀 관리, 안전 예방, 선수 스카웃, 행정 업무 등도 필수행동에 해당한다.

선호행동(preferred behavior)은 팀의 구성원인 선수·학부모·관계자 등이 지도자에게 바라거나 요구하는 역할 행동을 의미한다. 이러한 선호행동은 구성원에 따라 다를 수 있다. 예를 들어 고강도 훈련에 지친 선수는 지도자에게 휴식 혹은 저강도의 훈련을 바랄 수 있지만, 팀의 성적에 민감한 관계자(예: 구단주)는 지도자가 선수들에게 더 많은 훈련을 시키도록 요구할 수 있다. 또한 학부모는 지도자에게 자녀의 성적을 요구하면서도 인간적 성장을 위한 가르침을 바랄 수도 있다. 이처럼 선호행동은 구성원마다 다르게 나타난다.

실제행동(actual behavior)은 지도자가 실천하는 코칭 행동을 의미한다. 이때 실제행동은 필수행동과 선호행동의 영향을 받아 결정된다. 만약 필수행동과 선호

행동이 일치하고 그것이 실제행동으로 나타난다면 수행 결과와 만족도는 높아진다. 그러나 반대로 필수행동과 선호행동의 균형이 맞지 않게 되면 수행 결과와 만족도는 감소한다. 몇몇 연구들에서는 선호행동과 실제행동의 상호작용에 주목한다.[11][12] 이러한 세 가지 리더 행동은 상황·리더·구성원의 특성에 영향을 받는다.

상황의 특성(1)은 리더가 소속되어 있는 집단이나 스포츠 종목의 특성이다. 예컨대 개인종목인지 단체종목인지에 따라 필수행동과 선호행동은 다르게 나타난다. 리더의 특성(2)은 선수들을 지도하는 과정에서 축적된 지도 경력, 철학 등 지도자의 개인적 특성을 의미하고 이는 실제행동에 반영된다. 구성원의 특성(3)은 선수들의 현재 기술 수준이나 연령대, 성별 등을 의미하고 이는 선호행동과 필수행동에 영향을 준다. 따라서 지도자의 리더 행동(실제행동)은 선호행동과 필수행동, 그리고 상황, 리더, 구성원의 특성이 고려되는 등 복합적인 상호작용을 통해 발현된다.

그림 8-2 스포츠 다차원 리더십 모델[13]

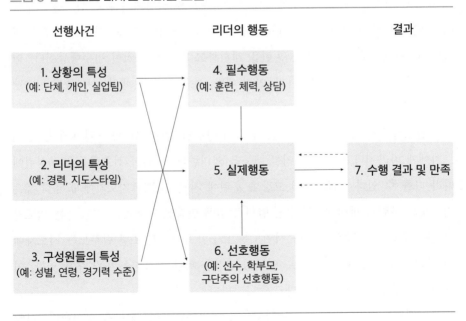

이처럼 스포츠 다차원 리더십 모델은 팀의 수행 결과와 만족감을 촉진하기 위해서는 적절한 리더십이 필요하다는 시사점을 제공한다. 예를 들어 한 차례 큰 대회가 끝난 후 선수들은 약간의 외박을 받거나 휴식을 취하고 싶어 할 수 있다(선호행동). 그러나 지도자는 이번 대회에서 발견된 팀의 문제점을 빨리 수정해야겠다고 생각한다(필수행동). 결국 지도자는 선수들에게 외박이나 휴가 대신 자신이 발견한 문제점을 개선하기 위해 훈련 일정을 잡는다(실제행동). 이 경우 선수들이 즉각적인 피드백을 제공받음으로써 기량이 향상될 수는 있지만, 선수들이 선호하는 지도자의 행동(결정)은 아니었기 때문에 높은 만족감을 기대하기는 어렵다. 반대로 대회 직후 선수들에게 휴가를 준 뒤 피드백을 제공한다면 선수들의 만족감은 높겠지만 즉각적인 피드백을 주지 못했기 때문에 기량 향상과 관련된 문제를 해결하지 못할 수도 있다. 즉 선수들이 관계 지향적인 지도자의 행동을 선호하더라도 실제행동이 과제 지향적(좀 더 독재적인)이라면, 수행향상을 기대할 수 있지만 선수들이 높은 만족감을 느끼지는 못한다. 따라서 지도자는 필수행동과 선호행동의 적절한 균형을 잡기 위해 노력해야 한다.

KEY POINT

스포츠 다차원 리더십 모델은 필수행동과 선호행동의 일치에 따른 실제행동이 결과목표를 달성하고 구성원들의 만족감을 높일 수 있다고 설명한다.

4. 효과적인 리더십의 조건

　　효과적인 리더십은 리더 개인의 특성뿐만 아니라 주변 환경과 선수 및 지도자 간의 상호작용에 의해 발휘된다. 스포츠 다차원 리더십 모델을 고려할 때 단일 개념의 요소보다 다차원적인 요소로 생각하는 것이 바람직하다. 효과적인 리더십 발휘를 위한 구성요소로 리더의 자질, 리더 스타일, 상황 요소 그리고 구성원의 특성을 고려해야 한다.[14] 〈그림 8-3〉에 제시된 네 가지 조건은 다양한 관점으로 수행된 선행연구들에서 강조되어 온 것들이다.

1) 리더의 자질

　　훌륭한 리더가 되기 위해 어떤 자질(quality)을 갖추고 있어야 하는가? 앞서 언급한 바와 같이, 훌륭한 리더가 특별한 성격을 지녔다고 보기는 어렵다. 하지만 성공적인 리더들이 보이는 공통적인 특성들을 찾아볼 수는 있다. 다음의 요인들은 우리에게 잘 알려진 훌륭한 리더들이 보여줬던 공통된 특성이다.

그림 8-3 효과적인 리더십의 네 가지 조건

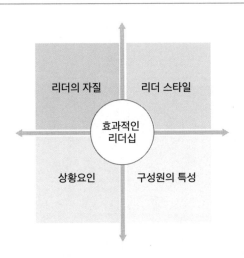

(1) 진실성

리더의 철학은 반드시 건전함 또는 진실성(integrity)이 바탕이 되어야 한다. 리더는 원칙에 충실해야 하고 집단 안팎으로 소통과 관용의 노력을 기울여야 한다. 그뿐만 아니라 외부의 압박으로부터 인내해야 하고 장기적인 안목을 토대로 자신의 역할을 해야 한다. 무엇보다 스포츠 현장에서 직업적으로도 진실성이 필요하다. 그리고 선수와 부모들 간 상호작용에서 인간적인 진실성을 가져야 한다. 즉 지도자는 자신의 가치 · 신념 · 원칙이 일관적이어야 하고 주어진 상황과 부합해야 한다.

(2) 융통성

잘못된 전통을 고수한다면 그 집단과 선수는 도태되거나 와해될 가능성이 있다. 훌륭한 리더는 자신이 해 왔던 방식만을 고수하지 않는다. 필요한 경우 지도방법, 상호작용 기회, 선수 및 부모와의 관계, 훈련 환경 등에서 다양한 변화를 시도하고 도전한다. 좋은 리더는 항상 배움을 추구하고 배운 것을 자신의 코칭 철학과 전략에 응용한다.

(3) 존중과 충성심

리더와 집단에 대한 구성원들의 충성심은 팀의 응집력을 높일 뿐만 아니라 구성원 개개인의 노력과 헌신에도 영향을 미친다. 문제는 구성원들의 충성심을 높이는 방법에 있다. 결론부터 말하자면 리더와 구성원 간에는 충분한 존중이 필요하다. 훌륭한 리더는 자신이 먼저 선수와 부모 그리고 집단을 존중한다. 이러한 리더의 존중은 구성원들의 존경심을 높일 수 있고 궁극적으로 충성심으로 이어진다.

<섬기는 리더십>
섬기는 리더십(servant leadership; 서번트 리더십)은 구성원들에 대한 존중을 토대로 이들의 성장을 이끌어 더 나은 목표를 달성하도록 한다. 섬기는 리더십을 지향하는 리더는 구성원들을 배려하고 경청하며 정서적으로 지지하면서 관리자의 역할을 한다. 스포츠 분야에서 서번트 리더십은 선수들의 실제 성과와 팀의 결속력 등에 긍정적인 영향을 주는 것으로 확인된 바 있다.[15] 그러나 우리나라와 같은 전문스포츠 영역에서 섬기는 리더십이 선수들의 성과와 직결되는지에 대해서는 더 많은 연구가 필요하다.

(4) 자신감

리더의 자신감은 선수와 팀에게 전이된다. 자신감은 리더의 모델링이나 언어적 설득 과정을 통해 선수에게 전해진다. 훌륭한 리더는 선수들의 성공 기회를 높이기 위해 노력하고 신체와 정신 수준을 강화하려고 노력한다. 이러한 리더의 노력이야말로 선수들이 자신감을 키울 수 있는 핵심 덕목이다.

(5) 의무감

'노블레스 오블리주(noblesse oblige)', 리더는 조직을 이끌며 영향력을 행사하는 존재이기에 높은 수준의 도덕적 책무성을 가져야 한다. 리더는 자신의 책무와 책임감을 선수와 부모에게 보여주어야 한다.

(6) 준비상태

리더는 유비무환(有備無患)의 자세를 갖추어야 한다. 눈에 보이는 것만을 좇지 않고 만일의 사태에 대비하는 자세야말로 미래를 준비하는 리더의 자세다. 선수 개개인에게 세심한 배려와 관심을 기울이면서 시합에 대비하는 자세가 필요하다.

(7) 회복탄력성

리더는 자신이 처한 위기 상황이나 실패에 굴복하지 않고 어려운 상황을 오히려 기회로 삼아 팀과 선수를 이끌어가는 능력(회복탄력성; resilience)을 가져야 한다. 팀이 패하거나 선수가 지고 나오는 것에 대한 원인을 면밀히 검토하고, 긍정적 피드백을 통해 목표를 제시해 줌으로써 다음 시합을 대비하는 자세를 갖도록 이끈다.

(8) 공평성

리더는 선수들을 결과로 평가하지 않는다. 리더는 선수를 개인적인 이유로 편애하지 않는다. 리더는 선수들에게 사랑과 기회를 공평하게 제공한다. 선수들은 리더가 공평할 때 가장 큰 신뢰를 갖는다.

유용한 정보!

좋은 리더가 되기 위해 필요한 조건과 자질은 매우 다양하다. 그러나 이러한 자질을 갖췄다고 해서 무조건 좋은 리더가 된다고 볼 수는 없다. 왜냐하면 리더의 특성적인 요인들이 훌륭한 코칭 행동을 보장하지는 않기 때문이다. 무엇보다 이러한 자질들은 집단 구성원들의 선호도와 팀의 상황에 따라 필요성과 정도가 달라진다. 따라서 좋은 리더는 자신의 능력뿐만 아니라 팀의 문화를 포괄적으로 이해하려는 태도를 가져야 한다.

2) 리더 스타일

리더 스타일은 다양한 방법으로 구분할 수 있다. 예를 들어 민주적인 지도자와 독재적인 지도자로 구분하는 방법이 있다. 민주적인 지도자는 일반적으로 선수 중심적이고 협력적이며 관계 지향적이다. 그리고 선수들에게 의사결정의 기회를 많이 제공한다. 반면 독재적인 지도자는 승리 지향적이고 자신의 노하우를 강조하며 고정관념에 사로잡히기 쉽다. 그리고 지극히 과제 지향적이면서 선수들에게 의사결정의 기회를 제공하려고 하지 않는다.

리더는 지나치게 자기중심적이거나 일방적으로 선수들을 대해서는 안 된다. 반대로 선수들에게 지나치게 의존하는 것도 바람직하지는 않다. 리더는 민주적 혹은 독재적 리더 유형을 효율적으로 통합하거나 혼합할 수 있어야 한다. 즉 리더 행동들은 상황과 구성원 특성에 맞도록 다양한 요소들이 적재적소에 활용되어야 한다. 또한 리더는 선수들이 동기와 도전정신을 충분히 자극받을 수 있도록 자신만의 독특한 방식을 융통성 있게 사용하고 상황에 가장 적합한 리더 스타일로 변모할 줄 알아야 한다.

따라서 리더의 상황과 구성원 특성을 고려한 리더십 유형은 리더의 능력을 판가름하는 중요한 요인 중 하나다. 쉘라두라이(Chelladurai)와 트레일(Trail)[16]은 스포츠에 적용되는 지도자의 리더십 유형, 즉 의사결정 유형을 제안하였다. 스포츠에서 사용되는 리더의 의사결정 주요 5가지 유형은 〈표 8-1〉과 같다. 대부분의 리더들이 독재형과 집단형을 선호하지만 가장 효과적인 의사결정 방식은 코치와 구성원 그리고 문제해결 상황에 따라 매우 달라질 수 있다.

표 8-1 스포츠 리더의 의사결정 유형[16]

유형	내용
독재형	문제해결이 필요한 상황에서 활용 가능한 정보를 이용하여 혼자 문제를 해결한다.
상담 독재형	문제해결이 필요한 상황에서 활용 가능한 정보를 관련 있는 선수로부터 얻은 후 의사결정한다.
선수 개인별 상담형	선수들을 개인적으로 상담한 후에 의사결정한다. 리더의 의사결정은 선수의 의견이 반영될 수도 그렇지 않을 수도 있다.
집단 상담형	선수들을 그룹이나 집단으로 상담한 후에 의사결정한다. 리더의 의사결정은 선수의 의견이 반영될 수도 그렇지 않을 수도 있다.
집단형	문제해결이 필요한 상황에서 다양한 정보를 선수들과 공유한다. 선수들은 리더의 개입 없이 스스로 의사결정에 참여한다.

3) 상황요인

리더는 자신과 팀이 처한 상황에 대해서 분명하게 인지하고 이를 세심하게 관리해야 한다. 마튼스(Martens)[17]는 리더가 스포츠에서 효과적인 리더십을 계획하고 발휘하기 위해서 몇 가지 고려해야 할 상황요인에 대해 언급하였다.

(1) 개인종목인가 혹은 단체종목인가?

단체종목 선수들은 일반적으로 개인종목 선수들보다 독재형 리더를 더 선호한다. 단체종목은 팀 구성과 포지션 등에 있어 개인종목의 선수들보다 더욱 복잡한 구조를 가지고 있기 때문이다. 즉 팀원의 개별적인 정보와 의견을 수렴하고 반영하는 과정이 매우 복잡하기 때문에 민주적인 리더 스타일은 오히려 혼란을 가중할 소지가 크다. 두 가지 종목으로 비교해 보자. 농구팀에 속한 선수들은 볼링같이 개인의 협응 기능을 중시하는 선수들보다 과제 지향 리더를 선호한다. 왜냐하면 농구는 개별적인 선수들이 모여 하는 단체 경기로서 팀의 협동과 목표 달성이 중요하기 때문이다. 반면 볼링은 자신의 근육과 신경 그리고 루틴을 통한 최상수행에 관심이 크다.

(2) 팀의 규모는 어떠한가?

팀의 규모가 크면 클수록 민주적인 리더십 방식을 사용하기 힘들다. 단체종목 선수들이 개인종목 선수들에 비해서 독재형 리더 스타일을 선호하는 이유도 이 때문이다. 많은 선수를 효율적으로 통제하기 위해서는 때로는 명확하고 엄격한 규칙과 통제가 필요하다. 그러나 과한 통제와 압박은 부작용을 만들 수 있으므로 리더가 적절한 수준을 찾는 것이 필요하다.

(3) 선수와 상호작용 시간은 어느 정도인가?

팀 운영이나 훈련 및 선수와의 상호작용 시간이 적을수록 과제 지향적 리더 스타일이 더욱 효과적이다. 과제 지향 리더십은 팀과 선수들에게 도달해야 할 구체적인 목표와 과제를 제공해 줄 수 있기 때문에 불필요한 시간을 줄일 수 있는 장점이 있다.

(4) 팀이 가지고 있는 전통적인 리더십 스타일이 있는가?

전통적인 리더십 스타일이나 오랜 문화를 가지고 있는 팀일수록 새로운 스타일이나 다른 방식의 리더십 스타일로 바꾸기 어렵다. 리더십 스타일은 사람의 문제이기 때문에 감독이나 코치가 교체되지 않는 한 기존의 리더 스타일이나 문화는 바뀌기 어렵다.

4) 구성원의 특성

팀 구성원의 특성은 리더가 리더십을 발휘하는 데 중요한 영향 요인으로 작용한다. 참여자의 특성에 따라 선호하는 리더 유형이 달라진다. 예를 들어 나이가 많고 경력이 풍부한 선수들은 보통 독재형 리더 스타일을 선호하는 경향이 강하다. 여성 선수들은 민주적인 지도 방식을 선호한다. 다차원 리더십 모델에서 밝혔듯이 구성원의 특성에 따라 그들이 선호하는 행동이나 해야 하는 행동들이 달라지고 리더의 실제행동 또한 달라진다. 구성원들의 특성은 주로 성별, 경력, 연령대, 국가, 경기력 수준, 운동 특성 등이며 이에 따라 리더의 스타일이 달라진다. 따라서 새로운 팀에 부임한 지도자는 팀 구성원들의 개별적 특성을 파악하는 데 많은 시간을 할애해야 한다.

측정하기

당신은 구성원들과 협업하는 과정에서 어떠한 유형의 리더인가? 아래 〈표 8-2〉는 하우스(House)와 미첼(Michell)[18]이 개발한 리더십 유형 검사지다. 이는 지시형, 지원형, 참여형, 성취목표지향형으로 분류된다. 구성원들과 협업하여 과업을 달성하는 데 있어 어떠한 리더 유형인지를 평가한다. 아래 문항을 읽고 해당하는 곳에 응답해보자.

표 8-2 리더십 유형 검사지[18]

		절대 그렇지 않다	드물다	가끔 그렇다	종종 그렇다	항상 그렇다
1	나는 구성원에게 도전적인 목표를 설정해준다.	①	②	③	④	⑤
2	나는 구성원들의 개인 문제, 사생활에 관심을 가진다.	①	②	③	④	⑤
3	나는 유쾌하고 즐거운 분위기가 조성될 수 있도록 지원한다.	①	②	③	④	⑤
4	나는 구성원이 의견이나 아이디어를 내도록 유도한다.	①	②	③	④	⑤
5	나는 구성원에게 기대하는 것이 무엇인지 설명하지 않을 때가 있다(R).	①	②	③	④	⑤
6	나는 구성원에게 일관된 도전적인 목표를 설정해준다.	①	②	③	④	⑤
7	나는 구성원에게 목표를 위한 성취지향적 격려를 한다.	①	②	③	④	⑤
8	나는 구성원에게 과제량에 대한 의견을 구한다.	①	②	③	④	⑤

9	나는 구성원에게 최고 수준의 기대감을 말한다.	①	②	③	④	⑤
10	나는 문제가 생겼을 때 구성원의 참여를 통해 의논하고 해결한다.	①	②	③	④	⑤
11	나는 구성원의 수행 표준을 정해놓고 그에 따르도록 요구한다.	①	②	③	④	⑤
12	나는 과제 수행 시 구체적인 방법과 절차를 설명한다.	①	②	③	④	⑤
13	나는 구성원에게 기대하고 있는 수준에 대해 설명한다.	①	②	③	④	⑤
14	나는 새로운 문제가 발생되었을 시 해결책을 제시해 준다.	①	②	③	④	⑤

평가방법

지원형 리더	1, 2, 3, 4번 문항 ÷ 4
지시형 리더	5, 6, 7번 문항 ÷ 3
참여형 리더	8, 9, 10번 문항 ÷ 3
성취지향형 리더	11, 12, 13, 14번 문항 ÷ 4

1) 5번 문항은 역채점한다(5점 → 1점, 4점 → 2점, 2점 → 4점, 1점 → 5점).

2) 유형별로 점수를 합한 후 문항의 개수에 맞춰 나눈다.

3) 다음 표에 자신의 점수대로 작성한 뒤 그래프를 분석한다.

점수	( )	( )	( )	( )
요인	지원형	지시형	참여형	성취지향형

해보기

1) 나의 지도자 분석하기

스포츠 리더십 다차원 모델을 제시한 쉘라두라이는 세 가지 형태의 리더 행동(필수행동, 실제행동, 선호행동)이 일치할 때 긍정적인 리더십 결과가 나타날 확률이 높다고 설명했다. 아래 워크시트를 활용하여 현재 또는 과거 지도자의 리더 행동을 분석해 보자.

◻1 당신의 지도자를 가장 잘 반영하는 실제행동 또는 가장 인상 깊었던 실제행동 5가지는 무엇인가?

실제행동

①

②

③

④

⑤

02 지도자의 실제행동에 반영된 필수행동과 선호행동을 예측해 보자.

필수행동 (예: 체력 증진을 위한 달리기)	선호행동 (예: 시합 다음 날 쉬고 싶음)
· · · ·	· · · ·

2) 훌륭한 리더

효과적으로 리더십을 발휘하기 위해서는 자신의 특성보다 주변을 둘러싼 환경과 구성원 간의 상호작용을 고려해야 한다. 아래 워크시트를 활용하여 훌륭한 리더가 되기 위해서 고려할 구성요소를 설정해 보자.

01 가상의 팀에서 효과적인 리더십을 발휘하기 위한 네 가지 구성요소를 정리해 보자.

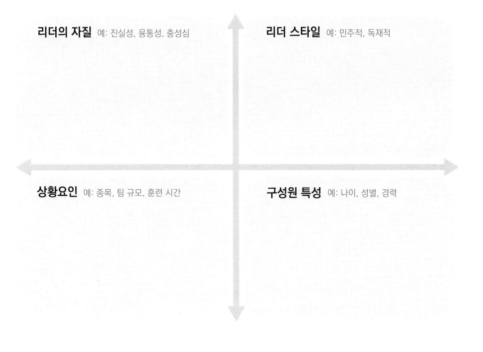

리더의 자질 예: 진실성, 융통성, 충성심   리더 스타일 예: 민주적, 독재적

상황요인 예: 종목, 팀 규모, 훈련 시간   구성원 특성 예: 나이, 성별, 경력

02 위와 같은 구성요소를 모두 고려하여 리더십을 발휘한 후 어떤 리더로 기억되고
싶은가?

돌아보기

문제 1 **<보기>를 보고 리더십 연구의 접근으로 올바른 것은?**

〈보기〉

> 스포츠 스타들은 은퇴 이후에도 좋은 지도자가 될 것이다. 다른 스포츠 종목이나 삶의 영역에서도 훌륭한 리더가 될 것이라고 가정할 수 있다. 훌륭한 리더로 주목된 윈스턴 처칠, 마틴 루터 킹, 간디 등 성공적인 리더는 유사한 특징을 지니고 있기 때문이다.

① 특성 접근법   ② 행동 접근법
③ 상황 접근법   ④ 상호보완 접근법

문제 2 **<보기>에서 설명하는 리더십 연구의 접근으로 올바른 것은?**

〈보기〉

> 유능한 리더들은 보편적으로 특정한 행동을 보인다. 고로 우수한 리더의 행동을 모방하거나 학습한다면 누구나 성공적인 리더가 될 수 있다. 즉 훌륭한 리더는 타고나는 것이 아니라 노력을 통해 만들어질 수 있다.

① 특성 접근법   ② 행동 접근법
③ 상황 접근법   ④ 상호보완 접근법

문제 3 **상황 접근법에 대한 설명으로 올바르지 않은 것은?**

① 리더십은 단체종목인지 개인종목인지에 따라 변화되어야 한다.
② 상황 접근법은 고려해야 할 뿐 행동에 영향을 받을 필요는 없다.
③ 상황에 통제되지 않기 위해서는 리더가 환경을 조성할 필요가 있다.

④ 리더에게 주어진 상황이나 환경은 시시각각 변화되기 때문에 시의적절한
리더십이 적용되어야 한다.

문제 ᅫ   <보기>의 모델에 관한 설명으로 올바른 것은?

〈 보기 〉

코칭 행동 ➡ 선수의 인식과 기억 ➡ 선수의 평가적 반응

① 마튼스(Martens)의 훌륭한 리더의 구성요소
② 스몰(Smoll)과 스미스(Smith)의 인지-중재 모델
③ 쉘라두라이(Chelladurai)와 트레일(Trail)의 스포츠 의사결정 모델
④ 쉘라두라이(Chelladurai)의 스포츠 다차원 리더십 모델

문제 5   인지-중재 모델에 대한 설명으로 올바르지 않은 것은?

① 선호행동과 필수행동의 관계를 강조한다.
② 상황요인뿐 아니라 개인차(성격)와 인지적 과정을 고려해야 한다.
③ 상황요인에는 스포츠 종목 특성과 경쟁 수준 등이 포함된다.
④ 지도자의 행동은 과거 행동에 대한 선수들의 반응이 영향을 주어 현재의 행동에
반영된 것이다.

| 문제 6 | <보기>의 모델에서 실제행동의 긍정적 결과를 위해 고려되어야 할 요인을 모두 고르시오. |

〈보기〉

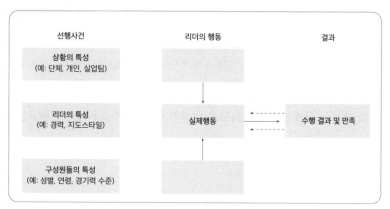

① 필수행동   ② 코칭행동

③ 조절행동   ④ 선호행동

| 문제 7 | 스포츠 다차원 리더십 모델에서 설명하는 세 가지 행동의 원인으로 올바른 것을 모두 연결하시오. |

① 상황의 특성   •   •   a. 필수행동

② 리더의 특성   •   •   b. 실제행동

③ 구성원 특성   •   •   c. 선호행동

| 문제 8 | 훌륭한 리더가 되기 위한 네 가지 조건으로 **올바르지 않은** 것은? |

① 사회적 지위   ② 리더의 자질

③ 상황요인   ④ 구성원의 특성

스포츠 의사결정 모델에 대한 설명으로 <u>올바르지 않은</u> 것은?

① 독재형 리더는 문제해결을 위해 활용이 가능한 정보를 이용해서 스스로 해결한다.

② 개인별 상담형 리더는 선수들을 개인적으로 상담한 후 의사결정을 한다.

③ 집단 상담형 리더는 선수들을 그룹이나 집단으로 상담 후 의사결정을 한다.

④ 집단형 리더는 선수들을 통제하여 자신의 의사결정에 따르도록 한다.

스포츠팀을 성공적으로 이끌기 위해 고려해야 하는 상황요인으로 <u>올바르지 않은</u> 것은?

① 종목 특성　　　　　　　② 팀의 규모

③ 선수와 상호작용 시간　　④ 지도자의 성격

답안

1	①	2	②	3	②	4	②
5	①	6	①, ④	7	①-a-c ②-b ③-c-a	8	①
9	④	10	④				

참고문헌

[1] Allport, F. H. (1924). *Social Psychology*, 1924. Chap. II.

[2] Portugal, E., & Yukl, G. (1994). Perspectives on environmental leadership. *The Leadership Quarterly, 5*(3-4), 271-276.

[3] Northouse, P. G. (2018). *Leadership: Theory and practice*. Sage publications.

[4] Stogdill, R. M. (1948). Personal factors associated with leadership: A survey of the literature. *The Journal of psychology, 25*(1), 35-71.

[5] Tharp, R. G., & Gallimore, R. (1976). What a coach can teach a teacher. *Psychology today, 9*(8), 75-78.

[6] Gallimore, R., & Tharp, R. (2004). What a coach can teach a teacher, 1975-2004: Reflections and reanalysis of John Wooden's teaching practices. *The Sport Psychologist, 18*(2), 119-137.

[7] Fiedler, F. E. (1964). A contingency model of leadership effectiveness. *Advances in experimental social psychology, 1*, 149-190. Academic Press.

[8] Zaccaro, S. J. (2007). Trait-based perspectives of leadership. *American psychologist, 62*(1), 6-16.

[9] Smoll, F. L., & Smith, R. E. (1989). Leadership Behaviors in Sport: A Theoretical Model and Research Paradigm 1. *Journal of applied social psychology, 19*(18), 1522-1551.

[10] Chelladurai, P. (2007). Leadership in sports. *Handbook of sport psychology, 3*, 113-135.

[11] 유창민, 권형일(2018). 선호된 리더십과 인지된 리더십의 일치가 중학교 학생선수들의 만족에 미치는 영향. **한국스포츠산업경영학회지**, 23(2), 31-43.

[12] 우승환, 임태희, 배준수, 양윤경(2023). 축구지도자의 리더십 선호행동과 실제행동 탐색. **코칭능력개발지**, 25(1), 120-132.

[13] Chelladurai, P. (1990). Leadership in sport: A review. Interactional *Journal of Sport Psychology, 21*, 328-354.

[14] Martens, R. (1987). *Coaches guide to sport psychology: A publication for the American Coaching Effectiveness Program: Level 2 sport science curriculum.*

Human Kinetics Books.

[15] Gillham, A., Gillham, E., & Hansen, K. (2015). Relationships among coaching success, servant leadership, cohesion, resilience and social behaviors. *International Sport Coaching Journal, 2*(3), 233-247.

[16] Chelladurai, P. & Trail, G. (2001). Styles of decision-making in coaching. In J. M. Williams (Ed.), *Applied sport psychology: Personal growth to peak performance* (4th ed., pp. 107-119). Mountain View, CA: Mayfield.

[17] Martens, R. (2018). *Successful coaching*. Human Kinetics.

[18] House, R. J., & Mitchell, T. R. (1975). *Path-goal theory of leadership*. Washington Univ Seattle Dept Of Psychology.

09

의사소통
Communication

이해하기

1. 의사소통의 정의

1) 의사소통의 개념

의사소통(communication)은 **서로의 생각과 의견을 주고받는 일련의 선순환적 과정**이다. 우리는 의사소통을 통해 사람들과 관계를 형성함으로써 안녕감을 유지한다. 그리고 언어적·비언어적 상호작용을 통해서 정서적 안정과 만족을 얻는다.

스포츠 맥락에서 의사소통은 코치나 리더가 갖추어야 할 중요한 덕목 혹은 기술 중 하나다. 코칭의 시작은 선수(또는 참여자)와 신뢰를 구축하고 내적 동기를 자극하는 것이다. 많은 사람이 코치나 리더의 자질로 스포츠에 대한 전문지식이나 실기 기술을 손꼽는다. 하지만 코치가 선수에게 자신의 노하우(knowhow)를 효율적으로 전달하지 못한다면 기대만큼 성과를 낼 수 없다. 따라서 코치는 교육성과를 높이거나 수행향상, 친밀한 관계 형성, 정보적 피드백 제공 등을 위해서 선수의 눈높이를 고려한 적절한 의사소통을 해야 한다.

효율적인 선수 간 의사소통도 팀 응집력과 경기력 향상에 도움을 준다. 한 가지 좋은 사례가 있다. 지난 2017년 NBA 챔피언십을 따낸 골든 스테이트 워리어스(golden state warriors) 팀의 데이비드 웨스트(David West) 선수는 인터뷰에서 팀 내 의사소통의 중요성을 강조했다. 그는 "우리가 승리할 수 있는 비결은 끊임없이 이야기 나누는 것"이라고 밝혔다. 심지어 스티브 커(Steve Kerr) 감독이 시즌 중에 허리 부상으로 자리를 비웠음에도 불구하고 선수들은 대화를 통해 하나로 뭉쳤다. 특히 팀의 에이스인 스테판 커리(Stephen Curry)는 특유의 성격과 리더십을 발휘해 팀을 이끌어가는 것으로 유명하다. 커리는 그 비결로 의사소통을 손꼽았다.

2) 외적·내적 의사소통

의사소통은 적어도 두 명 이상, 즉 나와 타인이 소통하는 것으로 생각할 수 있지만 자기 자신과 나누는 대화(self-talk)도 의사소통 개념에 포함된다.[1] 의사소통은 외적(interpersonal) 그리고 내적(interpersonal)인 형태로 나타난다.

(1) 외적 의사소통

외적 의사소통은 **타인과의 관계에서 발생하는 소통**을 의미한다. 타인과 의사소통할 때는 굳이 말을 하지 않더라도 다양한 단서들을 통해 충분한 정보를 얻거나 전달할 수 있다. 단서에는 내용적 측면과 관계적 측면이 포함된다.[2] 그중 관계적 측면을 포함한 단서에는 주로 친화성, 즉시성, 존경, 통제와 같은 여러 사회적 욕구에 관한 메시지가 담겨 있다. 친화성(affinity)은 서로에 대한 호감이나 이해의 수준을 의미한다. 즉시성(immediacy)은 상대방에 대한 관심이나 주의집중의 정도를 보여주는 지표로 눈 맞춤, 표정, 어조 등 비언어적 행동을 통해 나타난다. 존경(respect)은 존중을 수반한 것으로 종종 갈등 문제나 자존감과도 연결된다. 통제(control)는 관계하는 양쪽이 서로에게 영향을 주는 힘의 정도를 의미한다.

일반적으로 타인과의 의사소통은 언어(verbal)와 비언어(non-verbal)로 이루어진다. 이 때문에 의사소통할 때는 굳이 말을 하지 않더라도 비언어적 단서들을 통해 충분한 정보를 얻거나 전달할 수 있다.

(2) 내적 의사소통

내적 의사소통은 **자신과 대화(self-talk)를 나누는 것**을 말한다. 우리는 끊임없이 자신에게 말을 걸고 대화한다. 자신과의 대화는 실제로 우리의 행동에 중요한 영향을 미친다. 예를 들어 체조의 공중돌기 동작처럼 난이도가 높은 기술을 처음 배우는 학생들이 있다고 하자. 이들은 이 기술에 대한 막연한 두려움을 느낄지도 모른다. 이때 어떤 학생은 '나는 할 수 없어, 저건 나에겐 너무 어려워'라고 말하는 반면, 다른 학생은 '처음부터 잘하는 사람은 없어, 몇 번 연습하다 보면 성공할 수 있을 거야'라고 생각한다. 후자가 실제 기술 습득과 성공 가능성이 높은 것으로 나타났다.

평상시 코치의 의사소통 방식은 선수의 자기대화에 중요한 영향 변인으로 작용한다. 코치의 긍정적 또는 부정적 형태의 문장은 선수의 자기대화에 고스란히 녹아든다. 즉 긍정적인 의사소통을 주로 사용하는 코치와 선수들은 '할 수 있다', '자신 있다', '이길 수 있다' 등의 자기대화를 시도할 가능성이 높은 반면, 부정적인 의사소통을 주로 사용하는 코치와 선수는 '어렵다', '질 것 같다', '나는 안 된다' 등으로 자기대화를 할 가능성이 높다. 결국 대인관계적 의사소통은 개인 내적 의사소통에 영향을 미친다. 따라서 선수들이 경기력 향상을 위한 긍정적인 자기대화를 이끌어내기 위해 코치들은 자신 또한 선수들과의 의사소통 방법에 대해 고민해야 한다.

KEY POINT

외적 의사소통은 타인과 소통하는 과정이고 내적 의사소통은 자신과 소통하는 과정이다.

유용한 정보!

<스포츠에서 자기대화의 효과>
스포츠 상황에서 긍정적 자기대화(혼잣말)가 가진 놀라운 효과는 많은 사례가 입증한다. 가장 유명한 사례는 지난 2016 리우 올림픽 펜싱 경기 결승전에 출전한 박상영 선수의 이야기다. 그는 세계 랭킹 3위 선수를 상대로 최선을 다했지만 2세트까지 13 대 9로 뒤지고 있었다. 펜싱 에페 경기는 동시 득점이 없고 15점이면 경기가 끝나므로 박상영 선수의 패배는

(경기 중 혼잣말을 하는 박상영 선수)

거의 확실했다. 그러나 그는 포기하지 않았다. 쉬는 시간 호흡을 고르며 천천히 자기 자신과 대화했다. '할 수 있다. 할 수 있다.' 그는 그 말을 여러 번 되새겼다. 놀랍게도 마지막 세트에서 박상영 선수는 상대를 제압하고 금메달을 거머쥐었다. 모든 언론은 펜싱 에페 경기에서 일어날 수 없는 기적이 일어났다며 찬사를 보냈다.

2. 스포츠에서 의사소통의 역할

1) 긍정적 관계

우리는 의사소통을 통해 자신의 감정이나 정보를 다른 사람에게 전달한다. 의사전달이 잘되면 다른 사람과의 관계 또한 원만히 유지된다. 반대로 의사전달이 잘되지 않는다면 상대방과 갈등을 빚게 된다. 스포츠 현장에서도 코치·선수·참여자·부모 사이에 의사소통이 효율적으로 이루어지지 않거나 회피된다면 높은 장벽이 생길 것이다. 이 때문에 생겨난 불신이나 갈등은 결과적으로 관계를 악화시킬 뿐만 아니라 훈련의 질을 낮추는 원인으로 작용한다. 따라서 효율적인 의사소통은 대인관계라는 묘목이 잘 자라도록 자양분 역할을 한다.

2) 자아 발견

의사소통 과정은 자아를 발견하는 수단으로도 활용된다. 코치와 선수(또는 참여자)는 의사소통을 통해 서로 알아가고 관계를 맺는다. 이들은 의사소통 속에서 자신을 어떻게 인식하고 정체성을 평가하느냐에 따라 다른 결과를 경험한다. 코치는 선수와 소통하는 과정에서 정보를 받아들이고 해석·평가한 후에 의사결정을 한다. 그리고 결정한 것을 실천한다. 여기서 코치나 선수는 그 정보를 자아라는 자신의 역량(competency)에 따라 매우 다르게 해석한다. 즉 의사소통은 자아를 평가하는 다양하고 중요한 정보들을 제공한다.

3) 설득

의사소통의 궁극적인 목적은 상대방을 설득하는 것이다. 예를 들어 배드민턴 코치는 참여자나 선수들이 운동을 열심히 하도록 설득한다. 코치의 지도를 조금만 더 받으면 훌륭한 선수로 성장할 수 있다는 것도 설득의 영역이다. 그리고 부모가 자녀에게 스포츠에 규칙적으로 참여해야 하는 이유를 설명하는 것 또한 설득의 과정이다. 이렇듯 의사소통을 통한 설득의 상황은 무궁무진하다. 특히 청소년이 스포츠 참여를 통해 사회·심리적인 역량을 개발하는 것은 스포츠의 궁극적인 교육목표다. 그러므로 코치는 선수나 참여자가 스포츠 환경에서 인내와 끈기를 체험할 뿐만 아니라 재미와 열정을 느낄 수 있도록 지속적인 설득을 해야 한다.

4) 정서교류

우리는 의사소통을 통해 자신의 느낌과 감정을 다른 사람에게 전한다. 의사소통은 인간 대 인간의 정서를 교류하는 직접적인 통로 역할을 한다. 정서적인 교류를 위해서는 의사소통의 방식이 중요하다. 예컨대 컨디션이 좋지 않은 선수는 코치에게 오후 운동을 쉬고 싶다고 말하지만 코치는 얼마 남지 않은 시합이 걱정이다. 코치는 잔소리를 퍼부어 정신을 차리게 하고 싶지만 선수의 몸 상태를 걱정하고 공감하기로 한다. 선수는 코치의 마음을 이해하고 곧바로 훈련에 참여하거나 하루를 쉬고 다음날부터 더 열심히 훈련에 임할 수 있다. 이처럼 정서적 교류를 촉발하는 의사소통은 더 좋은 결과를 가져올 수 있다.

3. 의사소통의 종류

1) 비언어적 의사소통

(1) 개념

비언어적 의사소통(nonverbal communication)은 표정 · 시선 · 몸짓 · 행동 등 **다양한 비언어적 표현을 유심히 관찰하고 해석함으로써 서로 소통하는 기술**이다.[3] 1970년대 미국의 캘리포니아대학 심리학과 명예교수였던 앨버트 메라비언(Albert Mehrabian)에 따르면 두 사람이 의사소통할 때 시각(몸짓) 55%, 청각(목소리, 억양 등) 38%, 그리고 언어 7% 정도가 인식에 영향을 미친다(그림 9-1 참조).[4] 이는 의사소통 과정에서 언어적인 메시지보다 행동이나 몸짓과 같은 비언어적인 메시지의 파급 효과가 더 크다는 것을 의미한다. 즉 말로만 소통하기보다 몸을 이용한 의사소통이 더 중요하다는 것이다.

그림 9-1 메라비언의 법칙[4]

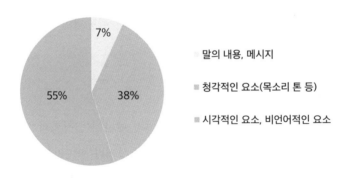

7%
55%
38%

□ 말의 내용, 메시지

■ 청각적인 요소(목소리 톤 등)

■ 시각적인 요소, 비언어적인 요소

한 연구[1]에서는 참여자들에게 테니스 영상을 보여주고 승자를 예측하도록 했다. 이 영상에는 선수들이 직접 공을 치거나 포인트를 획득하는 등 수행과 직접적으로 관련된 장면이 포함되어 있지 않았다. 단지 연구 참여자들은 점수 획득 사이에 나타나는 선수들의 비언어적 단서들(표정, 몸짓, 행동 등)을 관찰할 수 있었다. 그 결과 약 75%의 참여자가 경기의 승자를 예측하는 데 성공했다. 이는 비언어적 단서가 판단과 의사결정에 중요한 정보로 활용될 수 있다는 가설을 지지한다.

테니스 선수들을 대상으로 한 또 다른 연구[5]에서는 선수들이 사용하는 신체언어뿐만 아니라 입고 있는 옷 또한 경기 결과에 중요한 예측변인으로 사용될 수 있는 것으로 나타났다. 이 연구는 40명의 연구 참여자들이 각각 무작위로 4가지의 영상 중 한 가지 영상(테니스 선수가 워밍업 하는 장면)을 보고 영상 속 선수의 수행을 판단하도록 했다. 4가지 영상 속 선수의 신체언어와 복장은 각각 긍정 신체언어-테니스 유니폼, 긍정 신체언어-일반 운동복, 부정 신체언어-테니스 유니폼, 부정 신체언어-일반 운동복으로 구성되었다. 그 결과 연구 참여자들은 선수의 워밍업 장면, 신체언어, 그리고 복장만으로도 경기 결과나 수행의 수준을 예측할 수 있다는 것이 통계적으로 검증되었다.

이처럼 스포츠 상황에서 비언어적 의사소통은 중요한 의미를 갖는다. 코치는 선수들이나 학부모와 상담할 때 이들이 던지는 언어적 메시지와 함께 비언어적인 메시지를 파악하려고 노력해야 한다. 보통 비언어적인 메시지들은 상대방의 무의식 속에 숨겨진 의미를 포함하기 때문에 코칭이나 상담을 할 때 유용한 정보원이 된다. 가령 어떤 선수가 자신은 결코 거짓말을 하지 않았다고 말하면서 눈을 제대로 맞추지 못하거나 공격적인 태도를 보인다면 이는 이중적인 모습이므로 확인이 필요할 수 있다.

(2) 종류와 해석

스포츠 상황에서 선수들이 보이는 비언어적 메시지는 상황과 분위기에 따라 여러 의미로 해석될 수 있다. 즉 같은 비언어적 메시지라 할지라도 상황에 따라 다르게 해석해야 한다. 예를 들어 평소 거짓말을 일삼는 선수가 코치와 상담할 때 눈을 회피하면서 대답하는 것은 무언가를 숨기고 싶은 것일 수도 있고, 자기 행동을 뉘우치고 코치에게 미안한 마음에 눈을 마주치지 못하는 것일 수도 있다. 따라서 코치는 비언어적 메시지를 해석할 때 선수의 성향과 상황, 분위기, 다른 비언어적 메시지와의 조화 혹은 모순 등을 복합적으로 관찰해야 한다.

① 목소리

비언어적 메시지로서 목소리는 **말의 속도·억양·음색·어조·높낮이 등을 의미**한다. 우리가 의사소통을 위해 사용하는 단어와 문장들은 목소리라는 비언어적 메시지를 통해 전달된다. 때로는 단어나 문장의 실질적인 의미보다 목소리에 섞인 음색이나 감정이 의사소통에 더 큰 영향을 미치기도 한다.

목소리가 희미하고 잘 들리지 않을 정도로 약한 것은 두려움, 자신 없음, 불안함, 약함, 움츠러듦과 같은 정서 상태를 동반하는 경우가 많다. 예를 들어 어떤 코치가 자꾸 지각하는 선수에게 "훈련 시간에 늦지 않겠다고 약속할 수 있겠니?"라고 물었을 때, 선수가 "네, 약속할게요(점점 작게)."라고 작은 목소리로 말하는 것은 약속을 지킬 수 있다는 확신이 없음을 의미한다. 이때 코치는 빠르게 판단하여 선수가 약속을 충분히 지킬 수 있을 만한 능력이 된다는 자신감을 심어주거나 더 낮은 수준의 목표를 제시할 수 있다. 이 밖에도 말의 속도가 지나치게 빠른 것은 초조함과 불안함으로 해석되는 경향이 있고 반대로 너무 느린 것은 지루함이나 무관심으로 해석될 수 있다.

② 시선(응시행위)

다른 영장류와 달리 인간은 흰자위가 발달했다. 이 때문에 눈동자의 미묘한 움직임을 포착하고 의사소통의 수단으로 활용할 수 있다. 이를 시선이라고 부른다. 그래서 인간은 대화할 때 시선을 맞추고 상대방의 의중을 파악하기도 한다. 시선을 맞추는 행위는 상대방에게 호감을 주기도 하지만, 가끔은 적대심이나 경계 혹은 도발 등과 같은 부정적인 의사를 표현하기도 한다. 따라서 시선은 두 사람의 관계에 따라서 혹은 상황에 따라서 다르게 해석된다는 사실을 알고 제때 사용해야 한다. 즉 지나친 시선 접촉은 불편감을 유발할 수 있고 시선 회피는 의사소통의 단절을 불러올 수 있다.

③ 자세와 제스처

신체적인 자세(posture)와 제스처(gesture)는 매우 중요한 비언어적 의사소통 수단이다. 제스처란 **신체 부위를 사용한 몸짓과 손짓으로서 어떠한 상징이나 신호**

를 포함하고 있다.[6] 예컨대 중요한 요점을 말할 때 검지를 치켜올리는 것, 금지 행위를 설명할 때 팔로 X 표시를 하는 것, 상대가 말을 할 때 몸을 약간 앞쪽으로 기우는 것 등은 모두 자세와 제스처에 해당한다.

한편 자세와 제스처는 신체 접촉을 통해 이루어지기도 한다. 특히 스포츠에서는 신체 접촉이 빈번하게 이루어진다. 가령 코치가 경기에서 진 선수를 격려할 때 말로만 '괜찮아, 잘했어!'라고 말하는 것보다 가볍게 어깨를 두드리는 것이 더 효과적일 수 있다. 그러나 신체 접촉은 충분한 신뢰 관계가 형성되었을 때 활용해야 하고 다양한 상황을 고려해야 한다. 특히 성별에 따른 문제, 과도한 신체 접촉, 불필요한 신체 접촉, 위압감을 주는 신체 접촉 등은 각별한 주의가 요구된다. 정신분석학 차원에서 자세와 제스처에 대한 몇 가지 해석을 살펴보면 〈표 9-1〉과 같다.

표 9-1 자세 및 제스처에 대한 해석

자세 및 제스처	해석
팔짱을 끼거나 다리를 꼬는 행위	방어적인 태도(자기방어) *습관적 행위와 구분해야 함
상체가 뒤로 넘어간 자세	무관심, 방어적인 태도, 지루함
머리의 움직임	끄덕이면 공감, 좌우로 흔들면 반대
양손을 허리나 골반에 둔 자세	자신감, 당당함
손과 발을 떠는 행위	불안함, 초조함, 신경질적임

④ 표정

한 사람의 감정을 가장 쉽게 파악할 수 있는 곳은 얼굴이다. 얼굴에 나타나는 표정은 단어나 문장 그리고 목소리보다 감정을 더 확실하게 나타내는 수단이다. 보통 즐거움・흥미로움・행복함・짜증・놀람・두려움・슬픔 등과 같은 감정들은 각기 다른 표정으로 나타난다. 이러한 표정은 약 4초 정도 지속되기도 하고 1초 이내로 짧은 시간에 나타났다가 사라지기도 한다. 대부분 표정은 순간마다 달라지는 감정이 반영되어 무의식적으로 나타나기 때문에 진심을 파악하는 데 유용하다. 이 때문에 코치는 선수들의 표정이 순간적으로 변하는 것을 관찰하고 해석할 수 있어야 한다.

그러나 사람의 표정은 한 번에 여러 가지 감정이 섞여 나타날 수도 있다. 오하이오 대학의 듀(Du)와 동료들은 연구 참여자 230명을 대상으로 다양한 상황에 따른 표정을 촬영한 뒤 공통적인 얼굴 근육의 움직임으로 분류하였다.[8] 그 결과 21개의 복합적인 표정이 나타났다. 예를 들어 '행복한 놀람', '화나는 혐오감', '슬픈 두려움' 등이 있다. 이들의 연구는 인간의 표정이 하나의 감정만을 표현하는 것이 아니라 복합적인 감정을 나타낸다는 시사점을 제공한다. 스포츠 상황에서 참여자들은 다양한 감정을 경험한다. 승리하더라도 그 안에 환호·기쁨·안도와 같은 다양한 감정이 뒤섞여 있을 수 있고 어쩌면 승리했음에도 불안·걱정 등을 느낄 수도 있다.

⑤ 외모(옷)

인간의 뇌는 시각 정보에 의지하는 비중이 크다. 이 때문에 상대방을 보았을 때 감각 기관을 통해 들어오는 첫 번째 시각 정보인 외모를 우선 판단하게 된다. 이때 과거에 직접 경험했던 기억과 TV 매체나 주변 사람들의 경험 등 간접적인 정보를 복합적으로 해석한다. 만약 상대방이 남자인데다가 덩치가 크고 온몸에 문신이 가득하다면 설령 그의 직업이 의사일지라도 신뢰하지 못할 것이다. 이러한 편향은 인간이라면 언제, 어디서든 느낄 수 있다.

이와 유사하게 외모의 청결 상태가 좋지 못한 선수를 보면서 그의 성격을 대략적으로 파악할 수 있다. 그러나 코치들은 단지 외모만으로 선수의 모든 것을 판단하려는 오류를 범해서는 안 된다. 외모는 어디까지나 비언어적 메시지의 일부일 뿐이고 개인의 판단을 보조하는 수단으로만 여겨야 한다. 가령 선수의 외모 청결 상태가 좋지 않은 것은 성격 때문일 수도 있고 가정환경의 영향일 수도 있다.

(3) 기능

비언어적 의사소통의 다양한 기능을 함축적으로 살펴보면 크게 반복, 상반, 보완, 강조, 대체, 그리고 규제와 같이 6가지로 정리할 수 있다.[9]

① 반복

비언어적 의사소통의 반복 기능은 언어적인 메시지와 중복·일치되는 의미를 다시 한번 전달하는 것이다. 몸을 사용하는 스포츠에서 반복 기능은 자주 나타난다. 가령 태권도 코치가 유소년에게 앞차기를 가르칠 때 '무릎을 접어서 올려'라고 말하면서 몸으로 보여주는 것은 비언어적 의사소통의 반복 기능에 해당한다.

② 상반

반복 기능이 언어적 메시지와 비언어적 메시지의 일치였다면, 상반은 언어적 메시지와 비언어적 메시지의 불일치다. 즉 말과 행동이 다르게 나타나는 것이다.

예를 들어 스포츠 코치가 유소년에게 '실수해도 괜찮아!'라고 말하면서 주변의 물건을 집어 던진다면 이는 언어와 비언어적 메시지가 상반된 것이다. 이처럼 상반된 메시지는 상대방에게 혼란을 줄 수도 있지만, 오히려 이때의 비언어적 메시지는 명확한 정보를 전달하기도 한다. 앞선 사례처럼 코치가 괜찮다고 하면서 물건을 집어 던졌다면 이 메시지의 해석은 단연코 괜찮지 않은 것으로 해석된다.

③ 보완

보완 기능은 언어적 메시지의 해석을 부연하는 것을 말한다. 이를 통해 상대방에게 자신이 말하는 것의 의도를 더 명확하게 전달할 수 있다. 예컨대 어떤 선수가 코치에게 "코치님 저 이번 대회는 정말 잘할 수 있을 것 같아요!"라고 말하면서 두 주먹을 불끈 쥐는 것은 이번 대회에 자신이 있다는 의도를 보완하는 것이다. 즉 보완 기능은 상대방에게 명확한 의도를 보여주는 기능을 한다.

④ 강조

언어적 메시지의 보완을 넘어 기분이나 감정 또는 생각을 더 강하게 표출하는 것이 강조 기능이다. 가령 골프 코치가 어린 유소년들을 가르칠 때 안전을 위해 "다른 친구가 스윙할 때는 이 안전선을 절대 넘으면 안 됩니다"라고 하면서 손으로 X 표시하는 것이다. 이러한 비언어적 메시지로 언어적 메시지를 강조함으로써 더욱 명확하게 정보를 전달할 수 있다.

⑤ 대체

때때로 말하지 않고 몸으로 소통하는 것을 비언어적 의사소통의 대체 기능이라고 한다. 대표적인 대체 기능은 수화다. 이 밖에도 야구, 축구, 태권도 등 다양한 스포츠 경기에서 코치가 손짓과 몸짓으로 주는 사인도 대표적인 대체 기능이다. 이는 시끄럽거나 넓은 장소와 같이 청각적 정보보다 시각적 정보가 유용할 때 자주 사용된다.

⑥ 조절

적절한 비언어적 메시지 사용은 대화의 시작과 맺음을 조절한다. 대표적인 예로 다른 사람과 대화할 때 말 끝부분을 조금 낮추면서 상대방을 바라보는 행위는 상대에게 말을 시작해도 된다는 메시지를 줄 수 있다. 이때 상대는 자신이 하고 싶은 말을 자연스럽게 시작할 수 있으므로 원활한 의사소통이 이루어진다.

2) 언어적 의사소통

(1) 개념

인간이 다른 동물들과 차별되는 가장 큰 특징은 언어를 구사할 수 있다는 것이다. 언어는 특정 자극에 대한 인간의 생리학적 반응으로 시각이나 청각 등 신체의 다양한 감각을 대신하는 방법이다.[10] 따라서 언어는 단순히 인간이 내는 모든 소리와 음향이 아닌 말소리와 내용의 의미전달 과정에서 규칙 체계를 가지고 있다. 즉, 언어는 의사소통의 도구로서 사람들 간에 언어적 전달과 교환을 통해 공통된 내용을 이해하고 행동의 변화에 영향을 미친다.

언어적 의사소통(verbal communication)은 **말하는 사람**(또는 정보를 전달하는 사람) **이 메시지를 전달하고, 듣는 사람**(또는 정보를 받는 사람)**이 그 메시지를 이해하고 응답 하는 과정**으로 구성된다. 먼저 말하는 사람은 자신의 의도와 내용을 표현하기 위해 언어적 수단을 선택하여 메시지를 보낸다. 이때 사용되는 언어의 선택, 문법, 억양, 제스처 등은 정확한 내용을 전달하는 데 중요한 역할을 한다. 듣는 사람은 말하는 사람의 메시지를 듣고 이해하는 과정에서 해석을 통해 말하는 사람의 의도를 파악한다. 그리고 다시 듣는 사람은 말하는 사람에게 응답하거나 피드백을 제공하여 의사소통을 완료한다.

(2) 유형

언어적 의사소통의 유형은 경청 태도와 의사전달 행위를 기준으로 분류된다.[11] 경청 태도는 코치가 선수의 의견을 긍정적으로 받아들이는 '수용'과 선수의 의견을 무시하고 코치의 의사대로 결정을 내리는 '비수용'으로 구분된다. 의사전달 행위는 선수들이 스스로 능동적으로 행동하도록 격려하는 '촉구'와 코치가 강압적으로 선수들을 지도하는 '명령'으로 구분된다. 이에 따라 제시되는 언어적 의사소통 유형은 총 4가지로 수용 촉구형, 수용 명령형, 비수용 명령형, 비수용 촉구형이 있다.

① 수용 촉구형

선수들의 의견을 능동적으로 수용하면서 선수들이 자율적으로 행동하도록 촉구하는 형태의 쌍방적 의사소통(two-way communication) 방식이다(능동적 경청, 1인칭 메시지 사용). 이 유형의 코치들은 선수들에게 자신의 생각을 강요하지 않고, 일방적으로 지시를 내리기보다 격려하고 긍정적인 표현을 사용한다.

② 수용 명령형

코치가 선수들의 의견을 받아들이면서도 선수들이 자기 의사에 따라 줄 것을 기대하여 강요받는 느낌이 들도록 의사소통하는 방식이다(능동적 경청, 2인칭 메시지 사용). 자칫 부정적인 의사소통으로 여겨질 수 있지만, 코치가 선수들의 의사를 경청하고 훈련에 반영하면서도 선수들을 적절하게 타이르고 설득하는 데 유용하게 활용할 수 있다.

③ 비수용 명령형

코치가 선수들의 의견을 수용하지 않으면서 자기 의사만을 강요하는 일방적인 의사소통(one-way communication) 방식이다(수동적 청취, 2인칭 메시지 사용). 이는 선수들의 의견을 무시하고 강제적인 특성을 갖기 때문에 상호작용이 필요한 상황에서는 사용하기 어렵다. 다만, 강제적으로 지시를 내리거나 잘못을 지적할 때는 상황에 따라 활용할 수 있다.

④ 비수용 촉구형

선수들의 의견을 잘 받아들이려고 하지 않지만, 이들이 자발적으로 행동하도록 격려·조언해 주는 의사소통 방식이다(수동적 청취, 1인칭 메시지 사용). 이와 같은 유형을 사용하는 코치는 선수들이 자신에게 순종하기를 원하면서도 강요보다 격려하며 의견을 전달하는 특징이 있다.

(3) 기술

언어적 의사소통이 효과적으로 이루어지기 위해서는 잘 듣고 반응하는 것이 중요하다. 이와 관련된 대표적인 의사소통 기술에는 경청과 공감이 있다.

① 경청

경청(power listening)은 **상대방의 말과 행동을 모두 관찰하고 해석함으로써 그 안에 담긴 진짜 의미를 이해하는 과정**이다.[12] 경청의 '경(傾)'은 마음을 기울인다는 뜻이고 '청(聽)'은 듣는다는 의미다. 즉 '마음을 기울여 듣는 것' 혹은 '마음으로 듣는 것'이다. 이러한 경청의 핵심은 언어적인 메시지만 잘 듣는 것이 아니라 비언어적인 메시지까지 관찰하고 해석하는 것이다. 의사표현에는 언어적 요소와 더불어 눈빛·표정·손동작·자세 등과 같은 비언어적 요소가 함께 어우러져 있다. 그러므로 온전한 경청을 위해서는 귀로 들어온 정보와 눈으로 들어온 정보를 통합적으로 받아들이고 해석해야 한다.

② 공감

공감(empathy)이란 **다른 사람의 기분·생각·행동과 더불어 그 사람이 처한 상황까지 충분히 느끼고 감정을 이해하는 것**이다.[13] 흔히 '입장을 바꿔 생각해보면...'이라고 표현하는 것은 다른 사람의 상황과 기분을 헤아린다는 뜻으로 공감하려 노력한다는 이야기다. 따라서 공감 능력이 뛰어난 사람일수록 다른 사람의 마음을 잘 헤아릴 수 있다. 그리고 다른 사람의 마음을 잘 헤아리는 것은 긍정적인 대인관계를 형성하는 데 중요한 요인으로 작용한다.

4. 스포츠 의사소통 모델

1) 신뢰할 수 있는 의사전달자

코치·선수·부모가 의사소통을 통해 얻고 싶은 최종적인 목표는 바로 대화 상대와 신뢰를 구축하는 것이다. 신뢰할 수 있는 의사전달자는 가치 있고 믿을 수 있는 관계 형성을 위해 필요한 단계적 요소들이 있음을 강조한다.

〈그림 9-2〉의 '신뢰할 수 있는 의사전달자'는 타인으로부터 신뢰를 얻기 위해서 갖추어야 하는 단계와 과정을 보여주고 있다. 이 모델의 초석은 '진정성(authenticity)'과 '정서 유능감(emotional competence)'이다. 이 요소들을 바탕으로 '적극적 경청(power listening)'을 하게 된다. 그리고 'PITCH'를 통해 효율적인 의사소통이 가능해진다. 이 과정을 거치면 최적의 의사소통을 하게 되고, 갈등해소나 관리 단계까지 도달할 수 있다.

그림 9-2 신뢰할 수 있는 의사전달자[14]

(1) 진정성

진정성은 **타인과 대화할 때 진실한 자기가 되는 것이고, 상대에게 바르고 정직하기 위해 노력하려는 마음**이다. 우리는 대화를 나눌 때 거짓이나 화술보다 진심이 담긴 말이 신뢰로 발전한다는 것을 알고 있다. 만약 우리가 누군가를 신뢰한다면 우리는 그의 말을 믿고 따를 것이다. 그리고 그 말이나 지시를 따를 가능성 또한 높아진다. 무엇보다 신뢰할 만한 사람의 말에 주의 깊게 경청하게 된다.

신뢰할 수 있는 의사전달자는 자기가 누구인지 스스로 이해하고 알아가는 노력을 한다. 자신의 모습과 다르게 지나치게 사교적으로 다가가거나 거추장스럽게 의사전달을 하려는 코치나 선수는 타인으로부터 신뢰를 얻기 어렵다.

(2) 정서 유능감

정서 유능감은 **의사소통에서 자신의 감정을 잘 조절하고 상대방의 생각과 감정을 잘 수용할 수 있는 능력**이다. 이는 감정이입 능력이라고도 불린다. 정서 유능감은 스포츠 민주화를 통해 점차 수평적 관계로 발전해 가고 있는 코치와 선수 또는 선후배 선수 간의 상호작용을 위해 매우 유용한 기술이다.

정서 유능감의 중심에는 다른 사람의 감정을 이해하고 읽을 수 있는 공감이 있다. 공감은 다른 사람이 어떻게 느끼고 이런 감정들이 어떻게 그들에게 영향을 주는지 이해하는 정서 기술이다. 정서 유능감을 높이고 타인과의 신뢰 형성을 위해서 지켜야 할 몇 가지 지침을 제시하면 다음과 같다.

① 상대방 입장을 이해하라

타인을 **이해하려는 노력은 감정이입을 위한 시작이자 끝**이다. 정서 유능감은 상대의 상태를 이해하는 것에 초점을 둔다. 이들 모두 소중한 존재임을 인식하며 개개인의 정서 유능감과 목적, 포부, 개성을 통찰해야 한다. 일례로 우리 주변에는 '바른말 대장'을 쉽사리 찾아볼 수 있다. 그 사람 말을 들으면 다 맞는 말이다. 항상 옳은 말만 하기 때문이다. 하지만 그 사람을 따르거나 동조하는 사람은 거의 없다. 그 이유는 무엇일까? 바로 자기 입장에서 맞는 말만 하기 때문이다. 그 맞는 말을 상대방의 입장에서 할 수 있다면 바른말 대장 주변에는 많은 사람이 함께할 것이다.

② 작은 일들에 관심을 가져라

작은 일들이 종종 큰 불화를 만든다. 작은 불손, 불친절, 무례함이 커다란 문제를 일으키거나 작은 친절이 기대하지 않은 큰 성과를 만들 수 있다. '나비효과

(butterfly effect)'를 예로 들어보자. 1961년 미국 기상학자인 로렌즈(Lorenz)는 기후 변화를 예측하기 위한 연구를 수행 중이었다. 연구 중에 초기 설정한 값에서 일부 소수점 수치들을 생략하고 입력하였는데 그 결과는 놀라웠다. 초기 설정한 값의 결과와는 완전히 반대의 결과가 나타난 것이다. 이후 로렌즈는 초청 강연에서 '브라질에서 나비가 날갯짓하면 텍사스에서 토네이도가 일어날까?(Does the flap of a butterfly's wings in Brazil set off a tornado in Texas?)'라는 주제를 사용하며 나비효과라는 용어가 세상에 알려졌다.[15] 즉 나비효과란 별것 아닌 것처럼 느껴지는 작은 사건도 나중에는 걷잡을 수 없이 커질 수 있다는 의미를 담고 있다. 따라서 우리는 사소한 것에도 관심을 기울여야 한다. 아주 작은 칭찬이 어떤 위대한 결과를 만들어 낼지는 아무도 모르는 일이다.

③ 약속을 지켜라

약속은 신뢰를 형성하는 밑거름이다. 지켜지지 않은 약속은 신뢰에 커다란 손상을 가져오고 신뢰를 좀먹게 만든다. 사소한 것이라도 약속이 지켜지는 횟수가 많아진다면 선수는 코치의 말을 신뢰하고 따르게 될 것이다. 중국 한비자(B.C 280-233)의 외저설 좌상(外儲說 左上) 편을 보면 약속의 중요성을 강조한 이야기가 있다. 여기에는 '증자살체(曾子殺彘)'라는 말이 나오는데, 이는 '증자가 돼지를 잡다'로 풀이된다. 이야기는 다음과 같다.

공자의 제자인 증자는 아내와 아들이 있었다. 어느 날 아내와 아들이 함께 시장에 가는데 그의 아들이 시장이 멀다며 떼를 쓰기 시작했다. 아내는 아이를 달래기 위해 시장에 다녀오면 집에 돌아와서 돼지를 잡아주겠다며 아이를 달랜다. 이후 집에 돌아온 아들의 말을 들은 증자는 칼을 꺼내 돼지를 잡으려 했다. 이에 놀란 아내는 뛰쳐나와 그를 말리며 이유를 묻는다. 증자는 "부모가 자식을 속이면 자식에게 속임을 가르치는 것이오. 아이와 약속을 지키지 않으면 아이는 부모를 신뢰하지 않을 것이니 가르침을 이루는 방법이 아니오."라고 말했다.

④ 기대치를 명확히 하라

우리는 보통 어떤 행동을 하면서 대가를 바란다. '내가 큰 노력과 헌신을 했기 때문에 당신은 이에 상응하는 대가를 주어야 한다.'와 같이 불분명한 기대는 애초에 하지 않는 것이 좋다. 의사소통은 기대가 명확할 때 자연스럽게 흘러간다. 대부분의 대인관계 문제는 모호한 기대로부터 출발한다. 기대치가 명확하지 않거나 공유되지 않으면 사람들은 감정적으로 변하기 쉬우며, 단순한 오해로 인해 의견 불일치나 의사소통의 단절로 이어질 수 있다.

⑤ 진심으로 사과하라

코치나 선생으로서 바쁜 일상을 살아가다 보면 간혹 타인의 마음을 상하게 하거나 교육에 소홀해질 때가 있다. 우리는 문제에 봉착하면 제일 먼저 변명거리를 찾거나, 남 탓을 하기도 하고, 자기 합리화로 그 상황을 모면하려는 경향이 있다. 이것들은 내가 직면하고 있는 갈등을 회피하기 위한 자연스러운 '방어기제'다. 하지만 이러한 방어기제를 사용하기 전에 타인의 잘못을 용서하고, 잘못에 대해서 정직하고 진심 어리게 사과하는 것은 신뢰감을 회복하는 원천이다.

(3) 적극적 경청

경청은 상대방의 마음을 이해하는 것에서부터 출발한다. 간혹 코치는 경청 중에 선수에게 성급한 판단·여과·조언·동일화를 하기 때문에 경청을 제대로 못하게 된다. 선수의 마음을 읽는 것은 종종 성급한 판단으로 이어진다. 이것은 특정 선수에 대한 코치의 생각 또는 편견이 경청에 영향을 주기 때문이다. 만약 코치가 한 선수를 불평이 많고 문제 있는 사람으로 미리 판단해 버린다면 그 선수에 대한 선입견 때문에 중요한 메시지를 놓치기 쉽다.

또 다른 경청의 장애물에는 '여과'라는 것이 있다. 여과는 '듣고 있지만 듣지 않을 때', '듣고 싶은 것만 들을 때', '마음속에 뭔가 다른 게 있을 때' 발생한다. 이런 경우 반쪽 경청이나, 경청하는 척하거나, 주의가 다른 곳으로 분산된다. 코치가 범하는 가장 흔한 경청의 장애물에는 '조언하기'와 '동일화'가 있다. 조언하기는 대화 상대의 요구나 상황을 주의 깊게 듣지 않고, 즉시 문제해결로 뛰어들거나 도움이 되는 제안을 할 때 발생한다. 그리고 동일화는 상대방의 이야기가 끝나기 전에 자기의 경험과 지식에 치우쳐서 이야기를 퍼부을 때 발생한다. 코치는 선수와 공감을 시도하고 감정을 나누면서 이해받고 있다는 것을 보여주어야 한다.

코치는 선수와 의사소통이나 상담 중 자신도 모르는 사이에 경청 장애물을 사용하게 된다. <표 9-2>의 경청 장애물은 의사소통을 방해하는 주된 원인이다. 올바른 경청을 위해서는 먼저 나의 내면에 경청을 방해하는 장애 요인들이 있는지 살펴보아야 한다. 만약 경청 장애물이 있다면 그것을 제거하기 위한 노력이 필요하다. 습관적으로 행하던 나쁜 버릇들이 쉽사리 사라질 수 없기 때문에 나쁜 습관을 없애기보다 좋은 듣기 습관으로 대처하는 것이 현명하다.

표 9-2 **경청 장애물**[16]

구분	특징
마음 읽기 (독심술)	대화 상대의 말은 듣지 않고서 그의 생각과 감정을 이미 알고 있는 것처럼 억측하는 경우
성급히 판단하기	대화 상대에 대한 고정관념으로부터 영향을 받을 때 발생하고 그의 의견을 지레짐작하여 섣불리 판단
걸러 듣기	귀담아 경청하지 않고, 한쪽 귀로 듣고 한쪽 귀로 흘려버리는 현상, 듣고 싶은 것만 듣고, 믿고 싶은 것만 믿는 편향
충고하기	대화 상대의 문제를 급히 해결하거나 직접 도움을 제공할 때 발생, 선의에서 출발하지만 화자의 일방적 의사전달이나 잔소리로 끝나게 됨
성급히 동일화하기	대화 상대가 이야기를 끝내기 전에 자신의 경험담을 동일화하기 위해 늘어놓으면서 이야기 도중에 끼어드는 행위
우기기	어떠한 상황에서도 자신의 잘못을 인정하지 않고, 타인의 관점을 존중하지 못하며, 제안을 무시하는 행위
방어하기	부정적이고 이기적인 태도를 취하며, 자신을 방어하고, 자극에 민감해하며, 배움에 저항함으로써 경청하기를 회피하는 경우

(4) PITCH IT

신뢰를 토대로 의사소통하는 코치는 PITCH 메시지를 만든다. PITCH 메시지는 생산적인 메시지, 정보적 메시지, 제때 반응, 일관적 메시지, 정직한 대화로 구성된다.

① P (Productive message; 생산적 메시지)

메시지는 **생산적**이어야 한다. 코치는 선수에게 생산적인 메시지를 전달해야 한다. 생산적으로 의사를 전달하는 코치는 감정에 치우친 반응이나 부정적인 메시지를 피하면서 단어 사용을 신중히 한다.

상대방의 요구나 입장을 반영한 단어 사용은 선수와 신뢰를 쌓는 첩경이다. 어떤 코치들은 성과를 내기 위해 효과적인 의사소통을 해야 함에도 불구하고, 자신의 선입견이나 입장만 고수한다. 코치의 경험과 능력치만 가지고 선수에게 높은 목표나 수준을 요구한다면 생산적인 메시지 전달은 불가능하다. 생산적인 메시지를 전달하고 성과를 낼 수 있는 의사소통을 위해서는 코치로서가 아니라 선수의 수준에서, 그리고 그 사람에게 필요한 단어와 용어를 사용하는 것이 바람직하다.

요컨대 미식축구 팀인 댈러스 카우보이즈(Dallas Cowboys)가 단 한 경기만 이기고 시즌을 마쳤을 때, 지미 존슨(Jimmy Johnson)이 새로운 감독으로 부임했다. 그는 팀 전체에 '생산적인 사고와 말하기'라는 자신의 지도철학이 담긴 방침을 내세웠다. 존슨 감독과 선수들은 기자들이 이전 시즌에 대해 질문했을 때 아무런 대답을 하지 않았다. 그들의 초점은 오로지 앞으로 나아가서 성공적인 팀을 구성하기 위해 생산적인 사고를 하는 것이었다. 결과적으로 존슨 감독이 이끄는 댈러스 카우보이즈는 3년 후 슈퍼볼에서 우승했다. 이는 팀의 재건을 위한 준비와 성공에 대한 생산적 사고를 바탕으로 만들어진 기적과도 같은 일이었다.

② I (Informational message; 정보적 메시지)

메시지는 **의미 있는 정보**를 담고 있어야 한다. 코치는 자신이 지닌 전문지식을 활용하여 선수에게 유익한 정보를 제공함으로써 그들과 신뢰를 구축한다. 즉 이들이 뛰어난 기능을 발휘하는 데 필요한 정보를 알맞은 수준에서 간결하고 명료하게 제공해야 한다. 훌륭한 코치일수록 선수가 익히고 보완이 필요한 부분에 대해 풍부한 정보적 메시지를 전달할 수 있다.

선수는 동료의 수행이나 인터넷 정보를 활용하여 정보를 수집한다. 그러나 가장 구체적이고 유익한 정보는 코치로부터 수집된다. 이러한 정보는 자기통제를 위한 수단으로 사용할 수 있으며, 동시에 상대를 이해하는 수단으로도 활용될 수 있다. 긍정적이고 활용 가능한 정보는 선수의 유능감(competency)을 높임으로써 운동 참여에 대한 내적 동기를 높이거나 즐거운 마음을 자극한다.

정보적 메시지의 가장 좋은 예는 정보적 피드백(informational feedback)이다. 이것은 구체적이고 관찰 가능한 행동과 연결될 때 유용하다. "잘했어"와 같은 일반적인 칭찬보다 구체적인 행동과 연결된 긍정적 강화와 수행에 관한 피드백이 효과적이다.

요컨대 어떤 코치는 선수가 실수했을 때 "왜 말을 못 알아들어? 다시 해봐!", "그것밖에 못해?", "그렇게 하지 말라고 했지?"와 같은 반응을 한다. 하지만 다른 코치는 선수에게 "무릎을 더 높이 올려야 할 것 같다", "이번엔 어디에 집중해야 실수하지 않을 것 같니?", "아까 성공했던 느낌을 살려서 다시 한번 해 보자!"와 같은 정보 피드백을 사용한다.

③ T (Time it; 제때 반응)

모든 것은 **타이밍**이 중요하다. 효과적인 메시지를 전달할 때도 적당한 타이밍을 찾아야 한다. 예를 들어 선수나 학부모를 처음 대면할 때 좋은 첫인상을 만들 수 있는 기회는 단 한 번뿐이다. 첫 대면에서 적절한 메시지를 적당한 시기에 전달하는지에 따라 동질감이나 신뢰 관계를 형성할 수 있다. 따라서 효과적인 의사전달을 위한 세 번째 지침은 제때 메시지를 전달하는 것이다.

만약 대화에서 상대방이 자신의 감정과 느낌을 담은 정보(언어 · 비언어적 표현)를 상대에게 보내고 있음에도 불구하고, 이를 즉각적으로 파악하지 못하면 효율적인 의사소통이 이루어질 수 없다. 민호가 같은 팀 동료인 명우에게 "명우야, 시합에서 졌다고 운동장 50바퀴 뛰는 게 말이 되니?"라고 물었고, 이때 명우는 "…" 또는 "그럴 수 있다고 생각하는데"라고 답한다. 명우는 두 가지 실수를 했다. 하나는 민호가 동의를 바라는 질문을 했는데 거기에 즉각적 반응을 하지 않았고, 다른 하나는 푸념에 대한 정서적 지원을 하지 않고 반대 의사를 밝혔다.

④ C (Consistent message; 일관적 메시지)

감정의 기복이나 변덕 때문에 의사전달 방식이 달라지는 사람은 비효율적인 리더이자 의사전달자다. 코치는 선수, 부모가 바라는 기대를 명확히 하고, 이러한 기대에 근거해서 **일관된 의사소통**을 해야 한다. 일관성 없는 코치의 반응이나 피드백은 선수들에게 불신을 키우는 원인이 되고, 심한 경우 운동을 그만두는 결과를 초래한다.

일관성 있는 의사전달의 예로는 언어·비언어적 메시지가 일치하는 것을 들수 있다. 우리는 종종 신체언어나 표정을 인식하지 못한 채 상대에게 메시지를 전한다. 몸의 자세나 움직임으로 이루어진 신체언어는 메시지의 약 50%를 차지한다.[17] 우리는 말하고 전달하고자 하는 것의 절반 이상이 몸으로 표현되고 있다는 사실을 기억해야 한다. 신체 자세와 언어의 예는 〈표 9-3〉에 제시하였다.

일관성 유지를 위해 이중메시지 사용은 피하는 것이 좋다. 다음은 이중메시지의 예문과 사례이다. "너는 좋은 선수야. 하지만...", "나도 이러고 싶지 않지만...", "너의 플레이는 좋지만..." 이러한 이중메시지는 선수로 하여금 혼란을 가중시키고 의사소통의 장애 요인이 된다.

이중메시지의 또 다른 예를 살펴보자. 길을 가는데 귀여운 강아지 한 마리를 발견했다. 말로는 "귀엽다"라고 하면서 강아지를 발로 툭툭 건드는 것은 이중메시지에 해당한다. 모순되는 말과 행동을 보였기 때문이다. 다른 예로 어느 날 외출하는 고등학생 아들에게 아버지가 "잘 놀다 오거라. 그런데 지난번에 가져온 성적표 보니까 점수가 많이 안 좋던데 공부는 열심히 하고 있는 거니?"라고 말하는 것은 이중메시지다. 아버지는 '잘 놀다 오라'는 메시지와 '성적표 점수'라는 상반되는 메시지를 동시에 제공했다. 고등학생 아들은 아버지가 말하고자 하는 의미를 제대로 파악하지 못하기 때문에 그저 잔소리라고 판단하고 집을 나서게 될 가능성이 높다.

표 9-3 신체 자세와 언어의 예

신체 자세	신체 언어
구부정함	피로감, 당황, 곤혹스러움
똑바로 섬	자신감, 열의
앞으로 기댐	흥미, 열려 있음
뒤로 기댐	흥미가 떨어진
팔다리를 꼼	방어적인
목을 문지름	초조함
귀를 잡아당기거나 코를 문지름	말하기 불안한

⑤ H (Honest talk; 정직한 대화)

진정성은 **정직한 메시지**를 전할 때 생겨난다. 신뢰가 부족한 코치나 리더들은 숨겨진 의도(hidden-agenda)를 가지고 있기 때문에 주변의 신뢰를 얻기 힘들다. 숨겨진 의도는 메타 메시지(meta-message)라고도 하는데, 실제 목적이 말로 전달되지 않는 비언어적 내용에 숨겨져 있는 메시지다. 즉 언어적 표현 자체에는 진짜 목적이나 의도가 전달되지 않고 보통 비언어적 표현 속에 숨겨져 있다. 이러한 숨겨진 의도는 진짜 말하고 싶은 것을 진정성 있게 전달할 용기나 자신감이 부족할 때 나타난다.

메타 메시지에는 목소리의 구성요소인 음의 높이·울림·발음·템포·리듬 등이 포함된다. 이것은 준언어적 표현(paralanguage)에 속한다. 이러한 준언어적 표현은 무엇을 말하느냐보다 어떻게 말하느냐와 관련이 깊다. 우리는 준언어적 표현을 통해 의도치 않게 기분·감정·생각·메시지의 진짜 의도를 숨기게 된다. 예를 들어 실제로는 기분이 매우 나쁜데도 일부러 목소리 톤이나 템포를 올려 즐거운 것처럼 자신의 감정을 숨길 수 있다.

신뢰할 수 있는 코치는 의사소통을 할 때 개방적이고 정직하다. 선수나 부모들은 이런 코치의 메시지를 신뢰한다. 반면 의사소통에 능숙하지 않은 코치는 숨겨진 의도를 지닌 메타 메시지를 자주 사용한다. 따라서 코치는 메타 메시지를 지양하고 직접적이며 정직하게 자신의 마음을 이야기할 수 있는 의사소통 환경을 구축해야 한다.

(5) 갈등관리하기

신뢰할 수 있는 코치(의사전달자)는 갈등을 효과적으로 관리하는 능력(managing conflict)이 있다. 갈등은 인간관계를 불편하게 만든다. 갈등은 개인이나 집단이 정서와 행동에서 두 개 이상의 목적이나 목표 때문에 불일치 현상이 나타날 때 발생한다. 하지만 갈등은 스포츠 환경과 코치·선수 사이에서 피할 수 없는 현상이다. 따라서 갈등은 정상적인 것으로 받아들이고 순기능으로 작용할 수 있도록 갈등관리 역량을 쌓는 것이 중요하다. 왜냐하면 갈등은 스포츠 환경에서 활동하고 관계를 맺는 사람들이 목표를 성취하기 위해서 헌신하는 과정의 일부분이기 때문이다.

갈등 경험이 적은 리더나 코치는 일반적으로 손실이 큰 문제나 갈등에 직면하면 회피하는 경향을 보인다. 문제의 본질을 파악하고 이에 대하여 경쟁·조정·협력·대책 마련 등을 조화롭게 사용할 때 바람직하게 갈등을 해결할 수 있다. 코치는 신뢰할 수 있는 의사전달자 모형에서처럼 진정성·정서 유능감·적극적 경청을 토대로 PITCH 기법을 활용한 대화나 상담을 통해 효율적인 의사소통이나 갈등해결을 할 수 있다.

2) 비폭력대화

마셜 로젠버그(Marshall Rosenberg)[18]는 '삶을 소외시키는 대화의 방식'이 우리 삶의 갈등과 문제를 야기한다고 보았다. 대표적으로 타인에 대한 평가와 판단은 다양한 갈등의 원인으로 작용한다. 우리는 종종 가치관이 다른 사람·다른 문화·다른 행동 등을 자신의 가치관과 대립하는 것으로 평가하거나 판단함으로써 이들이 다르거나 틀리다고 생각한다. 이는 결국 모욕·비교·비하 등과 같은 폭력적인 대화의 형태로 나타날 가능성이 높다. 예를 들어 게으름 때문에 늘 운동시간에 지각하는 사람이 있다고 생각해 보자. 우리 사회에서 게으름과 지각은 잘못된 행동으로 인식하는 경향이 강하다. 때문에 그의 주변 친구들은 그에게 '너는 왜 자꾸 지각을 하니?', '너는 왜 이렇게 게을러?'라는 식의 평가를 한다. 그러나 사실 게으름 때문에 지각하는 것은 그의 고유한 행동 양식으로서 친구들의 평가와 판단은 아무런 도움이 되지 않는다. 오히려 서로의 감정을 상하게 하거나 다툼을 유발함으로써 폭력적 대화로 이어질 뿐이다.

이러한 문제를 인식한 마셜은 다툼이 없는 평화로운 세상을 만들기 위해서 우리가 매일 쓰는 언어를 변화시켜야 한다고 주장했다. 그는 자신의 주장을 바탕으로 공감대화 또는 연민의 대화(compassionate communication)라고 불리는 비폭력대화(nonviolent communication)를 개발하였다. 비폭력대화는 **평화의 정신을 담은 의사소통 기법으로 타인에 대한 이해 · 존중 · 감사 등을 표현하는 것을 강조**한다. 비폭력대화는 관찰(observation) · 느낌(feeling) · 필요/욕구(need) · 요청/부탁(request)으로 구성된 요소들을 포함하고 있다.

(1) 관찰

관찰은 **어떠한 현상이나 사건을 있는 그대로 바라보는 것**이다. 이는 자신에게 유리하거나 불리하게 작용하는 정보에 상관없이 가치중립적인 태도와 관점을 지니는 것이다. 만약 관찰에 평가(evaluation)가 포함된다면 듣는 사람은 이를 비판이나 비난으로 해석할 가능성이 높다. 따라서 긍정적 · 부정적 평가와 판단 없이 자신이 관찰한 내용을 명확하게 말한다.

예를 들어 어떤 선배가 자신의 인사를 그냥 지나친 후배에게 "네가 저번에 무례하게 행동했을 때…"라고 말했다고 가정해 보자. 이는 '무례하다'라는 평가가 포함되어 있기 때문에 듣는 사람의 입장에서 이러한 말은 공격적이거나 비난으로 들릴 것이다. 반면 "네가 저번에 나의 인사를 그냥 지나쳤을 때…"라고 말하는 것은 평가나 판단이 배제되어 있는 그대로의 정보를 말한 것이다. 이 경우 듣는 사람은 자신의 과거 행동에 대해 생각할 뿐, 상대의 말이 자신을 비난한다거나 평가한다고 오해할 가능성이 작다.

(2) 느낌

느낌은 **관찰한 현상에서 나타나는 자신의 감정과 관련**이 있다. 관찰한 상대의 행동에 대해 기쁜지, 슬픈지, 화가 나는지, 불편한지 등 자신의 감정상태나 느낌을 솔직하게 표현하는 것이다. 언뜻 쉬워 보이지만 사실 느낌과 평가를 구분하는 것은 매우 어렵다. 우리가 흔히 말하는 '~라고 느낀다'는 표현은 자신의 감정이 아니라 생각을 표현한 경우가 많다. 비폭력대화에서는 자신의 솔직한 느낌을 표현하는 것과 자신의 평가나 판단 같은 생각을 명확하게 구분하는 것이 중요하다.

예를 들어 "코치님이 나를 싫어한다고 느낀다."는 표현은 사실 감정이 포함된 느낌이 아니라 자신의 생각에 의한 판단이다. 비폭력대화에서 요구하는 '느낌'의 개념을 포함한다면 다음과 같이 말할 수 있다. "코치님이 나를 싫어하는 것 같아서 속상하다."

(3) 필요/욕구

필요/욕구는 **자신의 느낌이나 감정이 어떤 필요와 욕구에 연결되는지**를 말한다. 우리가 감정이나 느낌을 표현하는 것은 사실 내면에서부터 원하는 어떠한 요구가 있기 때문이다. 예를 들어 "코치님이 나를 싫어하는 것 같아서 속상하다."라는 표현의 내면에는 그 코치님이 나를 좋아해 줬으면 좋겠다는 필요와 욕구가 내포되어 있다. 이러한 필요와 욕구는 우리의 느낌과 감정을 불러일으키는 원인이 된다.

우리는 필요와 욕구를 솔직하게 표현함으로써 다른 사람을 탓하지 않고 자신의 감정과 느낌에 대한 책임을 질 수 있다. 가령 "나는 ~하기 때문에 ~을 느낀다"라고 표현할 수 있다. 이를 앞서 살펴본 예로 설명해 보면, "그 코치님이 나를 싫어하는 것 같아서 속상하다."는 "코치님에게 좋은 모습을 보여 드리지 못했기 때문에, 코치님이 나를 싫어할까 봐 속상하다."라고 표현할 수 있다. 이처럼 서로가 원하는 바를 명확하게 전달할수록 서로의 욕구를 충족할 수 있는 가능성은 커진다.

(4) 요청/부탁

요청/부탁은 **자신의 필요와 욕구를 상대방에게 전달하는 것**이다. 즉 나의 욕구를 만족하기 위해 상대방이 해 주기 바라는 행동을 말하는 것이다. 이와 같은 요청이나 부탁을 할 때는 모호한 형태보다 명확하고 긍정적인 표현으로 하는 것이 좋다. 가령 "훈련 기구들 정리해라!"라고 명령하는 것보다 "훈련 기구가 널브러져 있으면 너희가 다칠까 봐 걱정된다. 훈련이 끝나면 기구들을 정리하는 게 어때?"라고 표현하는 것이 긍정적인 관계를 형성하는 데 훨씬 큰 도움이 된다.

요청/부탁은 상대를 대화로 초대시키는 연결 부탁과 실제 행위를 구체적으로 제시하는 행동 부탁으로 구분된다. 연결 부탁은 상대의 느낌과 생각을 물어봄으로써 대화에 개입하도록 요청하는 것이고, 행동 부탁은 구체적인 행동을 제시함으로써 상대에게 바라는 바를 긍정적이고 구체적으로 전달한다.

표 9-4 비폭력대화의 예

비폭력대화 예시	
상황: 꾀병을 부리는 선수가 체력훈련에 빠지려고 함	
관찰	"명우야, 병원 다녀오느라고 훈련에 빠졌구나."
느낌	"그래도 체력훈련에 참여하는 것에 문제가 없다고 하니 정말 다행이다."
필요/욕구	"나는 명우가 시합에서 좋은 성적을 내기 위해서는 체력훈련이 꼭 필요하다고 생각해."
요청/부탁	"이 고비만 잘 넘기면 되니까, 힘들더라도 조금만 참고 체력훈련에 열심히 참여해 보는 게 어떻겠니?"

측정하기

의사소통의 전반적인 내용에 대해 알아보았다. 그렇다면 자신의 의사소통 능력은 어떠한지 궁금할 것이다. 아래 〈표 9-5〉는 의사소통 능력을 평가하기 위한 검사지다.[19] 이는 정보수집, 경청, 고정관념적 사고극복, 창의적 의사소통, 자기 드러내기, 주도적 의사소통, 타인관점 이해로 구성된다. 아래 문항을 읽고 솔직하게 답해 보자.

- 정보수집: 상대방과 의사소통하는 과정에서 나타난 정보를 토대로 의도를 파악하는 것
- 경청: 상대방의 언어적·비언어적 소통을 이해하고 대화를 전개하는 것
- 고정관념적 사고극복: 상대방에 대한 자기 편견을 배제하는 정도
- 창의적 의사소통: 다른 누구와 대화 내용에 차이를 보이지 않는 정도
- 자기 드러내기: 본인의 생각을 꾸밈없이 드러내는 정도
- 주도적 의사소통: 적극적인 의사소통을 이끌어가는 정도
- 타인관점 이해: 상대방을 이해하며 의사소통하는 정도

표 9-5 의사소통 능력 평가지

N	문항	비동의 ←──────→ 동의						
1	상대방과 의견이 다를 때, 내 의견과 다른 점이 무엇인지 파악한다.	①	②	③	④	⑤	⑥	⑦
2	나는 상대방의 기분이나 감정상태를 어떻게 이해하고 있는지를 말해 준다.	①	②	③	④	⑤	⑥	⑦
3	똑같은 이야기라도 상대방이 이성인지 동성인지에 따라서 다른 표현 방식으로 말한다(R).	①	②	③	④	⑤	⑥	⑦

4	나와 친하지 않은 사람일수록 이야기하고 싶지 않아서 자리를 피한다(R).	①	②	③	④	⑤	⑥	⑦
5	내가 생각하는 바를 있는 그대로 상대방에게 이야기한다.	①	②	③	④	⑤	⑥	⑦
6	내가 다른 사람에게 말한 것이 있을 때는 주저하지 않고 바로 이야기한다.	①	②	③	④	⑤	⑥	⑦
7	상대방의 감정을 배려하고 있다는 것을 말이나 몸짓으로 드러내 보인다.	①	②	③	④	⑤	⑥	⑦
8	상대방이 말하는 의도가 무엇인지를 알기 위해 잘 듣는다.	①	②	③	④	⑤	⑥	⑦
9	상대방이 말할 때, 찬성 또는 반대하는 의사를 분명하게 드러내지 않고 듣는다(R).	①	②	③	④	⑤	⑥	⑦
10	어느 지역(학교) 출신인가에 따라서 차별하며 이야기한다(R).	①	②	③	④	⑤	⑥	⑦
11	윗사람과 대화를 할 때는 반드시 예의 바르게 행동해야 한다고 생각하며 말한다(R).	①	②	③	④	⑤	⑥	⑦
12	잘 모르는 것에 대해서는 사실대로 "나는 모르겠는데"라고 분명히 말한다.	①	②	③	④	⑤	⑥	⑦
13	모임에서 내가 잘 모르는 사람을 만나도 피하기보다 적극적으로 나를 소개한다.	①	②	③	④	⑤	⑥	⑦
14	대화할 때, 상대방의 입장이 되어본다.	①	②	③	④	⑤	⑥	⑦
15	상대방과 이견을 보이는 주제가 아닌 것은 귀담아듣지 않는다(R).	①	②	③	④	⑤	⑥	⑦
16	내가 상대방의 말을 들은 대로 상대방에게 되풀이한다.	①	②	③	④	⑤	⑥	⑦
17	장애인과 대화하는 기회가 있으면 가능한 한 말을 적게 한다(R).	①	②	③	④	⑤	⑥	⑦
18	내가 생각하는 것과 전혀 다른 생각을 하는 사람의 의견도 잘 듣는다.	①	②	③	④	⑤	⑥	⑦
19	나의 개인적인 약점을 숨기기보다는 상대방의 조언을 들으려고 한다.	①	②	③	④	⑤	⑥	⑦
20	내가 하고 싶은 말을 미리 생각해 두었다가 기회가 되면 말한다.	①	②	③	④	⑤	⑥	⑦

21	상대방이 생각하는 것과 말하는 것이 서로 다르다는 것을 안다.	①	②	③	④	⑤	⑥	⑦
22	내가 듣고 싶은 말만 골라서 듣고 나머지는 무시한다(R).	①	②	③	④	⑤	⑥	⑦
23	상대방의 질문이 분명하지 않으면 질문의 구체적인 내용이 무엇인지를 다시 물어본다.	①	②	③	④	⑤	⑥	⑦
24	대부분 내 생각이 옳기 때문에 다른 사람의 생각은 흘려듣는다(R).	①	②	③	④	⑤	⑥	⑦
25	권위가 있는 사람이 말하는 것이면 옳다고 생각하며 받아들인다(R).	①	②	③	④	⑤	⑥	⑦
26	친한 친구지만 내가 싫어하는 것과 좋아하는 것에 대해서 분명하게 말해 준다.	①	②	③	④	⑤	⑥	⑦
27	상대방에게 의사전달을 위하여 말뿐만 아니라 표정이나 몸짓도 적극적으로 사용한다.	①	②	③	④	⑤	⑥	⑦
28	내가 한 말에 대해서 상대방이 어떻게 느꼈는지를 물어본다.	①	②	③	④	⑤	⑥	⑦

평가방법

하위요인	문항	합산 점수
정보수집	1, 8, 15, 22번 문항	( )점
경청	2, 9, 16, 23번 문항	( )점
고정관념 사고극복	3, 10, 17, 24번 문항	( )점
창의적 의사소통	4, 11, 18, 25번 문항	( )점
자기 드러내기	5, 12, 19, 26번 문항	( )점
주도적 의사소통	6, 13, 20, 27번 문항	( )점
타인관점 이해	7, 14, 21, 28번 문항	( )점

1) 3, 4, 9, 10, 11, 15, 17, 22, 24, 25번 문항은 역채점한다.

　7점 → 1점, 6점 → 2점, 5점 → 3점, 3점 → 5점, 2점 → 6점, 1점 → 7점

2) 하위요인별 문항의 점수를 합산하여 기록한다.

3) 요인별 합산 점수를 전부 더해 전체 점수를 구한다.

4) 아래와 같이 전체 점수를 평가한다.

　① 하위요인별: 23~28점=높음, 17~22점=보통, 12~16점=낮음, 11점 이하=매우 낮음

　② 전체 점수별: 131~196점=높음, 70~130=보통, 69점 이하=낮음

해보기

1) 종이 찢기 게임

우리가 원활하게 의사소통하기 위해서는 말하는 방법과 듣는 방법을 모두 알고 실천해야 한다. 말하는 사람이 아무리 잘 설명해도 듣는 사람이 집중하지 않으면 내용이 온전히 전달될 수 없다. 그리고 듣는 사람이 열심히 들어도 말하는 사람이 제대로 설명하지 않으면 내용을 온전히 이해할 수 없다. 종이 찢기 게임을 통해잘 말하고 듣는 것의 중요성을 경험해 보자.

〈게임 방법〉

① 두 사람이 A4 종이를 하나씩 가지고 등을 지며 서로 보이지 않게 한다.
② 한 사람이 종이를 접고 찢는 방법을 3번 설명하고 실행한다.
③ 이때 다른 한 사람은 설명에 따라 종이를 접고 찢는다.
④ 활동 후 완성된 종이를 펼쳐서 비교한다.
⑤ 역할을 바꿔서 동일하게 게임을 진행한다.

---

〔1〕 두 사람의 종이가 동일하게 찢어진 팀과 다르게 찢어진 팀을 구분하고 각 팀의 방법을 들어보자.

동일하게 찢어진 팀	다르게 찢어진 팀

02 두 팀의 방법을 비교할 때 어떤 차이점이 있는가?

2) 비폭력대화

비폭력대화는 어떠한 상황에서도 서로를 존중하며 대화하는 의사소통 방법이다. 반대로 폭력대화는 상대방을 자신의 기준에서 판단하고 평가하며 강요나 명령 중심의 언어를 사용하는 것이다. 원활한 의사소통은 작은 변화에서부터 시작된다. 아래 워크시트를 활용하여 폭력대화가 사용된 상황을 비폭력대화로 바꿔보자.

01 **스포츠 상황에서 폭력대화를 사용했거나 들었던 경험을 찾아보자.**

- 누구에게 폭력대화를 사용하거나 들었나요?

- 폭력대화의 내용은 무엇이었나요?

- 폭력대화를 사용하거나 들은 결과는 어땠나요?

02 위 상황으로 돌아가서 비폭력대화 4단계를 적용한 의사소통 시나리오를 만들어 보자.

① 관찰 :

② 느낌 :

③ 욕구 :

④ 부탁 :

돌아보기

문제 1 | **의사소통의 정의로 올바르지 않은 것은?**

① 서로의 생각과 의견을 주고 나누는 일련의 선순환적 과정이다.

② 의사소통을 통해 사람들과 관계를 형성함으로써 안녕감을 유지한다.

③ 언어적·비언어적 상호작용을 통해 정서적 안정과 만족을 얻는다.

④ 의사소통은 상급자와 하급자 같은 위계적 관계에서 발생하는 현상이다.

문제 2 | **의사소통의 역할로 올바르지 않은 것은?**

① 대인관계   ② 자아 발견

③ 설득   ④ 감정소모

문제 3 | **의사소통의 종류 중 비언어적 소통에 대한 설명으로 올바른 것은?**

① 시각, 청각, 언어는 의사소통 과정에서 파급 효과를 일으킨다.

② 다양한 비언어적 표현을 보이는 것은 상대방에 대한 실례이다.

③ 비언어적 의사소통은 몸짓이나 제스처만으로 구별할 수 있다.

④ 시선을 마주치는 것은 비언어적 의사소통을 방해하는 행위이다.

문제 4 | **언어적 의사소통에 대한 설명으로 올바르지 않은 것은?**

① 인간이 다른 동물들과 차별되는 이유는 언어적 의사소통을 할 수 있다는 것이다.

② 언어적 의사소통은 특정 자극에 대한 인간의 생리학적 반응이다.

③ 언어적 의사소통은 한 사람이 메시지를 전달하는 방식이다.

④ 언어적·비언어적 의사소통 방식이 함께 어우러질 때 효과적이다.

문제 5 아래의 의사소통 유형으로 올바른 것끼리 연결하시오.

① 수용 촉구형 · · ㄱ. 의견을 수용하지만, 자신의 의사에 따라 줄 것을 강요

② 수용 명령형 · · ㄴ. 의견을 수용하지 않으며, 자신의 의사를 강요

③ 비수용 명령형 · · ㄷ. 의견을 능동적으로 수용하고, 자율적으로 행동하는 것 지향

④ 비수용 촉구형 · · ㄹ. 의견을 받아들이려 하지 않지만, 자발적 행동을 위해 격려, 조언

문제 6 아래 <보기>를 보고 괄호 안에 들어갈 내용으로 올바른 것은?

〈보기〉

신뢰할 수 있는 의사전달자는 타인으로부터 신뢰를 얻기 위해 (㉠)과 (㉡)이라는 초석을 둔다. 이를 바탕으로 (㉢)을 한다. 나아가 PITCH 를 통해 효율적인 의사소통이 가능해진다.

	㉠	㉡	㉢
①	자신감	정서 유능감	적극적 경청
②	진정성	정서 유능감	적극적 경청
③	진정성	적극적 경청	정서 유능감
④	적극성	진정성	적극적 경청

문제 7 경청의 장애물로 작용하는 요인으로 <u>올바르지 않은</u> 것은?

① 성급히 판단하기   ② 걸러 듣기

③ 대화 주도하기   ④ 충고하기

문제 8 PITCH에 대한 설명으로 <u>올바르지 않은</u> 것은?

① 감정에 치우친 반응이나 부정적 메시지를 피함으로써 생산적인 메시지를 전달한다.

② 자신이 지닌 전문지식을 활용하여 유익한 정보를 제공한다.

③ 효과적인 의사소통을 위해 적당한 타이밍을 찾아야 한다.

④ 감정의 기복이나 변덕으로 인한 변화는 즉각적으로 의사소통에 반영하여야 한다.

문제 9 비폭력대화에 대한 설명으로 <u>올바르지 않은</u> 것은?

① 모욕, 비교, 비하하지 않을 뿐 상대방에 대한 본인의 생각을 거침없이 전달하는 것이다.

② 다툼이 없는 평화로운 세상을 위해 언어를 변화시키고자 제안되었다.

③ 관찰, 느낌, 필요/욕구, 요청/부탁으로 구성된다.

④ 평화의 정신을 담아 타인에 대한 이해 · 존중 · 감사 등을 표현하는 것을 강조한다.

문제 10 비폭력대화를 위한 방법으로 <u>올바르지 않은</u> 것은?

① 관찰은 어떠한 현상이나 사건을 있는 그대로 바라보는 것이다.

② 느낌은 관찰한 현상을 보고 즉각적으로 반응하는 것이다.

③ 느낌은 관찰한 현상에서 나타난 자신의 감정과 관련된다.

④ 요청과 부탁은 자신의 욕구를 상대방에게 전달하는 것이다.

답안

1	④	2	④	3	①	4	③
5	1-ㄷ, 2-ㄱ, 3-ㄴ, 4-ㄹ	6	②	7	③	8	④
9	①	10	②				

참고문헌

[1] Weinberg, R. S., & Gould, D. (2014). *Foundations of Sport and Exercise Psychology 6th Edition*. Human Kinetics.

[2] 정태연(2021). **인간관계와 의사소통의 심리학**. 서울 : 피와이메이트.

[3] Pop, C. L., & Zamfir, M. V. (2020). Nonverbal communication of young players in team sports. *Pedagogy of physical culture and sports, 24*(1), 26-29.

[4] Mehrabian, A. (2017). *Nonverbal communication*. Routledge.

[5] Buscombe, R., Greenlees, I., Holder, T., Thelwell, R., & Rimmer, M. (2006). Expectancy effects in tennis: The impact of opponents' pre-match non-verbal behaviour on male tennis players. *Journal of sports sciences, 24*(12), 1265-1272.

[6] Bull, P. E. (2016). *Posture & gesture* (Vol. 16). Elsevier.

[7] Jourard, S. M., & Friedman, R. (1970). Experimenter-subject" distance" and self-disclosure. *Journal of Personality and Social Psychology, 15*(3), 278.

[8] Du, S., Tao, Y., & Martinez, A. M. (2014). Compound facial expressions of emotion. *Proceedings of the national academy of sciences, 111*(15), 1454-1462.

[9] 김우룡, 장소원(2004). **비언어적 커뮤니케이션론**. 파주: 나남출판.

[10] 이철수, 문무영, 박덕유(2004). **언어와 언어학**. 서울: 역락.

[11] Norton, R. W. (1977). Teacher effectiveness as a function of communicator style. *Annals of the International Communication Association, 1*(1), 525-542.

[12] Rost, M., & Wilson, J. J. (2013). *Active listening*. Routledge.

[13] Stepien, K. A., & Baernstein, A. (2006). Educating for empathy. *Journal of general internal medicine, 21*(5), 524-530.

[14] Vealey, R. S. (2005). *Coaching for the inner edge*. Fitness Information Technology.

[15] 이한영(2016). **너 이런 경제법칙 알아?** 서울: 21세기북스.

[16] 구현정, 전영옥(2005). **의사소통의 기법**. 서울: 박이정.

[17] Rata, G., Rata, B. C., Rata, M., Mares, G., & Melinte, M. (2012). Verbal and nonverbal communication during hammer throw training and competitions.

Ovidius University Annals, Series Physical Education and Sport/Science, *Movement and Health, 12*(2), S370-S370.

[18] Rosenberg, M. B. (2004). *Nonviolent communication*. Sounds True.

[19] 이석재, 장유경, 이헌남, 박광엽(2003). **생애 능력 측정 도구 개발 연구: 의사소통 능력, 문제해결 능력, 자기 주도적 학습 능력을 중심으로.** 서울: 한국교육개발원.

10

스포츠를 통한
유소년 발달

Youth development
through sport

이해하기

1. 긍정적 유소년 발달

긍정적 유소년 발달(Positive Youth Development, PYD)은 사회 변화와 시대 흐름에 따라 변하거나 통합된 이론들의 집합체. 특히 2000년대에 등장한 긍정심리학(positive psychology)은 긍정적 유소년 발달 이론을 체계적으로 정립하는 데 상당한 영향을 주었다. 긍정심리학이 유소년 발달에 대한 기존의 관점을 크게 변화시켰기 때문이다.

1) 유소년에 대한 이해

유소년 시기[2]는 인간의 생애주기발달(human life span) 관점에서 중요하다. 왜냐하면 유소년들은 이 시기에 심리·정서·신체적으로 무수히 많은 변화를 경험하기 때문이다. 이 경험은 남은 인생의 방향을 결정하는 데 많은 영향을 미친다. 그러나 갑작스러운 변화는 유소년 내면의 항상성(homeostasis)을 무너뜨리고 불안정하게 만든다. 특히 자기조절이나 자기통제 능력이 부족한 유소년들은 불안정성의 결과로 반사회적인 행동(예: 약물 사용, 따돌림 등), 공격성과 폭력성 등을 보이는 경향이 있다.

과거에는 이러한 유소년 시기를 '질풍노도(storm and stress)의 시기'라고 부르기도 했다. 이들의 돌발 행동과 갑작스러운 심리 변화가 거세게 몰아치는 비바람

2　이 책에서는 유소년·청소년을 통틀어 '유소년'이라고 표현한다. 유소년은 초등학생부터 중·고등학생까지 발달기에 있는 사람을 말한다.

이나 파도와 같다는 의미다. 기존의 발달심리학은 유소년들이 사춘기에 경험하는 부정적인 변화를 효과적으로 조절하거나 예방하는 데 중점을 두었다. 즉 유소년이란 성장하면서 경험하는 다양한 문제(예: 비행, 약물, 폭력, 공격성 등)를 효과적으로 대처하거나 해결해야 하는 존재라고 인식했다. 이를 손실 감소(deficit-reduction) 접근이라고 한다.

그러나 심리학의 권위자인 셀리그만(Seligman)과 칙센트미하이(Csikszentmihalyi)[1]가 기존 심리학의 관점을 탈피하고 긍정심리학으로의 전환을 이끌면서 유소년 발달에 대한 관점에도 변화가 생겼다. 긍정심리학을 토대로 한 강점 기반(strength-based) 접근에서는 문제를 해결하거나 예방하는 데 중점을 두지 않고 잠재력과 강점을 더 개발하여 부정적인 현상을 상쇄(相殺)시키는 것에 관심을 두었다. 따라서 강점 기반 접근은 유소년들이 건강한 성인으로 성장하여 행복한 삶을 살기 위한 역량(competency)과 내적 자산(inner assets)을 개발하고 긍정적인 발달을 유도하는 것에 목적을 둔다.

유소년에 대한 강점 기반 접근을 이해하는 것은 긍정적 유소년 발달과 라이프 스킬(life skills) 그리고 전이에 대한 단계적 접근과 실천의 합리성을 제공하기 때문에 중요하다. 이후부터 전개되는 내용을 더 쉽게 이해하기 위해서는 유소년에 대한 강점 기반 접근을 염두에 두어야 한다.

> **KEY POINT**
>
> 손실 감소 접근은 유소년의 발달 과정에서 나타나는 문제들을 효과적으로 해결하는 데 중점을 둔다. 반면 강점 기반 접근은 유소년들의 문제보다 이들이 지닌 잠재력과 강점을 개발하는 것에 관심이 있다.

2) 스포츠 기반 유소년 발달

적절한 구조를 바탕으로 제공되는 스포츠 프로그램은 유소년들의 긍정적 발달에 매우 적합한 환경으로 작용한다. '스포츠 기반 유소년 발달(Sport Based Youth Development, SBYD)'은 긍정적 유소년 발달 이론이 추구하는 최종목표에 도달하기 위해 스포츠라는 수단을 사용한다. 스포츠가 유소년들의 긍정적 발달을 촉진하기 위해서는 다음과 같은 조건들이 뒷받침되어야 한다.

(1) 유소년의 심리적 안정과 동기

유소년들은 스포츠 환경에서 심리·정서적 안정을 느껴야 한다. 그리고 스포츠 프로그램에 스스로 참여하고자 하는 동기가 있어야 한다. 요컨대 자결성 (self-determination) 동기를 대표하는 기본심리욕구(자율성, 유능성, 관계성)의 만족 수준은 유소년의 긍정적 발달 경험에 중요한 선행조건이다.[2] 즉 기본심리욕구 수준이 높을수록 심리·정서적으로 안정되어 있고 참여 동기 수준 또한 높다.

(2) 체계적인 프로그램

긍정적 유소년 발달을 도모하는 스포츠 프로그램은 목적을 달성하기 위한 구체적인 전략과 계획이 수립되어 있어야 한다. 또한 적절한 난이도의 도전 활동이 포함되어 있어야 한다. 유소년들이 도전 활동을 통해 스스로 변화를 경험하고 연습할 수 있기 때문이다. 그러나 만약 도전 활동의 난이도가 너무 높거나 낮다면 유소년들의 동기를 유발할 수 없으므로 주의해야 한다.

(3) 사회 환경

스포츠 환경에서 유소년들과 직접적으로 상호작용하는 지도자, 부모 그리고 동료 및 팀 분위기는 사회적 환경의 대표적인 요인이다. 긍정적 유소년 발달 이론에서 이들은 유소년의 외적 자산(external assets)이라고 불린다. 사회적 환경의 대표 요인들에 대한 구체적인 내용은 다음과 같다.

① 지도자

사회학습 이론의 관점에서 스포츠 지도자(코치, 감독 포함)는 유소년들에게 가장 중요한 관찰·학습 대상이다. 유소년들은 스포츠 환경에서 지도자의 의사소통 방식, 문제해결 방식, 훈련 참여 태도 등과 같은 발달 요소들을 모델링(모방)한다. 수찬의 태권도 팀 지도자는 잘못된 자세와 수행에 대해 질책이나 처벌을 먼저 하는 것이 아니라, 잘못된 수행에 대한 이유와 보완 방법에 대해 설명한 뒤 올바르게 수행하도록 돕는다. 이러한 지도자의 긍정적인 태도는 팀 내 선수들에게 모범이 되어 이들이 운동 외의 문제에 대처하고 해결하는 방식에 영향을 미친다.

이와 같이 지도자의 코칭 유형이나 특성은 선수들의 다양한 심리 변인에 영향을 미치는 것으로 알려져 있다. 지도자의 코칭 행동과 라이프스킬 발달 및 전이의 관계를 분석한 결과, 선수들이 지각하는 코칭 행동은 라이프스킬 발달에 긍정적인 영향을 미치고 이를 매개하여 전이에도 영향을 미쳤다.[3]

② 부모

자녀의 스포츠 참여에 부모가 어떤 태도로 관여하는지는 유소년의 긍정적 발달 결과로 직결된다. 일례로 자녀의 스포츠 수행에 지나치게 간섭하거나 압박을 주는 부모의 태도는 보편적으로 부정적 발달 결과를 초래한다. 반면 적절한 보상을 제공하고 이해하려는 태도는 긍정적 발달 결과와 관련된다. 축구선수인 창민의 부모는 수행하면서 느끼는 재미와 성취감을 중시하고 늘 창민의 운동 참여를 독려한다. 반면 주연의 부모는 언제나 시합장에 동행하고 결과에 대해 압박한다. 주연의 수행이 좋지 않거나 성적이 나쁘면 지나치게 꾸중하고 관여한다. 그러다 보니 시합장에서 주연은 늘 긴장하고 결과에 집착하게 되었다.

이와 같이 자녀의 스포츠 참여에 대한 부모의 태도는 유소년의 발달에 긍정적 또는 부정적인 영향을 미친다. 실제로 자율적인 부모의 양육태도는 유소년 선수의 친사회적 행동을 증가시키고 동료나 상대를 향한 반사회적 행동을 감소시키는 것으로 확인되었다.[4]

③ 동료 및 팀 분위기

스포츠를 통한 유소년 발달 프로그램에서 케어링(caring; 배려, 관심 등) 분위기를 형성함으로써 유소년의 긍정적 발달 분위기를 조성할 수 있다. 케어링 분위기가 바람직하게 형성되었을 때 유소년들은 라이프스킬 학습과 전이를 위한 토대를 다질 수 있다. 이러한 분위기는 동료나 팀의 분위기에 가장 큰 영향력을 행사한다. 즉 팀 동료들이 서로를 존중·협력하며 효과적인 의사소통 기회를 가질 때 긍정적 발달 결과가 나타날 확률이 높아진다. 실제로 운동에 참여하는 대학생들이 케어링 분위기를 지각할수록 스포츠퍼슨십(sportpersonship)[3]이 향상되는 것으로 나타났다. 또한 과정을 중시하는 숙달지향과 결과를 중시하는 수행지향으로 구성된 동기 분위기(motivational climate) 역시 이들의 스포츠 인성에 긍정적 또는 부정적인 영향을 미쳤다. [5]

유용한 정보!

<사루나스 야시케비시우스 감독의 배려[6]>
리투아니아의 프로 농구팀 잘기리스(Zalgiris Kaunas) 팀은 준결승 2차전에서 패배했다. 경기 직후 이어진 잘기리스 팀의 감독 야시케비시우스의 기자회견에서 한 기자가 질문했다. "감독님, 팀의 주축 선수인 리마 선수가 아내의 출산 이유로 경기에 출전하지 않았는데 어떻게 생각하십니까?" 그러자 야시케비시우스 감독의 눈빛이 돌변하면서 기자에게 대답했다. "제가 다녀오라고 했습니다." 여기서 그 기자는 다시 질문을 이어나갔다. "하지만 중요한 시리즈 중에 팀을 떠나는 것이 정상적입니까?" 이 질문에 야시케비시우스 감독은 마치 화가 난 것처럼 대답했다. "젊은 기자님은 자식이 있나요? 당신이 첫 아이를 가진다면 세상에서 무엇이 가장 중요한 것인지 이해하게 될 겁니다. 아구스토(선수)는 지금 천국에 있는 기분일 겁니다. 저는 그 덕에 행복합니다." 선수들은 야시케비시우스 감독의 배려에 부응하듯 남은 준결승 경기를 모두 승리하고 결국 2017년 리투아니아 리그에서 우승을 차지했다.

3) 스포츠 긍정적 유소년 발달 모델

앞서 살펴본 세 가지 조건(심리적 안정과 동기, 체계적인 프로그램, 사회 환경)을 바탕으로 홀트(Holt)와 동료들[7]은 '스포츠를 통한 긍정적 유소년 발달(positive youth development through sport)' 모델을 제시하였다(그림 10-1 참조).

유소년은 **생태학적 거시체계**라는 환경(예: 지역사회, 정책, 문화) 속에서 살아간다. 거시체계에서 스포츠라는 **긍정적 유소년 발달 분위기**는 직접적으로 개인·사회·신체 차원에서 긍정적 유소년 발달 결과를 만들도록 돕는다. 여기서 **라이프스킬 프로그램 중재**는 스포츠 환경에서 라이프스킬 발달과 전이 활동을 통해 지도자, 부모, 또래와 유소년 발달 사이에 긍정적인 촉매제 역할을 한다.

---

3 스포츠퍼슨십은 스포츠 참여자로서 요구되는 바람직한 행동 특성을 말한다. 대표적으로 최선을 다하는 행위, 상대나 심판을 존중하는 행위, 규칙을 준수하는 행위가 포함된다.

유소년들은 이러한 거시체계에서 **암묵적**인 혜택을 받는다. 암묵적이란 표현은 자신이 의도하지 않은 긍정 또는 부정적 영향 관계를 말한다. 예를 들어 정효는 허약 체질이다. 체질 개선을 목적으로 태권도를 시작했다. 1년 정도 태권도를 했더니 신체 건강이 눈에 띄게 좋아졌다. 게다가 소극적이었던 태도마저 개선되었다. 여기서 소극적인 태도 개선이 암묵적인 효과에 해당된다.

　　하지만 스포츠 환경에서는 지도자, 프로그램, 수련생이 의도적이고 계획적으로 상호작용하며 성장을 꾀한다. 우리는 이것을 **명시적**이라고 표현한다. 예를 들어 정현이는 건강을 위해 태권도를 시작했다. 사범은 신체활동뿐만 아니라 태권도의 체계성과 의도성을 담은 라이프스킬을 접목하였다. 사범은 수련 시작 전에 수련생들에게 자신감에 대한 설명을 잊지 않았다. 수련생들은 운동시간에 다양한 성취감을 맛보며 자신감을 인지적, 행동적 차원에서 경험했다. 그리고 그 자신감은 도장뿐만 아니라 가정과 학교에서 필요한 자신감(예: 새로운 것에 도전하기)과 같은 것이라는 사실을 깨닫는다. 이것이 명시적 코칭의 좋은 예다. 즉 스포츠 참여는 신체활동이 주된 목적이지만 그 과정에 어떠한 의도성과 계획성을 담아내느냐에 따라 결과는 달라진다. 이러한 명시적 코칭을 통해 유소년들은 다양한 행동적, 심리적, 정서적 가치들을 체험하고 이것을 삶으로 전이시킬 수 있다.

그림 10-1 **스포츠를 통한 긍정적 유소년 발달 모델**[7]

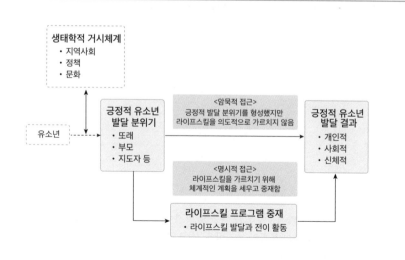

4) 시민사회 모델

긍정적 유소년 발달이나 스포츠를 통한 유소년 발달 이론의 공통적인 지향점은 개인의 행복한 삶이다. 그리고 사회적 관점에서는 유소년들이 성숙한 성인으로 성장하여 사회에 보탬이 되는 것을 지향한다. 이와 같은 내용은 러너(Lerner)와 동료들[8]이 응용발달과학(Applied Developmental Science, ADS)⁴ 관점에서 설명한 시민사회(civil society) 모델로 설명할 수 있다.

이 모델은 유소년과 가정을 위한 사회적 정책이 어떻게 긍정적으로 순환하고 시민사회 달성에 도움이 될 수 있는지 설명한다(그림 10-2 참조). **정책의 목적**에는 긍정적 유소년 발달을 위한 가정의 기능을 강화하기 위한 국가나 정부의 정책 등 다양한 전략이 포함된다. **프로그램 제공 및 자원**은 사회정책으로 지역사회에서 운영하는 프로그램이나 사설 유소년 스포츠 프로그램이다. 이러한 자원들은 유소년들에게 건강추구, 안전한 환경, 실용성 있는 역량, 편견과 차별로부터의 자유, 지역사회에 기여하는 기회 등을 제공한다. 이를 통해 발달하는 5C는 유능감(Competence), 관계성(Connection), 인성(Character), 자신감(Confidence), 그리고 케어링(Caring)으로 구성된다. 5C는 지적·사회적·행동적 능력, 타인과의 긍정적인 유대감, 성실성과 도덕성, 긍정적인 자기 존중, 자기효능감, 용기 그리고 인간적인 가치관, 공감, 사회적 정의감 등을 형성하는 데 영향을 미친다. 또한 유소년의 5C 개발은 다음 세대로 이어짐으로써 시민사회가 강화될 수 있다.

---

4 응용발달과학(ADS)은 취약계층에 있는 아동 및 가정에 대한 삶의 기회를 증진하고 긍정적 발달을 도모하기 위한 발달 연구의 통합적 관점이다. 이를 위해 삶을 개선하는 정책이나 프로그램 등의 실천과 선진화를 도모하는 학문이다.

그림 10-2 시민사회 모델[8]

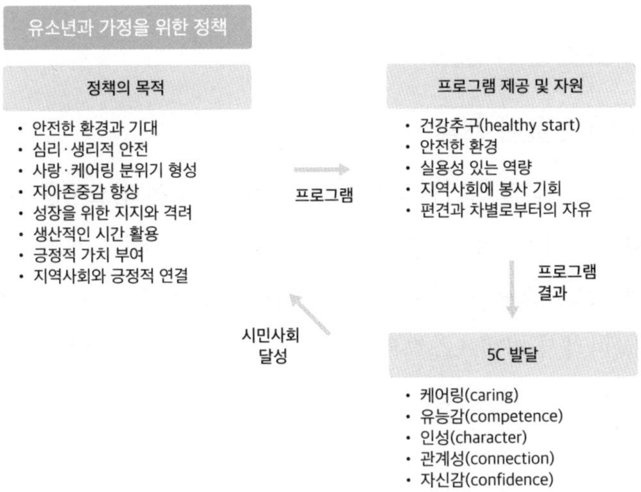

유소년과 가정을 위한 정책

정책의 목적

- 안전한 환경과 기대
- 심리·생리적 안전
- 사랑·케어링 분위기 형성
- 자아존중감 향상
- 성장을 위한 지지와 격려
- 생산적인 시간 활용
- 긍정적 가치 부여
- 지역사회와 긍정적 연결

프로그램

프로그램 제공 및 자원

- 건강추구(healthy start)
- 안전한 환경
- 실용성 있는 역량
- 지역사회에 봉사 기회
- 편견과 차별로부터의 자유

프로그램 결과

시민사회 달성

5C 발달

- 케어링(caring)
- 유능감(competence)
- 인성(character)
- 관계성(connection)
- 자신감(confidence)

2. 라이프스킬

1) 라이프스킬의 정의

(1) 라이프스킬의 개념

라이프스킬은 **삶의 다양한 영역에서 나타나는 도전과 요구를 효과적으로 대처하는 데 필요한 심리 · 정서 · 행동 능력**으로 정의한다. 이는 개인의 내면과 외면의 성장을 바탕으로 삶을 개선하거나 성공적인 삶을 영위할 수 있도록 하는 것에 목적이 있다. 따라서 라이프스킬은 행동기술과 인지기술을 포함하고 대인관계적(interpersonal)이거나 개인 내적(intrapersonal)일 수 있다. [2]

(2) 라이프스킬과 인성

라이프스킬은 사회정서학습(social-emotional learning), 정서 지능(emotional intelligence), 역량(competence), 회복탄력성(resilience) 그리고 인성교육(character education) 등과 혼용되기도 한다. 그러나 라이프스킬은 용어에서도 알 수 있듯이 기술(skills)적인 측면을 강조한다는 특징이 있다. 이것은 인성 개념과 가장 큰 차이점이다.

유소년 발달 연구에서 보편적으로 다루어 오던 인성이라는 용어는 많은 연구자의 노력에도 불구하고 명확한 개념 정의가 이루어지지 않았다. [9] 예를 들어 인성을 구성하는 각 덕목과 요인들의 경계를 분명하게 구분할 수 없고, 사회 · 문화마다 요구되는 인성 수준이 달라서 합의된 정의를 내리기 힘들다. 반면 라이프스킬은 행복한 삶을 살아가는 데 필요한 구체적인 기술들을 제시하기 때문에 그 개념이 훨씬 명확하다는 장점이 있다. 또한 기술은 실천을 강조한다는 점에서 유소년들이 학습하거나 발달하는 데 수월하다. [2][3]

한 가지 예를 통해 인성과 라이프스킬 개념의 차이를 비교해 보자. 인성 덕목 중 예의는 '인간이 지켜야 하는 마땅한 도리'라고 정의된다. 이때 마땅한 도리라는 개념은 지나치게 광범위하고 불명확하다. 하지만 라이프스킬은 예의를 '관계의 시작'으로 정의한다. 좋은 관계를 맺기 위해 '인사하기'를 실천한다. 예의라는 추상적 개념은 관계의 시작과 인사하기라는 명확한 기술로 설명된다.

(3) 라이프스킬의 구성요인

와이스(Weiss), 보터(Bolter), 그리고 킵(Kipp)[10]은 라이프스킬의 하위요인으로 만나기와 인사하기(meeting and greeting), 감정조절, 목표설정, 갈등해결, 건강한 선택하기, 다름 인정하기, 타인에게 도움 구하기, 타인 돕기라는 여덟 가지 요인을 제시하였다. 이와 비슷하게 크로닌(Cronin)과 엘런(Allen)[11]은 자신들이 개발한 스포츠 라이프스킬 측정도구의 하위요인으로 팀워크, 목표설정, 시간관리, 감정기술, 대인관계, 사회기술, 리더십 그리고 문제해결 및 의사결정과 같이 여덟 요인을 제시하였다. 이 밖에도 라이프스킬의 개념이 심리 전략 또는 심리기술을 내포하고 있다는 점[12]에서 혼잣말, 자신감, 긍정적 생각, 불안조절 등을 포함한다.[13] 따라서 라이프스킬은 대인관계, 문제해결, 의사소통, 자기조절, 시간관리, 목표설정, 의사결정, 스트레스 대처 기술 등과 같은 다양한 사회심리적 역량이나 능력을 포함한다(표 10-1 참조).

표 10-1 라이프스킬 문헌과 하위요인

라이프스킬 요인	학자
정신력, 근면성, 감정조절, 자신감, 단체생활, 예의, 의사소통 능력, 대인관계 능력, 몸관리, 시간관리, 목표추구, 목표설정	권오정(2017)[14]
만나기와 인사하기, 자기 이해하기, 꿈 찾기, 목표 만들기, 목표 실천하기, 긍정적 생각하기, 마음 다지기, 유능감 높이기, 생활관리하기, 다름 인정하기, 소통 능력 키우기, 관계 맺기, 갈등해결하기, 도움 주고받기	임태희 등(2019)[15]
흥미지속, 참여, 몰입, 의사소통, 사회성, 공동체 의식, 수용, 대처, 문제해결, 비전, 목표설정, 실천	이옥선(2016)[16]
팀워크, 목표설정, 시간관리, 감정기술, 의사소통 및 대인관계, 사회기술, 리더십, 문제해결 및 의사결정	크로닌과 엘런(2017)[11]
팀빌딩, 꿈에 도전하기, 목표설정하기, 실현 가능한 목표 만들기, 타인에게 도움받기, 긍정적 혼잣말, 긴장풀기, 감정조절, 건강한 라이프 스타일, 다름 인정, 자신감과 용기, 개인수행 집중, 강점개발, 인생 목표설정	대니쉬(2002)[17]
만나기와 인사하기, 감정조절, 목표설정, 갈등해결, 건강한 선택, 다름 인정, 도움받기, 도움 주기	와이스 등(2014)[10]

2) 스포츠와 라이프스킬

라이프스킬은 삶의 다양한 영역에서 배우고 개발할 수 있다. 예를 들어 유소년은 사람들끼리 만났을 때 악수하는 모습을 직접적으로 또는 간접적으로 관찰 및 학습함으로써 '인사하기'라는 라이프스킬을 배울 수 있다. 또 다른 유소년은 부모로부터 공공장소 예절이나 예절 행동을 학습할 수도 있다. 이처럼 라이프스킬은 삶의 영역 전반에 걸쳐 학습된다.

긍정적 유소년 발달 학자들은 라이프스킬의 학습과 발달이 구조적이고 체계화된 활동을 통해 촉진될 수 있다고 주장한다. 특히 스포츠와 같은 체계적인 신체활동은 라이프스킬 발달에 가장 큰 효과가 있는 것으로 알려져 있다. 스포츠가 라이프스킬 발달에 유리한 이유는 다음과 같다.[18]

(1) 스포츠는 누구나 쉽게 접근할 수 있다

스포츠는 우리 사회에 가장 널리 보급된 활동 중 하나로 남녀노소 관계없이 누구나 쉽게 접할 수 있다. 게다가 오늘날 대다수의 유소년은 공적이거나 사적인 교육에서 스포츠나 운동에 참여한 경험이 있다(예: 태권도장, 축구클럽 등). 비록 유소년들의 운동 참여 형태·빈도·강도 등에 차이는 있으나 국가와 사회는 유소년들의 스포츠 참여 기회를 보장하기 위해 노력하고 있다.

(2) 스포츠와 삶에서 최상수행은 유사하다

스포츠에서는 최상수행을 위해 다양한 조건들이 충족되어야 한다. 특히 심상, 루틴, 혼잣말, 불안조절, 인지재구성 등과 같은 심리기술은 스포츠에서 성공적인 수행을 위해 반드시 필요하다. 예를 들어 시합 당일 워밍업부터 시합 직전까지 선수들은 자신이 개발한 루틴을 실행한다. 또 자신감을 끌어올리기 위해 자신과의 대화, 심상 등의 기술을 활용한다. 이러한 기술들은 삶의 성공적인 수행을 위해서도 필요하다. 가령 학교의 시험을 앞두고 긴장되는 마음을 조절하기 위해 심상과 혼잣말을 사용할 수 있다. 이처럼 스포츠와 삶에서 최상수행을 위해 필요한 요소는 비슷하다.

(3) 스포츠에서 배운 기술은 삶으로 전이 가능하다

스포츠를 기반으로 한 교육은 운동 능력이나 신체 기능 향상만을 목적으로 하지 않는다. 스포츠 교육은 유소년들이 스포츠에 참여함으로써 팀워크, 의사소통, 리더십, 배려, 자기조절 등과 같은 발달 변인들을 학습하도록 장려한다. 이러한 기술들은 고스란히 삶에 녹아들 수 있다. 예를 들어 학교에서 팀 과제를 수행하거나 공동의 업무를 수행할 때, 어려운 문제에 직면했을 때, 친구들과 원만한 관계를 유지해야 할 때, 성공하거나 실패했을 때, 그리고 자신의 미래를 위해 최선의 선택을 해야 할 때와 같은 상황에서 스포츠를 통해 배운 기술들이 활용될 수 있다.

(4) 스포츠 기술과 라이프스킬은 훈련을 통해 개발된다

가장 효율적인 라이프스킬 발달 방법은 스포츠 기술과 라이프스킬을 함께 가르치는 것이다. 이 두 가지 기술은 시범이나 모델링, 그리고 연습을 통해 학습하거나 개발할 수 있다는 공통점을 가진다.[19] 이 때문에 스포츠는 라이프스킬을 연습하고 발달시키기에 매우 적합한 환경을 제공한다. 유소년들은 스포츠 환경을 실제 삶에서 라이프스킬을 활용하기 위한 리허설 무대로 사용할 수 있다. 이 무대에서 성공과 실패라는 경험을 바탕 삼아 삶이라는 실제 무대에서 향상된 라이프스킬을 선보일 수 있다.

(5) 스포츠는 유능감을 향상시킨다

스포츠 기술을 습득하기 위해서는 일련의 단계를 거쳐야 한다. 농구를 이제막 배우기 시작한 유소년이 곧바로 3점 슛을 성공시키는 것은 매우 어려운 일이다. 3점 슛을 성공시키기 위해서는 농구의 기본 기술부터 차례대로 배워나가야만 한다. 이처럼 모든 스포츠는 초보자들을 위해 단계적인 훈련 프로그램을 제공한다. 단계에 맞는 훈련은 보통의 초보자들이 쉽게 성취할 수 있는 목표이기 때문에 이들의 흥미와 유능감을 향상시킬 수 있다. 유소년들도 마찬가지로 자신에게 적절한 난이도의 과제를 수행함으로써 성취감과 유능감을 느낄 수 있다. 이러한 성공 경험에 대한 긍정적 가치는 라이프스킬 학습과 전이를 위해 중요한 요소로 작용한다.[20]

3) 스포츠 라이프스킬 프로그램 및 효과

(1) GOAL

GOAL(going for the goal) 프로그램[21]은 심리교육 모델[22]과 학교 스포츠를 기반으로 목표설정과 달성에 대한 내용을 다룬다. 무엇보다 청소년의 안녕(well-being)에 방해가 될 수 있는 부정적 요소들(예: 공격성, 약물, 폭력 등)을 예방하고 스포츠 활동을 통해 잠재력과 유능감을 획득하는 것에 목적이 있다. 이 프로그램에서는 문제해결 방법, 사회 지원을 이용하는 방법, 역경을 극복하는 방법, 그리고 목표를 설정하고 달성하는 방법 등 총 10가지 기술을 가르친다.

오헌(O'Hearn)과 가츠(Gatz)[23]는 라이프스킬 학습과 훈련이 충분히 이루어진 고등학생 46명의 리더를 활용하여 히스패닉계(스페인어권) 중학생 479명에게 10주 동안 GOAL 프로그램을 적용하였다. 그 결과 중학생들의 목표에 대한 지식과 문제해결 기술은 향상되었고, 고등학생 리더들의 라이프스킬 지식도 향상되었다. 이 연구는 생태학적 관점에서 중학생과 고등학생이 상호작용할 수 있고, 서로에게 긍정적인 영향을 미칠 수 있음을 보여주었다.

(2) SUPER

SUPER(Sports United to Promote Education and Recreation)[24] 프로그램은 GOAL 프로그램을 수정·보완하여 개발되었다. 이는 GOAL 프로그램의 큰 틀을 대부분 수용하면서 청소년들이 사회에 긍정적으로 기여할 수 있는 올바른 시민이 되도록 하는 것에 목적을 둔다. 구체적으로 목표설정, 긴장풀기, 감정조절, 타인에게 도움받기, 다름을 인정하기 등과 같은 주제가 포함된 18개의 워크숍(work shops)으로 구성되어 있다.

퍼패커라이시스(Papacharisis)와 동료들[12]은 SUPER의 축약 형태(8개의 워크숍)를 10-12세의 축구와 배구선수들에게 적용하고, 사전 검사와 사후 검사를 실시하였다. 그 결과 SUPER 프로그램에 참여한 집단의 개인적 목표설정, 문제해결 그리고 긍정적 생각이 비참여 집단보다 향상된 것으로 나타났다. 게다가 SUPER 프로그램 참여 집단의 프로그램 이해도와 신체 기술 향상 또한 높은 것으로 나타났다.

(3) Play it smart

Play it smart 프로그램[25]은 학생선수 대상의 라이프스킬 프로그램이다. 스포츠 참여에 대한 동기를 유발함으로써 자발적 참여와 자율성을 강화하기 위해 고안되었다. 특히 생애발달중재 전략 이론[26]이라는 이론적 틀을 기반으로 참여자들의 지속적인 성장과 변화를 강조했다는 점이 눈에 띈다. GOAL이나 SUPER와 유사한 맥락에서 이 프로그램의 목적은 참여자들의 능력과 역량을 개발하는 것에 있다. 252명의 고등학교 미식축구 선수들을 대상으로 Play it smart 프로그램을 적용한 연구[25]는 참여자들의 학업 능력의 향상(SAT 점수), 사회봉사활동(community service activity)의 증가, 건강 증진 행동에 대한 이해와 실천 증가 등의 결과가 도출되었다.

(4) DC

DC(Developing Champions) 프로그램[27]은 유소년 스포츠 선수들이 스포츠와 학업 및 사회생활 사이의 균형을 유지하면서 심리기술을 발달시키고, 최상수행에 필요한 자기조절(self-regulation) 능력과 대처 기술(coping skills)을 제공하기 위해 고안되었다. 세 단계를 거치는데 첫 번째 단계는 '성공을 위한 바탕(foundation for my success)', 두 번째 단계는 '스포츠 길 따라 전진(advancing along my sport pathway)' 그리고 세 번째 단계는 '집중적인 수행(intensive servicing)'이다. 다양한 종목의 선수들(13-18세)을 대상으로 한 하드캐슬(Hardcastle)과 동료들[27]의 연구에 따르면, DC 프로그램은 스트레스 대처, 학업·사회·훈련의 균형 유지, 시간관리, 목표설정 등에 효과적인 것으로 나타났다.

(5) First Tee

First Tee는 골프 기반의 유소년 스포츠 라이프스킬 프로그램이다(그림 10-3 참조). 이는 유소년의 긍정적 발달을 극대화하기 위해 환경, 내적 자산, 그리고 외적 자산이 서로 잘 맞물려야 한다는 학문적 배경에 기반을 둔다. 즉 골프라는 환경 안에서 유소년의 라이프스킬이라는 내적 자산을 개발하기 위해 코치라는 외적 자산의 역할을 강조한다. 코치들은 'First Tee 코치 프로그램'을 통해 훈련받거나 자격이 주어지기 때문에 라이프스킬 지도에 관한 엄격한 관리가 이루어진다. First Tee가 추구하는 9가지 핵심가치는 존중, 책임감, 예의, 정직, 성실, 스포츠맨십, 자신감, 판단 그리고 인내다.

와이스(Weiss)와 동료들[28]은 First Tee에 참여한 유소년들과 First Tee가 아닌 다른 활동에 참여 중인 유소년들의 라이프스킬 변화를 비교 분석하였다. 그 결과 First Tee에 참여한 유소년이 비교 집단의 유소년보다 만나기와 인사하기, 감정조절, 갈등해결, 다름 인정하기, 도움 구하기와 같은 라이프스킬 요인의 점수가 높은 것으로 나타났다.

그림 10-3 First Tee의 단계

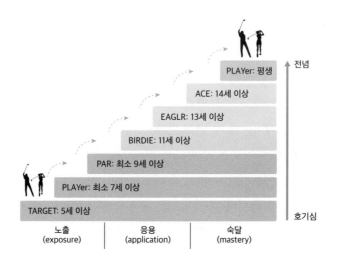

(6) PEAK

PEAK(Performance · Enhancement · Achievement · Knowledge) 프로그램[15]은 국내 학생운동선수들을 대상으로 개발된 라이프스킬 중재 프로그램이다(표 10-2 참조). 이 프로그램은 크게 계획(plan) · 습득(acquisition) · 실천(implementation)이라는 세 가지 단계로 진행된다. 계획 단계에서는 라이프스킬 개념을 이해하고 개인의 발달 또는 변화를 위한 목표를 설정한다. 습득 단계에서는 라이프스킬 발달과 변화에 필요한 전반적인 인지 전략이나 정보를 습득한다. 그리고 실천 단계에서는 주변인(가족 · 친구 · 지인 등)들과의 관계 속에서 습득한 라이프스킬을 실천하며 습관을 만들어 간다. 이 세 가지 단계는 총 15차시로 진행되고, 14개의 라이프스킬 요인으로 구성된다. 더해서 스포츠 체험과 인지 과정의 연결고리를 만들고 전이 효과를 극대화하기 위해서 워크북(workbook)이 함께 사용된다.

임태희[29]는 47명의 학생운동선수 중 22명에게 태권도 훈련과 PEAK 라이프스킬 프로그램을 적용하였고, 나머지 25명의 학생선수에게는 태권도 훈련만 참여하도록 하였다. 그 결과 태권도 실기와 PEAK 라이프스킬 프로그램에 참여한 학생선수들의 목표설정, 시간관리, 그리고 대인관계 요인이 비교 집단보다 향상된 것으로 나타났다. 게다가 학업에 대한 만족도, 성취도, 자신감, 그리고 흥미와 같은 학습태도 역시 비교 집단보다 더 높은 수준으로 향상되었다. 이 연구는 라이프스킬 프로그램이 학생선수들의 학업 능력 개선에도 도움이 될 수 있다는 정보를 제공하였다.

표 10-2 PEAK 프로그램의 내용

단계	차시	요인	프로그램 내용 요약
계획	1	만나기와 인사하기	새로운 만남에서 어떻게 인사하고 행동해야 하는지 이해하고 연습
	2	자기 이해하기	자기 이해의 중요성을 깨닫고 성향을 파악
	3	꿈 찾기	브레인스토밍을 통해 원하는 꿈과 목표는 무엇인지 탐색
	4	목표 만들기	SMART 목표설정 원리를 활용하여 꿈을 실현 가능한 목표로 설정
	5	목표 실천하기	과정-결과목표를 이해하고 단기목표와 장기목표로 구분하여 계획
습득	6	긍정적 생각하기	생각 바꾸기 전략을 이해하고 실제 삶으로 적용
	7	마음 다지기	부정적인 감정을 조절할 수 있는 4R 전략 학습
	8	유능감 높이기	상상하기 기술을 배우고 일상생활로 적용
	9	생활관리하기	어떻게 자신을 관리하고 있는지 파악하고 자기관리의 중요성 학습
	10	다름 인정하기	사람마다 다른 생각과 특성이 있다는 것을 이해
실천	11	소통 능력 키우기	다양한 사람의 사고방식을 이해하고 '나 전달법'과 '경청하기' 학습
	12	관계 맺기	자신에게 가장 필요한 인간관계 기술을 구체화
	13	갈등해결하기	삶에서 나타나는 갈등을 해결하기 위한 다양한 방법들을 그룹원들과 토론
	14	도움 주고받기	서로 도움을 주고받을 수 있는 방법을 모색
	15	돌아보기	프로그램 참여 전과 후의 변화를 인식하고 이를 향상 및 삶으로 전이할 수 있는 방법을 이해

3. 라이프스킬의 전이

1) 라이프스킬 전이의 개념

전이는 스포츠에서 학습한 라이프스킬을 내면화(internalization)하고 스포츠 너머의 환경으로 적용하여 일반화(generalization)하는 중재 과정을 의미한다.[30] 내면화란 스포츠에서 배운 라이프스킬을 완전히 이해·학습하여 자신의 것으로 만든 상태이다. 그리고 일반화는 스포츠 환경에서 내면화된 라이프스킬을 스포츠가 아닌 하나 이상의 다른 환경으로 적용하는 능력을 말한다.[2] 피어스(Pierce), 굴드(Gould), 그리고 카미레(Camiré)[30]는 스포츠심리학에서 라이프스킬 전이를 다음과 같이 정의하였다.

> "스포츠 라이프스킬 전이는 개인이 스포츠에서 내적 자산(예: 신체, 심리, 정서로 나타나는 사회심리적 기술과 역량)을 추가로 개발·학습·내면화하고 스포츠 상황에서 벗어나 스포츠 밖의 영역에 내적 자산을 적용하여 개인의 변화를 경험하는 과정이다."

위와 같은 정의를 바탕으로 라이프스킬 전이를 이해하기 위해서는 다음과 같은 5가지 특성을 이해할 필요가 있다.

(1) 라이프스킬은 '학습'이고 전이는 '응용'이다

전이는 학습한 내용을 다른 환경으로 응용하는 중간 과정을 의미한다. 따라서 전이는 근본적으로 학습과 응용이라는 법칙을 따른다. 교육의 궁극적인 목표는 학습 환경에서 배운 것이 실제 삶에 보탬이 되도록 하는 것이다. 이와 마찬가지로 스포츠 라이프스킬의 전이 역시 스포츠 환경에서 학습한 라이프스킬을 실제 삶에 전이시켜 응용해야 한다. 이러한 학습과 응용 과정은 라이프스킬 학습 시기와 전이 기회에 크게 좌우된다.[31] 이에 따라 전이는 즉각적으로 나타날 수도 있고 가깝거나 먼 미래에 나타날 수도 있다.

(2) 전이 가능성은 내면화에 달려 있다

라이프스킬 전이의 발생은 근본적으로 유소년 스스로의 능력과 태도에 달려 있다. 유소년은 스포츠에서 라이프스킬의 내면화 과정을 경험하고 의식적 또는 무의식적으로 자신의 감각에 통합한 다음 일반화를 경험한다. 이러한 과정을 통해 유소년은 스포츠 환경 밖에서 라이프스킬을 적용하는 능력을 습득할 수 있다. 결국 전이는 유소년의 내부에서 지속적으로 발생하는 내면화와 일반화의 끊임없는 상호작용으로 나타난다.

(3) 라이프스킬은 사회심리적 기술, 지식, 성향과 같은 내적 자산을 포함한다

사회심리적(psychosocial) 기술에는 대인관계(예: 효과적인 의사소통)나 개인 내적(예: 시간관리) 기술 등이 포함된다. 이러한 기술들이 스포츠에서 체험 및 습득될 수 있다는 증거는 충분하다.[32] 지식(knowledge)은 개념적(예: 무엇을 아는 것), 절차적(예: 방법을 아는 것), 전략적(예: 이유를 아는 것), 암묵적(예: 개인적 또는 경험적 지식)으로 구분된다.[33] 성향(예: 경쟁 성향, 완벽주의 성향)은 인식·사고·행동의 습관화된 양식이다. 보통 성향은 태어나면서부터 타고난 것으로 여겨진다. 그러나 아동기와 청소년기에 경험하는 환경 특성(예: 스포츠 환경)에 대한 대응으로도 성향이 만들어지고 변화할 수 있다.[34]

라이프스킬이 이와 같은 내적 자산 요소들을 포함한다는 사실은 전이의 개념과 특성을 더 잘 이해하는 데 도움이 된다. 예컨대 지식이라는 내적 자산을 이해하고 있는 지도자는 라이프스킬의 학습과 전이가 더 효과적으로 발생하도록 유소년들에게 라이프스킬 요인의 개념과 실천 방법을 설명하려고 노력할 가능성이 크다.

(4) 라이프스킬 개발은 스포츠뿐만 아니라 여러 학습 환경에서 발생한다

라이프스킬의 개발이 반드시 스포츠에서만 가능하다고 믿는 것은 큰 오류다. 유소년들에게 스포츠는 여러 활동 중 하나에 불과하다. 따라서 스포츠가 유소년의 라이프스킬을 개발하는 데 도움을 주는 수많은 학습 환경(예: 학교, 음악학원, 방과 후 동아리 활동 등) 중 하나라고 생각해야 한다.

(5) 라이프스킬 전이는 다양한 삶의 영역에서 발생한다

앞서 라이프스킬 개발이 여러 학습 환경에서 가능하다는 점을 이해했다. 유사한 맥락에서 라이프스킬 전이 역시 하나의 환경에서만 발생하지는 않는다. 전이 과정은 유소년의 내면에서 발생하는 현상이므로 실체가 없고 이를 객관적으로 구별하기 어렵다. 예를 들어 스포츠에서 다른 환경으로 라이프스킬을 전이시키기 위해 코치가 유용한 정보를 줄 수는 있지만 그것을 받아들이느냐 마느냐는 순전히 유소년의 선택에 달려 있다. 오히려 음악학원에서 배운 라이프스킬이 스포츠 환경으로 전이되어 사용될 가능성도 있다. 이처럼 라이프스킬 전이는 유소년의 선택과 해석에 따라 결과가 달라지고 다양한 영역에서 발생할 수 있다(그림 10-4 참조).

그림 10-4 내면화와 일반화에 따른 라이프스킬 전이

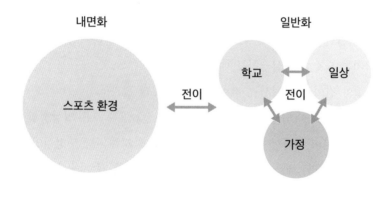

KEY POINT

라이프스킬의 전이는 특정 환경에서 내면화된 라이프스킬이 다른 환경으로 일반화되는 것을 의미한다.

2) 스포츠 라이프스킬 전이 모델

스포츠심리학자들은 스포츠 환경에서 라이프스킬이 어떻게 발달되고 다른 환경으로 스며드는지를 설명하기 위해 이론적 모델을 정립하였다. 여기서는 세 가지 라이프스킬 전이 모델에 대해 살펴본다.

(1) 피어스의 전이 모델

피어스와 동료들[30]은 라이프스킬 전이가 상호 발달 과정에 기반한다는 점에 주목하였다(그림 10-5 참조). 특정 환경에서 라이프스킬을 배우는 것(학습 환경)은 본질적으로 다른 환경에서 라이프스킬을 적용하는 것(전이 환경)의 일부분이고 이는 분리될 수 없다. 앞서 말한 학습과 응용의 개념이 적용된 것이다. 그리고 이 모델은 생태학 이론에 기반하여 라이프스킬 전이에 영향을 미치는 미시적 요인들에 많은 초점을 두지만 동시에 거시적 요인들(사회 문화적, 사회 정치적, 사회 환경적) 또한 다루고 있다. 따라서 사회문화적 환경(sociocultural environment)은 유소년의 라이프스킬 개발과 전이에 영향을 미치는 미시적 문화와 사회적 영향력을 나타낸다. 한편 시간(time)은 라이프스킬 전이를 촉진하거나 방해할 수 있는 요소다. 즉 라이프스킬 개발에 관한 시간의 흐름을 이해하는 것은 유소년의 라이프스킬 전이 능력에 영향을 미치는 요소들을 설명하는 데 필요하다.

피어스의 전이 모델에서는 라이프스킬 전이의 결과(transfer outcomes)가 긍정적 또는 부정적으로 나타날 수 있다고 설명한다. 즉 유소년은 일상생활에 도움이 되는 긍정적인 전이 결과를 경험하거나 일상생활에 저해되는 부정적인 전이 결과를 경험할 수도 있다. 예를 들어 스포츠에서 배운 목표설정 기술을 학업에 적용해서 학업성취도가 향상된다면 긍정적인 전이 결과다. 반대로 스포츠에서 학습한 과도한 경쟁 성향이 일상의 인간관계를 저해시킨다면 부정적인 전이 결과다. 오늘날 스포츠심리학 분야에서 자주 나타나는 한 가지 오류는 라이프스킬의 전이 결과가 반드시 긍정적일 것이라는 기대다. 우리는 스포츠의 영향력이 이중적일 수 있다는 사실을 잊지 말아야 한다.

그림 10-5 피어스의 라이프스킬 전이 모델[30]

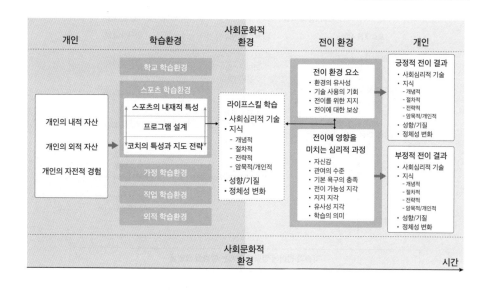

(2) 제이콥스와 라이트의 전이 모델

제이콥스(Jacobs)와 라이트(Wright)[35]는 라이프스킬 전이가 행동으로 나타나기 전 단계인 유소년의 내면 과정에 주목하였다. 즉 스포츠 라이프스킬이 다른 환경으로 전이되기 위해서 유소년이 어떤 인지 과정을 거치는지 규명하려고 노력했다. <그림 10-6>에서 네모 점선은 스포츠 프로그램에서 중추적인 역할을 담당하는 코치와 관련된 내용으로 지도자가 프로그램을 시행할 때 유의해야 하는 내용이다. 동그란 점선은 유소년에게서 발생하는 내면 과정으로 학습에 관한 내용이다.

유소년의 라이프스킬 지각과 이해(학습)가 이루어지고 나면 실제 삶으로 적용하기 위해 인지적 결합(cognitive connection)과 적용 과정을 거쳐야 한다. 인지적 결합의 세 가지 요소(경험적 가치, 동기화된 사용, 지각의 확장)를 바탕으로 스포츠 환경에서 배운 내적 자산을 다른 환경으로 적용하는 것이다. 이 적용은 전이 과정의 마지막 단계로 전이 과정 이후에 곧바로 나타날 수도 있고 가까운 미래에 나타날 수도 있다.

그림 10-6 제이콥스의 라이프스킬 전이 모델[35]

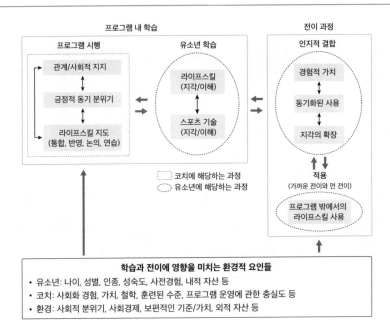

(3) 스포츠 라이프스킬 전이의 개념적 모델

임태희와 동료들[36]은 라이프스킬 전이에 관한 환경과 개인의 인지 과정을 통합하여 개념적 모델로 제시하였다(그림 10-7 참조). 기본적으로 스포츠 참여를 통해 배운 라이프스킬은 암묵적 과정을 거쳐 곧바로 스포츠 밖 환경에 사용될 수 있다. 그러나 이는 불확실한 과정이다. 명시적인 과정을 위해서는 적절한 환경(라이프스킬 프로그램, 주요 타자, 사회적 지원)이 갖춰져야 하고 인지 과정과 전이 촉진을 위한 요인들의 역할이 필요하다.

인지 과정은 전이의 가능성과 혜택을 지각하고 라이프스킬을 내면화 및 동기화하면서 자신의 지각을 확장하는 것이 포함된다. 이후 전이 촉진 요인들이 더해지면서 전이 가능성이 커진다. 전이 촉진 요인은 크게 내적 요인과 외적 요인이 존재한다. 내적 요인은 기본심리욕구의 만족이다. 반면 외적 요인은 라이프스킬을 개발한 환경과 사용할 환경이 얼마나 유사한지, 라이프스킬 사용 기회가 얼마나 보장되는지, 전이를 위한 지원(예: 피드백, 칭찬 등)이 있는지, 그리고 전이를 했을 때 적절한 보상이 주어지는지를 포함한다. 마침내 스포츠 환경에서 개발한 라이프스킬은 스포츠 밖 환경으로 전이된다. 앞서 언급한 바와 같이 전이는 학교, 가정, 지역사회 등 여러 환경에서 발생한다.

그림 10-7 스포츠 라이프스킬 전이의 개념적 모델[36]

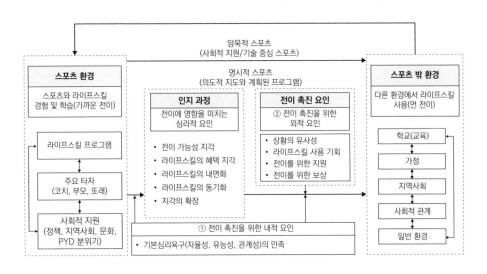

3) 스포츠 라이프스킬 전이 모델의 주요 쟁점

전이에서 중요하게 다루어야 할 것은 생각의 과정(정보처리 과정; information processing)이다. 유소년들은 라이프스킬 프로그램에 참여함으로써 몇 가지 라이프스킬을 배우면서 그 기술이 삶과 어떤 연관성을 맺고 있는지에 대해 이해와 지각을 한다. 그리고 그 기술을 스포츠 밖에서 활용할 수 있다는 사실을 기억으로부터 끄집어낸다. 이를 통해서 배운 콘텐츠와 기술을 삶으로 동기화하면서 실제 행동으로 실천한다.

전이 경험은 지각된 가치와의 관련성 때문에 행동 지향적 선택(action choice)

을 촉진한다. 가령 기술을 배우기 위한 행동 절차, 게임을 하기 위한 행동 절차, 한계를 극복하기 위한 심리기술의 활용, 스포츠 환경에서 상호작용을 통해 배우고 느끼는 사회성 등이 이에 속한다. 전이는 학습된 내용이 상황에 맞게 사용되는 경향이 강하다. 가령 한 유소년은 스포츠에서 상대에 대한 존중을 행동(예: 인사)으로 표현한 것이 다른 환경이나 상황에서도 쓰임새가 있다고 인식할 수 있다. 이러한 경험이 쌓인다면 다른 환경에서도 이와 유사한 상황이 생길 때 그 행동이 나타날 가능성 또한 커진다. 따라서 전이 경험이 쌓일수록 전이의 가능성은 점차 커진다.

4. 라이프스킬 코칭

1) 라이프스킬 코칭의 두 가지 접근

스포츠 환경에서 유소년들의 라이프스킬 전이가 성공적으로 이루어지려면 지도자의 역할이 무엇보다 중요하다. 일반적으로 지도자들은 스포츠 상황에서 라이프스킬을 지도하기 위해 암묵적(implicit) 또는 명시적(explicit) 코칭을 활용할 수 있다.[37]

(1) 암묵적 코칭

암묵적 코칭은 **스포츠 기술 발달에 중점을 두고 의도적인 라이프스킬 발달과 전이에 그다지 많은 초점을 두지 않는다.** 예를 들어 태권도 코치가 선수의 발차기 기술을 지도하는 것에만 관심을 두고 선수의 라이프스킬이나 사회심리적 발달을 지도하지 않는 경우이다. 그러나 과거의 연구들은 지도자가 암묵적 코칭방식을 사용하더라도 라이프스킬 발달과 전이가 가능하다고 보고하였다.[34] 스포츠 자체에는 이미 긍정적 발달을 촉진하는 데 충분한 내재적 특성(예: 건전한 경쟁 환경, 긍정적 코치-선수 관계)이 있기 때문이다. 따라서 암묵적 코칭은 라이프스킬 발달을 아예 배제하는 것이 아니라 비의도적이고 계획적이지 않은 접근이라고 이해하는 것이 바람직하다.[38]

(2) 명시적 코칭

명시적 코칭은 **유소년 참여자들에게 의도적으로 계획된 라이프스킬 발달과 전이 환경을 제공**한다. 예컨대 팀원들 간에 라이프스킬을 논의할 기회를 제공하는 것, 리더십을 발휘할 수 있는 기회를 제공하는 것, 라이프스킬 전이를 시각화하기 위해 심상을 활용하는 것, 그리고 스포츠 활동을 통해 느낀 것을 인지적으로 이해하는 것 등을 예로 들 수 있다. 스포츠 라이프스킬 연구자들은 코치의 명확한 지도와 피드백이 성공적인 라이프스킬의 내면화와 일반화에 더 효과적이라고 설명한다. 최근 수행되고 있는 라이프스킬 연구는 의도적(명시적)으로 구조화된 유소년 스포츠 프로그램이 라이프스킬 개발을 촉진하고 비의도적(암묵적)으로 구조화된 프로그램들보다 더 적합하다고 제안하고 있다.

2) 라이프스킬 코칭 6단계 모델

빈(Bean)과 동료들[39]은 라이프스킬 개발 및 전이에 관한 코칭 모델을 제시했다. 이 모델은 라이프스킬 코칭의 암묵적/명시적 코칭을 모두 포함하고 있고 총 6개의 단계를 제시한다(그림 10-8 참조).

(1) 1단계: 스포츠 환경 구조화

스포츠 환경 구조화(structuring the sport context)는 **유소년들이 신체적·심리적으로 안전하다고 느끼고, 내적 동기를 형성하는 환경을 만드는 것이다.**[26][40] 이 단계에서 지도자는 (a) 스포츠 환경에 내재한 특성을 명확하게 이해하고 (b) 프로그램과 훈련 계획을 체계적으로 구성하며 (c) 훈련을 위한 명확한 규칙을 설정함으로써 구조적인 틀을 제공한다. 이를 통해 유소년들은 지도자의 일관적인 기대와 규칙을 파악할 수 있다.

(2) 2단계: 긍정적 분위기 조성

긍정적 분위기 조성(facilitating a positive climate)은 **유소년들이 스포츠 환경에서 긍정적인 경험을 지속하도록 관계를 만들고 노력하는 것**이다.[41] 이를 위해 지도자는 유소년과 상호작용하고 긍정적 관계를 만들기 위해 그들의 인지·정서·행동적 요소를 이해해야 한다. 이 밖에도 유소년들에게 문제해결과 의사결정에 대한 권한을 부여함으로써 유능감을 지원하여 긍정적 분위기를 형성할 수 있다.[41]

(3) 3단계: 라이프스킬 이해

라이프스킬 이해는 **스포츠 환경 내에서 지도자가 유소년들에게 라이프스킬 요인의 개념을 명확히 설명하는 의도적인 노력**이다. 이를 위해 지도자는 라이프스킬의 중요성을 전달하고, 정의가 무엇인지 유소년에게 질문하거나 논의할 수 있다. 이를 통해 유소년들은 스포츠를 위한 기술과 라이프스킬을 인지적으로 통합할 수 있다.[42]

(4) 4단계: 라이프스킬 연습

라이프스킬 연습은 **유소년들이 스포츠 환경에서 라이프스킬을 적용·실천할 수 있는 기회를 제공하는 것**이다. 이를 위해 지도자는 유소년들이 라이프스킬을 연습·적용할 수 있는 상황을 의도적으로 만들어야 한다.[43] 예를 들어 축구 경기에서 페널티킥 키커로 나선 유소년이 과도하게 긴장할 때 심호흡을 통해 조절하도록 조언할 수 있다. 나아가 지도자는 유소년들이 적용·실천한 라이프스킬에 대한 반성을 유도해야 한다. 예를 들어 유소년들에게 일지를 쓰도록 권하거나 라이프스킬 실천 결과에 관해 이야기(예: '페널티킥을 하기 전에 심호흡하니까 어땠어?')를 나눌 수 있다.[44]

(5) 5단계: 라이프스킬 전이 이해

라이프스킬 전이 이해는 **유소년들에게 전이의 개념을 명확하게 전달하기 위한 지도자의 의도적 노력**이다. 이 단계에서 지도자는 유소년들이 스포츠 환경에서 논의하고 연습한 라이프스킬을 일상으로 전이하는 것이 무엇을 의미하는지, 그리고 그것이 왜 중요한지 이야기한다. 또한 유소년들이 스포츠에서 배운 라이프스킬을

삶으로 전이하는 기회를 알아차릴 수 있도록 지도하고, 전이를 위한 자신감을 심어주어야 한다.[44]

(6) 6단계: 라이프스킬 전이 연습

라이프스킬 전이 연습은 **스포츠 밖 환경에서 유소년들이 라이프스킬을 적용하도록 다양한 기회를 제공하는 것**이다. 이를 위해 지도자는 부모와 교사 그리고 지역사회 구성원들과 연합을 구축해야 한다.[45] 그리고 유소년들에게 전이에 관한 실질적인 기회를 제공해야 한다.[46] 가령 지도자는 유소년들과 함께 지역 봉사활동을 통해 직접적인 실천 기회를 줄 수 있다. 이처럼 유소년들이 라이프스킬 전이를 시도한 뒤에는 반성적 고찰·평가·질문 등을 통해 전이를 더욱 촉진할 수 있다.

그림 10-8 라이프스킬 지도 수준 6단계[39]

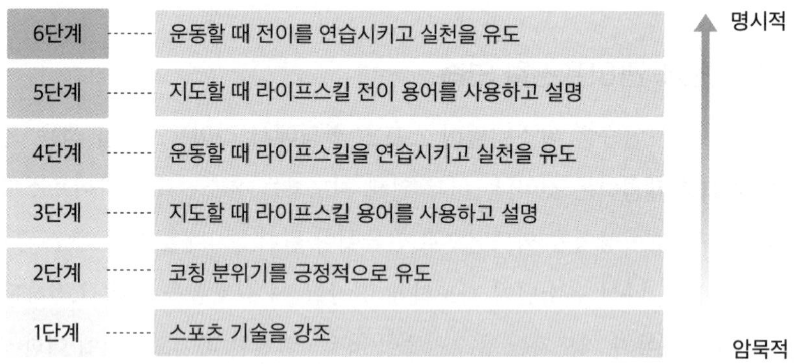

6단계	운동할 때 전이를 연습시키고 실천을 유도	명시적 ↑
5단계	지도할 때 라이프스킬 전이 용어를 사용하고 설명	
4단계	운동할 때 라이프스킬을 연습시키고 실천을 유도	
3단계	지도할 때 라이프스킬 용어를 사용하고 설명	
2단계	코칭 분위기를 긍정적으로 유도	
1단계	스포츠 기술을 강조	암묵적

3) 효과적인 라이프스킬 코칭

(1) 코칭 의도와 행위의 일치성

많은 지도자들이 스포츠를 통한 라이프스킬 교육에 힘쓰고 있지만 대부분 라이프스킬 개발과 전이를 중재하기 위한 자신의 의도와 실제 교육 행동을 연결하는데 어려움을 겪고 있다. 예를 들면 태권도 사범인 창민은 아이들의 인성 발달을 위해 항상 수업 전에 어떤 내용을 교육할지 생각하고 계획한다. 그는 자신의 인성교육이 효과적으로 전달되었고 아이들이 잘 배우고 있다고 믿는다. 어느 날 인성교육 전문가인 김 교수가 창민의 도장을 방문했다가 우연히 그의 수업을 관찰하였다. 창민의 수업은 인성교육에서 필수적으로 제공되어야 하는 핵심 내용(예: 개념설명, 응용사례 등)이 빠져 있었고 인성교육의 비중도 턱없이 모자랐다. 이 말을 전해들은 창민은 자신이 의도한 것과 실제 교육 행동이 불일치했음을 깨달았다.

유용한 정보!

<라이프스킬 코칭과 의도성 차이 연구>
크래머스(Kramers)와 동료들[47]은 13명의 골프 코치를 대상으로 라이프스킬 지도에 대한 시즌 전, 중, 후의 의도·행동·기억의 일치성을 비교하여 코칭의 의도성과 실제 행동 간의 차이에 대해 알아보았다. 그 결과, 골프 코치들의 라이프스킬 지도 유형은 크게 불일치형과 일치형 차원으로 구분되고 세부적으로는 5가지 스타일이 나타났다.

불일치형 지도자
① 과소평가형: 의도의 단계가 행동·기억의 단계보다 낮은 유형
② 과대평가형: 의도의 단계가 높고 행동·기억의 단계가 낮은 유형
③ 무지각형: 의도와 기억의 단계는 낮지만, 실제행동의 단계는 높은 유형

일치형 지도자
① 비의도형: 의도·행동·기억의 단계가 모두 일치하지만 낮은 수준으로 일치
② 의도형: 의도·행동·기억의 단계가 모두 높은 수준으로 일치

(2) 라이프스킬 프로그램의 구성

볼드윈(Baldwin)과 와일더(Wilder)[48]는 프로그램의 구조와 과정을 통해 프로그램 퀄리티(program quality)가 결정된다고 하였다. 프로그램 퀄리티는 복합적 요인들로 구성된 개념으로 라이프스킬 프로그램의 의도성과 체계성을 개념화한 것이다.[49] 대표적인 프로그램 퀄리티의 요인은 8가지로 제시된다.[50] 8가지 요인은 신체적·심리적 안전, 합리적인 구조, 지지적 관계, 소속감 제공, 친사회적 행동 촉진, 효능감·기술 개발 기회 제공, 지역사회의 통합적 노력, 프로그램 지원이다. 즉 지도자가 유소년들에게 신체·심리·정서적으로 안정감을 제공하였는지, 내용이 효과적으로 전달될 수 있는 적절한 구조를 갖췄는지, 지도자와 유소년 간의 긍정적 신뢰 관계를 형성하였는지, 친사회적 행동을 촉진하기 위해 적절한 가이드라인(Guide-line)을 제시하였는지와 같은 평가적 요인을 포함한다.

최근에는 프로그램 퀄리티를 평가하는 유소년 프로그램 퀄리티 평가 척도(Youth Program Quality Assessment, YPQA)와 유소년 스포츠 프로그램 퀄리티 평가 척도(Program Quality Assessment for Youth Sport, PQAYS)가 개발되어 활용되고 있다. 이에 국내에서도 태권도 지도자들을 대상으로 수련생들의 PYD를 위한 태권도 프로그램 퀄리티 평가(Taekwondo Program Quality Assessment, TPQA) 개념을 탐색하였다.[51] 그 결과 TPQA의 요인은 안전한 환경, 긍정적인 분위기, 지도체계, 지도역량, 라이프스킬 개발, 동기유발, 근무환경, 의사소통으로 도출되었다.

측정하기

1) 5C 검사

아래 <표 10-3>에 제시된 스포츠 K-5C(Korean Five C's)[52] 척도는 유능성, 관계성, 인성, 자신감, 케어링을 묻는다. 유능성은 본인의 행동을 긍정적인 시각으로 인식하는 것이다. 관계성은 스포츠 환경이나 일상생활에서 마주하는 사람들과 긍정적인 유대관계를 유지하고, 교류하는 것을 뜻한다. 인성은 스포츠팀의 규칙이나 사회적 규범을 따르고, 바람직한 행동에 관한 옳고 그름을 판단하는 정도이다. 자신감은 본인을 긍정적으로 인식하여 자기 존중이 높은 수준이다. 끝으로 케어링은 스포츠 환경에서나 일상생활에서 마주하는 구성원들을 존중하고 배려하는 것이다. 아래 문항을 읽고 해당하는 곳에 응답해보자.

표 10-3 스포츠 K-5C 검사지[52]

N	문항	비동의 ←			→ 동의	
1	나는 약자를 도와야 한다는 것을 삶에서 실천한다.	①	②	③	④	⑤
2	괴롭힘 당하는 사람을 보면 도와주고 싶다.	①	②	③	④	⑤
3	나는 내가 하는 일이 잘 안될 것 같은 느낌이 든다.	①	②	③	④	⑤
4	나는 친구들에 비해 운동 능력이 뛰어나다.	①	②	③	④	⑤
5	부모님께서는 나에게 애정표현을 자주 하신다.	①	②	③	④	⑤
6	나는 내 행동에 책임져야 한다는 것을 삶에서 실천한다.	①	②	③	④	⑤
7	따돌림을 당하는 사람이 생기면 돕고 싶다.	①	②	③	④	⑤
8	나는 자랑할 만한 게 많지 않다고 느낀다.	①	②	③	④	⑤
9	내 친구들은 내가 운동을 잘한다고 말한다.	①	②	③	④	⑤

10	나는 지도자와 대화를 자주하는 편이다.	①	②	③	④	⑤
11	나는 사회 규범을 행동으로 실천한다.	①	②	③	④	⑤
12	좋은 사람들에게 나쁜 일이 일어나면 신경이 쓰인다.	①	②	③	④	⑤
13	나는 중요한 순간에 실패할 것 같다는 느낌이 든다.	①	②	③	④	⑤
14	나는 친구들에 비해 운동을 잘할 수 있다.	①	②	③	④	⑤
15	나는 친구와 사이가 좋다.	①	②	③	④	⑤
16	나는 사람은 언제나 진실해야 한다는 것을 삶에서 실천한다.	①	②	③	④	⑤
17	누군가 이용당하는 걸 보면 도와주고 싶은 마음이 든다.	①	②	③	④	⑤
18	나는 가끔 내가 잘하는 것이 전혀 없다고 생각한다.	①	②	③	④	⑤
19	나는 친구들에 비해 체력이 좋다.	①	②	③	④	⑤
20	부모님께서는 내가 필요할 때마다 도와주시고 지원해 주신다.	①	②	③	④	⑤
21	나는 사람은 평등하다는 권리를 삶에서 실천한다.	①	②	③	④	⑤
22	나는 다른 사람을 돕는 편이다.	①	②	③	④	⑤
23	나는 나의 외모에 대해 만족하지 못한다.	①	②	③	④	⑤
24	나는 친구들에 비해 운동기술을 빨리 배운다.	①	②	③	④	⑤

평가방법

항목	문항	합산 점수
인성	1, 6, 11, 16, 21번 문항	( )점
케어링	2, 7, 12, 17, 22번 문항	( )점
자신감	3, 8, 13, 18, 23번 문항	( )점
유능감	4, 9, 14, 19, 24번 문항	( )점
관계성	5, 10, 15, 20번 문항	( )점

1) 자신감 문항은 역채점한다(5점은 1점, 4점은 2점, 2점은 4점, 1점은 5점).

2) 각 요인의 문항 번호대로 점수를 합산한다.

3) 합산 점수는 문항 수만큼 나눈다.

2) 스포츠 라이프스킬-전이 검사

아래 〈표 10-4〉는 스포츠 환경에서 습득한 라이프스킬을 평가하는 척도[53]이다. 무엇보다 스포츠 밖 환경에서 라이프스킬을 활용하는지, 전이되었는지를 평가한다. 아래 문항을 읽고 라이프스킬이 사용되는 영역(스포츠, 가정, 학교, 일상)을 평가해 보자. 평가는 1점 '전혀 아니다', 2점 '아니다', 3점 '보통이다', 4점 '그렇다', 5점 '매우 그렇다' 중에 선택하고 표시한다.

표 10-4 스포츠 라이프스킬-전이 검사지

N	"나는"	스포츠	일상
1	기술을 숙달하기 위한 목표를 설정한다.	1 2 3 4 5	1 2 3 4 5
2	도전적인 목표를 세운다.	1 2 3 4 5	1 2 3 4 5
3	목표에 대한 성취 여부를 확인한다.	1 2 3 4 5	1 2 3 4 5
4	최종(결과)목표와 과정목표를 설정한다.	1 2 3 4 5	1 2 3 4 5
5	실천할 수 있는 목표를 세운다.	1 2 3 4 5	1 2 3 4 5
6	시간을 잘 관리한다.	1 2 3 4 5	1 2 3 4 5
7	여러 활동에 시간을 얼마나 쓰는지 확인한다.	1 2 3 4 5	1 2 3 4 5
8	시간을 어떻게 쓸지 생각한다.	1 2 3 4 5	1 2 3 4 5
9	시간을 효율적으로 쓰기 위해 계획한다.	1 2 3 4 5	1 2 3 4 5
10	내 감정을 어떻게 조절해야 하는지 알고 있다.	1 2 3 4 5	1 2 3 4 5
11	감정적일 때도 행동을 조절할 수 있다.	1 2 3 4 5	1 2 3 4 5
12	감정이 수행에 영향을 끼친다는 것을 알고 있다.	1 2 3 4 5	1 2 3 4 5
13	집중하기 위해 감정을 조절할 수 있다.	1 2 3 4 5	1 2 3 4 5
14	다른 사람에게 내 생각을 정확하게 말한다.	1 2 3 4 5	1 2 3 4 5
15	상대방의 말에 주의를 기울인다.	1 2 3 4 5	1 2 3 4 5
16	상대방의 바디랭귀지에 주의를 기울인다.	1 2 3 4 5	1 2 3 4 5
17	다른 사람과 소통을 잘한다.	1 2 3 4 5	1 2 3 4 5

18	다양한 사람들과 소통할 수 있다.	1 2 3 4 5	1 2 3 4 5
19	친밀한 관계를 유지하는 방법을 알고 있다.	1 2 3 4 5	1 2 3 4 5
20	다른 사람에게 먼저 다가설 수 있다.	1 2 3 4 5	1 2 3 4 5
21	단체활동에 적극적으로 참여한다.	1 2 3 4 5	1 2 3 4 5
22	자발적으로 다른 사람들을 돕는다.	1 2 3 4 5	1 2 3 4 5
23	팀원들의 경기력 향상을 위해 돕는다.	1 2 3 4 5	1 2 3 4 5
24	팀원들이 함께 활동하도록 응원한다.	1 2 3 4 5	1 2 3 4 5
25	팀원들이 잘하면 칭찬한다.	1 2 3 4 5	1 2 3 4 5
26	팀원의 의견을 받아들인다.	1 2 3 4 5	1 2 3 4 5
27	팀이 단합되도록 돕는다.	1 2 3 4 5	1 2 3 4 5
28	팀 내에서 조화를 이룬다.	1 2 3 4 5	1 2 3 4 5
29	팀이 더 잘하도록 돕는다.	1 2 3 4 5	1 2 3 4 5
30	팀의 이익을 위해 내 생각을 바꿀 수 있다.	1 2 3 4 5	1 2 3 4 5
31	팀의 조화를 위해 다른 사람들과 협력한다.	1 2 3 4 5	1 2 3 4 5
32	문제가 생기면 해결 방법을 찾을 수 있다.	1 2 3 4 5	1 2 3 4 5
33	문제해결을 위해 최대한 많은 방법을 찾는다.	1 2 3 4 5	1 2 3 4 5
34	문제해결을 위해 최선책이 무엇인지 생각한다.	1 2 3 4 5	1 2 3 4 5
35	문제에 대한 해결책이 적절한지 생각한다.	1 2 3 4 5	1 2 3 4 5

평가방법

요인	문항	스포츠	일상
목표설정	1, 2, 3, 4, 5번 문항	( )	( )
시간관리	6, 7, 8, 9, 10번 문항	( )	( )
정서기술	11, 12, 13, 14번 문항	( )	( )
대인관계 및 의사소통	15, 16, 17, 18번 문항	( )	( )

사회기술	19, 20, 21, 22, 23번 문항	(	)	(	)
리더십	24, 25, 26, 27번 문항	(	)	(	)
팀워크	28, 29, 30, 31번 문항	(	)	(	)
갈등해결 및 의사결정	32, 33, 34, 35번 문항	(	)	(	)

1) 요인별로 점수를 합산하고 문항 수만큼 나눠 평균값을 산출한다.
2) 이때 영역별로 평균 점수를 작성한다.
3) 스포츠 영역과 일상 영역의 라이프스킬 점수를 막대그래프로 그리고 비교한다.

스포츠 영역					라이프스킬 요인	일상 영역				
5	4	3	2	1		1	2	3	4	5
					목표설정					
					시간관리					
					정서기술					
					대인관계 및 의사소통					
					사회기술					
					리더십					
					팀워크					
					갈등해결 및 의사결정					

해보기

1) 스포츠 라이프스킬과 전이

우리가 참여한 스포츠는 라이프스킬을 가장 효과적으로 발달시키는 활동이다. 따라서 우리는 체계적인 스포츠 참여를 통해 모두 라이프스킬을 배우고 내면화해왔다. 이러한 라이프스킬은 스포츠 영역을 벗어나 일상생활에 전이될 때 비로소 일반화되어 개인의 자산이자 역량이 된다. 아래 워크시트를 활용하여 스포츠 참여를 통해 어떤 라이프스킬을 내면화하고 일반화시켰는지 확인해 보자.

	라이프스킬	설명 및 사례
예시	인사하기	코치님이 다른 팀 코치님을 보면 인사하라고 지도하셨음

↳ 전이 사례 또는 계획
- 학교에서 선생님을 만나면 항상 인사함
- 식당에 들어갈 때나 나갈 때 항상 인사함

요인1		

↳ 전이 사례 또는 계획

요인2		

↳ 전이 사례 또는 계획

요인3		

↳ 전이 사례 또는 계획

2) 라이프스킬 코칭 전략

스포츠 환경에서 유소년들에게 라이프스킬을 지도하는 방법은 크게 암묵적 코칭과 명시적 코칭으로 구분된다. 이를 활용하여 빈(Bean)과 동료들[46]은 스포츠 라이프스킬 지도 수준을 1단계에서 6단계로 구분하여 제시했다. 아래 워크시트를 활용하여 미래 유소년들을 지도할 때 적용할 라이프스킬 코칭 전략 6단계를 마련해 보자.

6단계 라이프스킬 전이 연습 및 실천 유도

5단계 라이프스킬 전이 용어 사용 및 설명

4단계 라이프스킬 연습 및 실천 유도

3단계 라이프스킬 용어 사용 및 설명

2단계 긍정적 코칭 분위기 조성

1단계 스포츠 환경 구조화 및 기술 강조

돌아보기

문제 1   아래 <보기>를 보고 괄호 안에 들어갈 내용으로 올바른 것은?

〈보기〉

(㉠)은 유소년 시기를 질풍노도의 시기로 바라본다. 즉 성장하면서 경험하는 다양한 문제를 효과적으로 대처하거나 해결해야 하는 존재로 인식한다. 반면, (㉡)은 유소년들에게 내재된 잠재력과 강점을 더욱 강화하여 부정적인 현상을 상쇄시키는 것에 중점을 둔다.

	㉠	㉡
①	손실 감소 접근	강점 기반 접근
②	강점 기반 접근	손실 감소 접근
③	긍정심리학적 접근	상호보완 접근
④	상호보완 접근	긍정심리학적 접근

문제 2   스포츠를 통한 유소년들의 긍정적 발달을 위한 조건으로 올바르지 않은 것은?

① 심리적 안정과 동기   ② 체계적인 프로그램
③ 승리지상주의   ④ 사회 환경

문제 3   스포츠를 통한 유소년들의 긍정적 발달에 관한 설명으로 올바르지 않은 것은?

① 사회적 환경은 지도자, 학부모, 동료와 긍정적인 팀 분위기로 대표된다.
② 체계적이고 구조화된 프로그램은 유소년들의 긍정적 발달을 촉진한다.
③ 스포츠 활동에서 발견되는 문제점만을 지도하는 것이 유소년들의 긍정적 발달로 이어지는 지름길이다.
④ 바람직한 성장을 통해 행복한 삶을 살아가는 것을 궁극적인 목표로 한다.

문제 4 아래 <보기>를 보고 괄호 안에 들어갈 내용으로 올바른 것은?

<보기>

유소년들의 긍정적 발달을 설명하는 이론의 궁극적 지향점은 행복한 삶을 영위하는 것이다. 사회적 관점에서는 유소년들이 성숙한 성인으로 성장하여 사회에 이바지하는 것이다. 이를 위해서는 (㉠)의 목적이 유소년과 가정을 위한 사회적 제도가 실현되어야 한다. 사회적 제도의 실현은 지역사회에서 운영하는 (㉡)에 영향을 주게 되어 (㉢) 발달을 촉진하게 된다. 이는 유능감·관계성·인성·자신감·케어링으로 정의된다.

	㉠	㉡	㉢
①	긍정적 발달	정책	2C
②	유능성	자신감	3C
③	정책	프로그램	4C
④	정책	프로그램	5C

문제 5 아래 <보기>에서 설명하는 용어로 올바른 것은?

<보기>

(   )은/는 '삶에서 마주하는 다양한 도전과 요구를 효과적으로 대처하는 데 필요한 심리·정서·행동적 기술이다.' 또한 (   )은/는 개인의 내면과 외면의 성장을 통해 성공적인 삶을 영위할 수 있도록 하는 데 목적이 있다.

① 회복탄력성 ② 라이프스킬
③ 그릿 ④ 자아존중감

문제 6 라이프스킬 전이가 이루어지기 위한 요소로 <u>올바르지 않은</u> 것은?

① 시간이 지나면서 자연스럽게 터득하게 되는 것이다.
② 스포츠 환경에서 라이프스킬을 사용할 수 있는 기회가 제공되어야 한다.
③ 스포츠 환경에서 마주한 상황과 유사한 상황을 맞이하는 것이 필요하다.
④ 스포츠 밖 환경에서 라이프스킬을 사용할 수 있도록 적절한 피드백이 제공되어야 한다.

문제 7   아래 모델에서 설명하는 것으로 <u>올바르지 않은</u> 것은?

〈보기〉

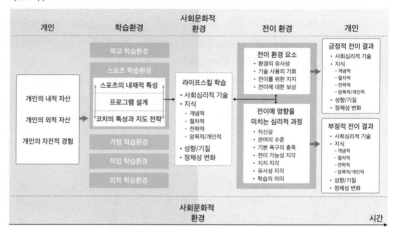

① 시간은 라이프스킬 개발과 전이를 촉진하거나 방해하는 요소다.

② 유소년들은 스포츠 활동에 참여하기 전, 과거의 경험을 가지고 있다.

③ 지도자의 특성과 전략은 전이에 영향을 주지 않는다.

④ 스포츠 환경에서 라이프스킬 개발은 내재적, 프로그램, 지도자의 특성과 전략에 영향을 받는다.

문제 8   아래 〈보기〉에서 설명하는 것으로 올바른 것은?

〈보기〉

스포츠 환경에서 지도자는 선수들과 직접적으로 상호작용하는 존재이다. 이들은 다양한 전략을 이용하여 라이프스킬 개발과 전이에 영향을 미친다. (㉠)은 선수들의 라이프스킬 개발과 전이를 위해 심리적·신체적으로 안전한 환경을 형성하고, 긍정적인 분위기를 조성하는 전략이다. 반면 (㉡)은 스포츠 환경에서 기술을 지도하면서 라이프스킬 개발과 전이 사용 기회를 제공하는 것이다. 즉 의도적인 지도 전략을 이용하여 영향을 미치는 것이다.

	㉠	㉡
①	명시적 코칭	암묵적 코칭
②	암묵적 코칭	명시적 코칭
③	통제적 코칭	자율적 코칭
④	권위적 행동	민주적 행동

문제 9 라이프스킬 코칭 6단계 모델의 전략으로 올바르지 않은 것은?

① 스포츠 환경 구조화   ② 긍정적 분위기 조성

③ 라이프스킬 이해 및 연습   ④ 라이프스킬 타당화

문제 10 명시적 코칭의 예시로 올바르지 않은 것은?

① 즐거운 팀 분위기를 만든다.

② 기술을 지도하며 선수들에게 라이프스킬 요인의 개념을 명확하게 설명한다.

③ 스포츠 환경에서 라이프스킬을 실천할 수 있는 기회를 제공한다.

④ 라이프스킬 전이의 개념과 혜택을 전달하고자 노력한다.

답안

1	①	2	③	3	③	4	④
5	②	6	①	7	③	8	②
9	④	10	①				

참고문헌

[1] Seligman, M. E., & Csikszentmihalyi, M. (2000). *Positive psychology: An introduction* (Vol. 55, No. 1, p. 5). American Psychological Association.

[2] Hodge, K., Danish, S., & Martin, J. (2013). Developing a conceptual framework for life skills interventions. *The Counseling Psychologist, 41*(8), 1125-1152.

[3] 임태희, 배준수, 서소영, 양윤경(2020). 태권도 선수들이 지각한 코칭행동과 라이프스킬 및 삶의 전이에 대한 구조모형검증. **국기원태권도연구**, 11(1), 145-165.

[4] 윤혜성, 임태희, 장창용(2017). 초·중 태권도 선수들이 지각하는 부모양육태도와 스포츠 도덕행동의 인과관계. **한국스포츠심리학회지**, 28(3), 61-70.

[5] 장창용(2017). 운동에 참여하는 대학생들이 지각하는 사회심리적 분위기와 스포츠인성의 구조적 관계. **한국스포츠심리학회지**, 28(2), 1-11.

[6] 포크포크(2017). **"아이 때문에 결장, 이게 정상입니까?" 기자 질문에 농구 감독의 감동 인터뷰.** 방문일자: 2020년 11월 9일. 주소: https://youtu.be/iGbavpyh6yQ

[7] Holt, N. L., Neely, K. C., Slater, L. G., Camiré, M., Côté, J., Fraser-Thomas, J., ... & Tamminen, K. A. (2017). A grounded theory of positive youth development through sport based on results from a qualitative meta-study. *International review of sport and exercise psychology, 10*(1), 1-49.

[8] Lerner, R. M., Fisher, C. B., & Weinberg, R. A. (2000). Toward a science for and of the people: Promoting civil society through the application of developmental science. *Child development, 71*(1), 11-20.

[9] 장창용, 임태희, 배준수, 윤혜성(2017). Rest의 도덕행동모형을 적용한 태권도인성 교육. **국기원태권도연구**, 8(1), 27-43.

[10] Weiss, M. R., Bolter, N. D., & Kipp, L. E. (2014). Assessing impact of physical activity-based youth development programs: Validation of the Life Skills Transfer Survey (LSTS). *Research quarterly for exercise and sport, 85*(3), 263-278.

[11] Cronin, L. D., & Allen, J. (2017). Development and initial validation of the Life Skills Scale for Sport. *Psychology of Sport and Exercise, 28*, 105-119.

[12] Papacharisis, V., Goudas, M., Danish, S. J., & Theodorakis, Y. (2005). The

effectiveness of teaching a life skills program in a sport context. *Journal of applied sport psychology, 17*(3), 247-254.

[13] 임태희, 장창용(2017). 스포츠에서의 라이프스킬 프로그램 적용과 효과. **체육과학연구, 28**(3), 577-591.

[14] 권오정(2017). 중도탈락 엘리트 선수의 생활기술 탐색. **체육과학연구, 28**(3), 724-738.

[15] 임태희, 양진영, 배준수, 윤미선(2019). 대학 태권도선수들의 라이프스킬과 회복탄력성 증진을 위한 워크시트 개발 및 적용. **체육과학연구, 30**(4), 700-719.

[16] 이옥선(2016). 스포츠를 통한 방과후학교 라이프스킬 개발 프로그램의 실행 이해. **한국여성체육학회지, 30**(4), 231-253.

[17] Danish, S. J. (2002). Teaching life skills through sport. *Paradoxes of Youth and Sport,* 49-60.

[18] Goudas, M., & Giannoudis, G. (2008). A team-sports-based life-skills program in a physical education context. *Learning and instruction, 18*(6), 528-536.

[19] Orlick, T., & McCaffrey, N. (1991). Mental training with children for sport and life. *The Sport Psychologist, 5*(4), 322-334.

[20] Danish, S., Forneris, T., Hodge, K., & Heke, I. (2004). Enhancing youth development through sport. *World leisure journal, 46*(3), 38-49.

[21] Danish, S. J., Mash, J. M., Howard, C. W., Curl, S. J., Meyer, A. L., Owens, S., & Kendall, K. (1992). *Going for the goal leader manual.* Richmond, VA: Virginia Commonwealth University, Department of Psychology.

[22] Mosher, R. L., Sprinthall, N. A., Atkins, V. S., Dowell, R. C., Greenspan, B. M., Griffin Jr, A. H., & Mager, G. C. (1971). Psychological education: A means to promote personal development during adolescence. *The Counseling Psychologist, 2*(4), 3-82.

[23] O'Hearn, T. C., & Gatz, M. (2002). Going for the Goal: Improving youths' problem-solving skills through a school-based intervention. *Journal of Community psychology, 30*(3), 281-303.

[24] Danish, S. J. (2002). *SUPER (Sports United to Promote Education and Recreation) program leader manual.* Richmond, VA: Life Skills Center, Virginia Commonwealth University.

[25] Petitpas, A. J., Van Raalte, J. L., Cornelius, A. E., & Presbrey, J. (2004). A life skills development program for high school student-athletes. *Journal of primary prevention, 24*(3), 325-334.

[26] Danish, S. J., Petitpas, A. J., & Hale, B. D. (1993). Life development intervention for athletes: Life skills through sports. *The Counseling Psychologist, 21*(3), 352-385.

[27] Hardcastle, S. J., Tye, M., Glassey, R., & Hagger, M. S. (2015). Exploring the perceived effectiveness of a life skills development program for high-performance athletes. *Psychology of Sport and Exercise, 16*, 139-149.

[28] Weiss, M. R., Bolter, N. D., & Kipp, L. E. (2016). Evaluation of The First Tee in promoting positive youth development: Group comparisons and longitudinal trends. *Research quarterly for exercise and sport, 87*(3), 271-283.

[29] 임태희(2019). PEAK 프로그램 적용에 따른 학생운동선수의 라이프스킬과 학습태도 변화. **한국스포츠심리학회지**, 30(2), 15-28.

[30] Pierce, S., Gould, D., & Camiré, M. (2017). Definition and model of life skills transfer. *International Review of Sport and Exercise Psychology, 10*(1), 186-211.

[31] Lee, O., & Martinek, T. (2013). Understanding the transfer of values-based youth sport program goals from a bioecological perspective. *Quest, 65*(3), 300-312.

[32] Cormier, S. M., & Hagman, J. D. (Eds.). (2014). *Transfer of learning: Contemporary research and applications.* San Diego, CA: Academic.

[33] Leberman, S., McDonald, L., & Doyle, S. (2006). *The transfer of learning: Participants' perspectives of adult education and training.* Berlin: Gower Publishing Ltd.

[34] Jones, M. I., & Lavallee, D. (2009). Exploring perceived life skills development and participation in sport. *Qualitative Research in Sport and Exercise, 1*, 36-50.

[35] Jacobs, J. M., & Wright, P. M. (2018). Transfer of life skills in sport-based youth development programs: A conceptual framework bridging learning to application. *Quest, 70*(1), 81-99.

[36] 임태희, 권오정, 배준수(2021). 스포츠 라이프스킬 전이의 개념적 모델. **체육과학연구**, 32(4), 509-521.

[37] Turnnidge, J., Côté, J., & Hancock, D. J. (2014). Positive youth development from sport to life: Explicit or implicit transfer?. *Quest, 66*(2), 203-217.

[38] Holt, N. L., Tink, L. N., Mandigo, J. L., & Fox, K. R. (2008). Do youth learn life skills through their involvement in high school sport? A case study. *Canadian Journal of Education/Revue canadienne de l'éducation*, 281-304.

[39] Bean, C., Kramers, S., Forneris, T., & Camiré, M. (2018). The implicit/explicit continuum of life skills development and transfer. *Quest, 70*(4), 456-470.

[40] Petitpas, A. J., Cornelius, A. E., Van Raalte, J. L., & Jones, T. (2005). A framework for planning youth sport programs that foster psychosocial development. *The sport psychologist*, 19(1), 63-80.

[41] Côté, J., Strachan, L., & Fraser-Thomas, J. (2008). Participation, personal development and performance through youth sport. In N. L. Holt (Ed.), *Positive youth development through sport(2nd ed.)*. London, UK: Routledge.

[42] Bean, C. N., & Forneris, T. (2016). Examining the importance of intentionally structuring the youth sport context to facilitate psychosocial development. *Journal of Applied Sport Psychology, 28*, 410-425.

[43] Bean, C., & Forneris, T. (2017). Is life skill development a by-product of sport participation? Perceptions of youth sport coaches. *Journal of Applied Sport Psychology, 29*, 234-250.

[44] Camiré, M., Forneris, T., Trudel, P., & Bernard, D. (2011). Strategies for helping coaches facilitate positive youth development through sport. *Journal of sport psychology in action, 2*(2), 92-99.

[45] Camiré, M., & Kendellen, K. (2016). Coaching for positive youth development in high school sport. In N. L. Holt (Ed.), *Positive youth development through sport (2nd ed., pp. 126-136)*. London, UK: Routledge.

[46] Papacharisis, V., Goudas, M., Danish, S. J., & Theodorakis, Y. (2005). The effectiveness of teaching a life skills program in a sport context. *Journal of Applied Sport Psychology, 17*(3), 247-254.

[47] Kramers, S., Camiré, M., & Bean, C. (2019). Profiling patterns of congruence in youth golf coaches' life skills teaching. *Journal of Applied Sport Psychology*, 1-20.

[48] Baldwin, C. K., & Wilder, Q. (2014). Inside quality: Examination of quality improvement processes in afterschool youth programs. *Child & Youth Services, 35*(2), 152-168.

[49] Roth, J. L., & Brooks-Gunn, J. (2016). Evaluating youth development programs: Progress and promise. *Applied developmental science, 20*(3), 188-202.

[50] Eccles, J. S., & Gootman, J. A. (2002). *Community programs to promote youth development*. Washington, DC: National Academy Press.

[51] 이창민, 임태희, 양윤경(2022). 긍정적 유소년 발달을 위한 태권도 프로그램 퀄리티 평가(TPQA) 개념 탐색. **국기원태권도연구**, 13(1), 25-36.

[52] 임태희, 고영범, 배준수, 양윤경(2019). 긍정적 청소년 발달 기반 스포츠 K-5C 척도 타당화. **체육과학연구**, 30(3), 486-500.

[53] Mossman, G. J., Robertson, C., Williamson, B., & Cronin, L. (2021). Development and initial validation of the life skills scale for sport-transfer scale (LSSS-TS). *Psychology of Sport and Exercise, 54*, 101906.

11

운동학습

Motor learning

이해하기

1. 운동기술의 개념

　수술을 통해 환자의 병을 완치시킨 의사, 고객이 원하는 인테리어를 완벽하게 구현해 낸 디자이너, 리오넬 메시(Lionel Messi)의 경이로운 축구 드리블과 같이 자신이 맡은 역할을 신속하고 정확하게 수행하는 사람을 가리켜 우리는 '기술이 좋다'라고 표현한다. 기술이란 사전적인 의미로 인간 생활을 유용하도록 가공하는 수단 혹은 사물을 잘 다루는 방법이나 능력을 말한다. 그리고 운동이란 몸을 움직이는 것을 의미한다. 따라서 운동기술은 우리의 생활을 유용하게 만드는 효율적인 신체의 움직임이라고 정의할 수 있다. 여기서 말하는 운동기술이란 스포츠뿐만 아니라 일상생활의 움직임까지 모든 것을 포함한다.

　운동기술은 학자들마다 다양하게 정의된다. 김선진[1]은 기술을 운동의 동기와 목적에 따라 신체를 자기 뜻대로 움직이는 것으로 정의하였다. 그에 따르면 반사적인 움직임은 운동기술에 포함되지 않는다. 존슨(Johnson)[2]은 속도, 정확성, 폼, 그리고 적응성의 다양한 측면으로 운동기술을 정의해야 한다고 말했다. 거스리(Guthrie)[3]는 움직임의 효율성을 강조한 최소한의 시간과 에너지만을 사용하여 목표를 달성하는 능력이라고 정의하였다. 종합해 보면 운동기술이란 **특정한 목적이 수반된 효율적이고 자발적인 신체의 움직임**이라고 정의할 수 있다.

> **KEY POINT**
>
> 운동기술은 특수한 목적을 달성하기 위해 근육, 관절 등과 같은 신체 부위를 움직이는 것이며, 이로 인해 공간적 위치가 변하는 것을 의미한다.

2. 운동기술의 분류

우리는 물을 마시기 위해 컵을 잡는 동작과 문을 열기 위해 손잡이를 잡고 돌리는 움직임부터 야구의 슬라이딩과 체조의 공중돌기까지 매우 다양한 운동기술을 접하며 살고 있다. 이러한 운동기술은 움직임의 연속성 그리고 환경의 안정성에 따라 구분된다.

1) 운동기술의 연속성

운동기술의 연속성은 세 가지 종류로 구분된다. 불연속적 운동기술(discrete motor skills)은 **시작과 끝이 명확하게 나타나 있는 기술**을 말한다. 축구의 슛이나 야구의 투구 또는 테니스의 서비스 등이 이에 해당한다. 반대로 수영 혹은 달리기와 같이 **매번 똑같은 움직임이 계속해서 이루어지는 기술들은 연속적 운동기술**(continuous motor skill)이라고 한다. 마지막으로 계열적 운동기술(serial motor skill)은 **불연속적인 동작이 여러 개 모여 하나의 운동기술**로 표현되는 것을 말한다. 야구에서 타자가 친 공을 받고 1루에 던져 아웃시키는 수비 기술이 해당한다.

예컨대 태권도는 불연속적 그리고 계열적 기술을 모두 가진 종목이다. 하나의 발차기 동작은 시작과 끝이 명확하므로 불연속 운동기술이다. 품새는 여러 손동작과 발차기들이 함께 어우러져 하나의 기술 형태(태극 품새, 고려, 금강 등)로 표현되므로 계열적 운동기술에 포함된다. 또한 겨루기의 다양한 연결 발차기도 계열적 움직임에 해당한다.

그림 11-1 움직임의 연속성에 따른 운동기술의 분류[4]

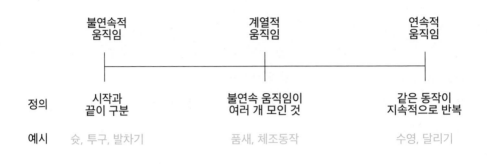

	불연속적 움직임	계열적 움직임	연속적 움직임
정의	시작과 끝이 구분	불연속 움직임이 여러 개 모인 것	같은 동작이 지속적으로 반복
예시	슛, 투구, 발차기	품새, 체조동작	수영, 달리기

2) 환경의 안정성

볼링이나 사격의 경우 목표(예: 핀, 사격판)가 고정되어 있다. 반면 배구나 축구의 경우는 동료 또는 상대방이 매번 다르게 움직인다. 이처럼 수행자를 제외한 요인(환경)들이 고정되어 있는지 혹은 변화되는지에 따라서도 운동기술을 구분할 수 있다. 환경이 고정된 기술을 폐쇄운동기술(closed motor skills)이라고 한다. 볼링, 양궁, 사격, 태권도의 격파나 품새 등이 이에 속한다. 폐쇄운동기술은 **수행자가 자신의 리듬과 의지에 따라 움직임을 시작할 수 있는 특징**이 있다.

반대로 환경이 지속적으로 변하는 기술을 개방운동기술(open motor skills)이라하며 배구, 축구, 럭비, 테니스, 태권도의 겨루기 등이 이에 속한다. 개방운동기술은 **자신의 리듬보다 상대방 혹은 날아오는 공과 같이 움직이는 대상에 맞추어 행동하는 특징**을 가지고 있다.

그림 11-2 환경의 안정성에 따른 운동기술의 분류

	폐쇄운동기술		개방운동기술
정의	고정된 환경		변화하는 환경
예시	볼링, 양궁, 품새		겨루기, 레슬링

3) 젠타일의 운동기술 분류

젠타일(Gentile)[5]은 운동기술을 신체 이동의 여부, 물체의 사용 여부, 환경의 변화 여부 등과 같은 요인들을 사용하여 운동기술을 더 세분화하였다. 〈표 11-1〉에서 안정 상태와 운동 상태는 환경의 변화 여부를 의미하는 것이고, 동작 간 가변성은 수행하는 동작들의 차이가 '있다' 또는 '없다'로 구분한 것이다. 예를 들어 일반적인 도로를 걸어갈 때는 보폭 간의 차이가 없기 때문에 동작 간 가변성이 없다. 하지만 빙판이나 모래사장을 걸을 때는 넘어지지 않기 위해 보폭 간의 차이가 나타나므로 동작 간의 가변성이 있다. 마지막으로 물체조작은 말 그대로 도구의 사용 여부를 의미한다. 젠타일의 분류에 따르면 제자리에서 균형 잡기(안정 상태, 동작의 가변성 없음, 물체를 사용하지 않음) 기술이 가장 난이도가 낮으며, 축구에서 수비수를 제치며 공을 몰고 가는 동작(운동 상태, 동작의 가변성 있음, 물체 사용)이 가장 난이도가 높다.

표 11-1 젠타일의 운동기술 분류[1][5]

환경적 맥락	동작의 기능			
	신체 이동 X		신체 이동 O	
	물체조작 X	물체조작 O	물체조작 X	물체조작 O
안정 상태/ 동작 간 가변성 X	제자리에서 균형 잡기	농구 자유투하기	계단 오르기	책 머리 위에 놓고 계단 오르기
안정 상태/ 동작 간 가변성 O	수화로 대화하기	테이핑하기	평균대 위에서 체조기술 연마하기	리듬체조에서 곤봉연기하기
운동 상태/ 동작 간 가변성 X	움직이는 버스 안에서 균형 잡기	같은 속도로 던져지는 야구공 받기	움직이는 버스 안에서 걸어가기	물이 든 컵을 들고 일정한 속도로 걷기
운동 상태/ 동작 간 가변성 O	트레드밀 위에서 장애물 피하기	자동차 운전하기	축구 경기에서 드리블하는 선수 수비하기	수비자를 따돌리며 드리블해 나가기

유용한 정보!

<졠타일 운동기술 분류의 현장 적용 사례 - 태권도>

최치선과 임태희[6]는 젠타일의 분류법을 태권도에 적용하여 초보부터 숙련 단계까지 난이도에 따라 체계적으로 태권도 기술을 구성하였다. 더해서 국기원[7]은 태권도 낱기술을 특성에 따라 폐쇄운동기술(자세, 이동기술, 1차 기술)과 개방 운동기술(2차 기술)로 분류했다(표 11-2 참조). 이를 활용한 태권도 수련 현장의 기술 분류는 <표 11-3>과 같다.

표 11-2 태권도 기술의 분류

구분	자세	이동기술	1차 기술	2차 기술
특성	준비자세, 서기, 특수품	앞굽이, 뒷굽이, 딛기, 뛰기	지르기, 찍기, 차기, 치기	막기, 빼기, 피하기, 꺾기
종류	• 신체 이동 없음 • 상대 접촉 없음	• 신체 이동 있음 • 상대 접촉 없음	• 동작 빠름 • 타격 상대 필요 • 수련자 의도적 수행 가능	• 상대방 공격에 따른 상대적 수행 가능

표 11-3 태권도 수련에서의 기술 분류[6]

환경적 맥락	동작의 기능			
	신체 이동 X		신체 이동 O	
	물체조작 X	물체조작 O	물체조작 X	물체조작 O
안정 상태/ 동작 간 가변성 X	• 학다리 서기	• 고정 미트 수련 (1개 벼기술) • 고정 표적 격파	• 앞·뒤로 이동 하며 무릎올리 기, 발차기	• 미트 보조자 (앞차기 이동) • 무기술(쌍절 곤 제자리)
안정 상태/ 동작 간 가변성 O	• 주춤서 자세 에서 손기술 연습	• 고정 표적 격파 (2개 이상 기술)	• 규정·자유 품 새 • 겨루기	• 미트 보조자 (미트 겨루기) • 무기술(쌍절곤 이동)

운동 상태/
동작 간
가변성 X
	• 트레드밀
	• 제자리 미트
	  피해 점프
	  (속도 일정)
		• 제자리 연속
		  표적격파(10회
		  뒤후려차기)
		• 약속 한번 겨루
		  기
			• 에어매트에서
			  이동발차기
			• 미트 이동 발차
			  기
				• 물이 든 컵 머리
				  에 올리고 느린
				  발차기

운동 상태/
동작 간
가변성 ○
	• 움직이는 바닥
	  에서 기본동작
	• 제자리 미트
	  피해 점프(불
	  규칙)
		• 심상(겨루기)
		• 공중에 던진
		  표적 백플립
		  차기
			• 미트 겨루기
			• 이동 표적 격파	

3. 운동학습의 개념

2012년 런던올림픽 체조 도마경기에서 대한민국의 양학선 선수는 결선에서 자신이 개발한 양1(뜀틀을 짚은 뒤 공중에서 세 바퀴 비틀며 정면으로 착지하는 기술)을 완벽하게 성공하여 금메달을 목에 걸었다. 이러한 신기술의 개발은 스포츠 과학에 의한 최첨단 동작 분석을 통해 탄성과 손 짚기가 보다 용이하도록 변형된 도마 기구의 영향으로 가능해졌다. 그러나 무엇보다도 양학선 선수의 수많은 경험과 연습, 그리고 노력이 가장 큰 영향을 미쳤을 것이다. 이와 같이 학습자에게 적절한 경험과 연습을 제공하여 효과적인 학습이 이루어지도록 하는 것이 운동학습의 주된 관심사다.

운동학습은 **연습이나 경험을 통해 운동기술을 습득 및 보존하는 일련의 과정**이다. 그러나 넓은 의미에서 운동학습은 단순히 운동기술을 효율적으로 습득하는 것에 국한하지 않는다. 운동이나 신체에 관한 지식을 습득하고 다른 사람들과 협력하여 운동하는 태도나 건강하고 올바르게 운동하는 습관 등을 몸에 익히며, 나아가 성숙한 시민으로 성장해 가는 것까지 확장할 수 있다.

운동학습은 크게 세 가지 특성을 가진다.[1][4][8] 첫째, 운동학습은 숙련된 운동기술을 위한 개인 능력의 비교적 영구적인 변화를 유도하는 과정이다. 둘째, 운동학습은 과정 그 자체를 직접적으로 관찰할 수 없다. 마지막으로 운동학습은 연습과 경험에 의해서 나타나는 현상을 말하며, 성숙이나 동기 또는 감정 등에 의해 일시적으로 수행이 변화하는 것은 포함하지 않는다. 예를 들어 감정의 변화 또는 외부의 도움으로 인한 일시적인 수행의 향상은 연습과 경험에 의한 것이 아니기 때문에 학습이 되었다고 보지 않는다.

> **KEY POINT**
>
> 운동학습은 효율성과 관련된다. 즉 동작을 반복적으로 수행하여 개인이 가지고 있는 운동지식과 운동기술이 잘 협응되도록 만드는 과정이다.

4. 운동학습의 원리

초보자와 숙련자의 동작은 확연히 차이가 있음을 눈으로 확인할 수 있다. 이와 같은 운동기술의 향상, 즉 기술이 학습됨에 따라 나타나는 변화는 무엇이고 어떠한 과정과 단계를 거쳐 학습이 이루어지는지 그 원리를 알아보자.

1) 운동학습 과정

운동기술은 보고 듣고 신체·정신적으로 반복 연습하며 피드백을 통해 동작을 수정하는 과정을 거쳐 습득된다. 나아가 습득된 기술은 많은 시간의 의식적인 노력과 반복을 통해 더 높은 수준으로 향상될 수 있다. 지도자는 이러한 과정에 대한 기본적인 정보를 알고 있어야 선수들에게 효율적인 정보를 제공할 수 있다.

(1) 운동기술 특성에 대한 파악

운동기술의 학습 과정은 자신이 수행할 운동기술 동작을 보는 것부터 시작된다. 학습자는 제시된 동작의 전체적인 움직임 형태를 보고 그 운동기술의 특성에 대한 정보를 얻는다. 선수들은 지도자나 우수한 동료선수로부터 제시되는 **운동기술 동작의 전체적인 움직임 형태를 관찰한 후에 그 운동기술의 특성에 대한 정보를 지각**한다.

(2) 동작의 구성 수준 결정

운동기술을 수행하는 데 필요한 **신체 부분 및 근육과 관절을 선택하고 어떠한 수준으로 사용할지 결정하는 단계**다. 예를 들어 테니스에서 타격 순간의 시선과 볼과의 거리, 팔꿈치 관절과 어깨 관절, 허리 움직임, 그리고 자신에게 적합한 자세 등과 같이 포핸드 스트로크 기술에 필요한 하위요소들을 결정할 수 있다. 태권도 겨루기에서는 상대의 공격을 피하고 반격 기술을 사용하기 위해서 어느 수준으로 회피하는 것이 가장 효율적인지 결정해야 한다. 이를 위해서는 상체 움직임을 최소화하고 앞다리로는 바닥을 밀며 적당한 거리로 물러선 뒤에 뒷다리는 곧바로 반격해야 한다. 이처럼 신체 부위와 근육 및 관절은 기술의 효율성과 효과성을 고려하여 사용 수준을 결정해야 한다.

(3) 동작의 오류 수정

움직임 구성 수준이 결정되어 실제로 동작을 수행하면 자신이 생각했던 것만큼 동작이 이루어지지 않는다. 이때 **자신 혹은 다른 사람을 통해 동작의 차이를 느끼고 이를 수정**함으로써 숙련된 동작을 익힐 수 있다. 많은 선수가 동작의 오류 수정을 위해 자주 사용하는 방법은 우수한 선수의 수행을 관찰하는 것이다. 그러나 우수한 선수의 운동 수행 장면을 반복적으로 관찰하더라도 그 동작을 수행할 때 발생하는 오류의 수정 방법을 모른다면 운동기술을 정확하게 수행할 수 없다.

KEY POINT

동작의 오류를 수정하기 위해서는 다양한 방법을 활용할 수 있다. 대표적으로 자신의 수행과 숙련자의 수행을 영상 촬영하여 분석하는 방법이 있다(예: 비디오 분석).

(4) 자동화와 안정성 획득

숙련된 운전자는 자연스레 옆 사람과 대화하거나 음악을 감상하면서 운전할 수 있다. 그러나 막 운전을 시작한 초보자는 모든 신경을 운전하는 것에만 집중한다. 이처럼 오랜 기간의 연습이 이루어지면 운동 수행을 위한 의식적인 주의가 점차 감소한다. 즉 특별한 주의집중 없이도 운동 수행이 가능해진다. 이처럼 **운동 수행에 대한 의식적인 주의 없이 수행이 가능하게 되는 것**을 운동 수행의 자동화가 이루어졌다고 한다. 이 단계에 도달한 선수나 동호인들에게는 다양하고 변화가 많은 요소와 기회를 제공하는 것이 효과적이다.

2) 운동학습의 단계

지도자는 선수들에게 효율적인 정보를 제공하기 위해 학습의 과정뿐만 아니라 초급·중급·고급으로 이루어지는 학습 단계를 이해해야 한다. 이 장에서는 운동학습 단계에 대한 세 가지 이론을 살펴본다.

(1) 피츠와 포스너의 운동학습 단계

피츠(Fitts)와 포스너(Posner)[9]는 운동학습의 단계를 학습자의 인지적 또는 주의집중 정도가 감소함에 초점을 두어 인지·연합·자동화 단계로 구분하였다. 이와 유사하게 슈미트(Schmidt)와 리스버그(Wrisberg)[10]도 언어-인지 단계, 운동 단계, 자동화 단계로 구분하였다. 학습 초기에는 많은 주의집중과 인지적인 노력이 필요하지만, 학습이 진행됨에 따라 이러한 인지적인 노력과 주의집중 정도는 점차 감소하는 것이 이 학습 단계의 특성이다(그림 11-3 참조).

초보골퍼 정현이가 코치에게 스윙을 배우는 상황을 상상해 보자. 정현이는 코치로부터 스윙 동작이 어떻게 이루어지는지에 대한 언어적 설명과 동작 시범을 접한다. 이것이 인지(초보) 단계에 해당한다. 이 단계에서는 동작과 관련된 정보 활용 능력이 떨어지기 때문에 어색하고 비효율적인 패턴의 동작이 나타난다. 또한 잘못된 동작에 대한 수정 능력도 부족하다.

이후 정현이는 반복적인 연습을 통해서 스윙을 어느 정도 잘할 수 있게 되었고, 간혹 발생하는 잘못된 동작도 바로 수정할 수 있게 되었다. 또한 목표물인 공도 일관적으로 정확하게 맞출 수 있었다. 이는 연합(중급) 단계에 해당한다.

반복된 연습과 시합을 통해 정현이는 이제 무의식적으로 큰 집중이나 주의전환 없이도 스윙을 능수능란하게 할 수 있다. 또한 동작의 절차, 코스, 환경의 변화(예: 바람) 등에 대해서도 다양하게 주의를 전환하면서 스윙을 할 수 있다. 이처럼 시시각각 변하는 상황에서도 정확하고 일관적인 동작 수행이 가능한 단계를 자동화(숙련)라고 한다.

그림 11-3 학습 단계에 따른 주의집중 정도

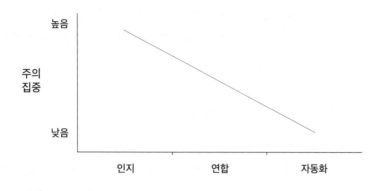

운동기술이 자동화 단계에 이를수록 주의집중 요구 수준도 낮아진다. 따라서 우리나라 국가대표 수준의 선수와 일반 선수가 같은 기술을 수행하더라도 주의집중을 위해 쏟는 노력은 크게 차이가 난다.

(2) 젠타일의 단계

젠타일[5]은 운동기술의 분류(표 11-1 참조)에 따라 두 단계로 구분하면서 각 단계에 해당하는 지도 전략도 제시하였다. 첫 번째는 움직임의 개념 습득 단계다. 이는 피츠와 포스너[9]의 인지단계와 유사하다. 이러한 움직임의 개념 습득이 이루어지고 난 다음 운동기술의 분류에 따라 고정화 및 다양화 단계로 구분되어 적용된다.

고정화 단계는 사격이나 양궁, 태권도 품새와 같이 환경의 변화를 예측할 수 있는 폐쇄운동기술이 해당한다. 이 단계는 동작의 일관성을 향상시키기 위한 지도 전략이 필요하다. 즉 일관적인 환경 조성 및 같은 동작의 반복적인 연습이 요구된다.

반면 다양화 단계는 축구와 럭비, 유도와 같이 환경의 변화를 예측할 수 없는 개방운동기술이 해당한다. 이 단계는 다양하게 변화하는 환경에 가장 적절한 동작을 수행할 수 있는 움직임의 적응성이 요구된다. 따라서 수비수의 위치를 매번 달리하여 드리블 연습을 하거나 불규칙한 조건을 만들어 업어치기를 연습하는 것 등이 좋은 예다.

그림 11-4 **젠타일의 운동학습 단계**

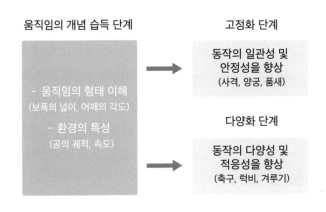

(3) 번스타인의 단계

번스타인(Bernstein)[11]은 우리가 가지고 있는 관절의 활용 능력에 따라 자유도의 고정 단계, 자유도의 풀림 단계, 그리고 반작용의 활용 단계로 구분하였다. 예를 들면 처음 축구클럽에 간 형호는 킥(kick)을 할 때 다리를 하나의 단위로 생각하고 사용할 것이다. 쉽게 말해서 허리, 골반, 무릎, 발목을 마치 하나의 관절인 듯 경직된 동작을 보일 것이다. 즉 동작이 어색하고 딱딱하며 비효율적인 동작 패턴이 나타난다. 이 단계를 자유도의 고정 단계라고 한다.

연습이 진행됨에 따라 형호는 킥과 관련된 다양한 관절을 유기적으로 사용할수 있게 되고 점차 부드럽고 자연스러운 동작이 가능해진다. 하나로 고정되었던 관절들이 비로소 각자의 기능을 한다는 뜻에서 자유도의 풀림 단계라고 말한다.

마지막으로 다양하게 변화하는 상대방의 움직임, 공의 속도 그리고 높낮이 등의 주변 환경 속에서 자신의 여러 신체 관절을 유기적으로 사용할 수 있는 단계에 접어들게 된다. 이 단계에서는 마찰력, 작용과 반작용 현상을 활용할 수 있다. 이러한 단계를 반작용의 활용 단계라 한다. 예를 들어 킥의 속도와 힘을 최대로 발현하기 위해서는 작용·반작용 원리를 사용해야 한다. 목표물을 가격하기 위해서는 차는 다리를 접어 올려 펴는 순간(작용) 상체를 반대로 틀며 반작용을 만들어야 속도와 힘을 극대화할 수 있다.

3) 운동학습에 의한 변화

운동기술을 학습하는 동안 신체와 정신 그리고 운동기술의 질적인 측면에서 다양한 변화가 일어난다. 지도자가 이러한 변화의 특성을 파악하여 선수나 동호인의 상황에 맞는 적절한 정보를 제공한다면 효과적인 학습이 이루어질 것이다.

(1) 협응(폼)의 변화

프로야구선수의 스윙과 이제 막 야구를 배우기 시작한 초보자의 스윙을 비교해 보면 쉽사리 스윙 동작의 차이를 알아차릴 수 있다. 그러나 초보자도 더 큰 노력과 연습 그리고 경험을 쌓고 나면 프로선수와 비슷한 형태의 스윙을 구사할 수 있다. 이와 같은 협응의 변화는 운동기술 학습 과정에서 드러나는 가장 일반적인 특징 중 하나다.

세계적인 스포츠 스타의 동작은 부드럽고 안정적이며 매우 자연스럽다. 과연 이들은 처음 운동을 배울 때부터 부드럽고 안정적인 동작을 할 수 있었을까? 아마도 그런 사람은 없을 것이다. 스포츠를 처음 배웠던 자신의 모습을 상상해 보자. 처음에는 운동 수행이 매우 부자연스러웠을 것이다. 기술이 향상됨에 따라 가장 크게 변화하는 것이 동작의 형태, 즉 협응의 변화다. 전문가들이 특정 선수의 동작만 봐도 실력을 가늠할 수 있듯이 동작의 협응은 기술의 숙련성과 매우 밀접한 관계가 있다. 그렇다면 기술이 향상됨에 따라 협응은 어떻게 변화할까?

마이클 조던(Michael Jordan)의 예를 살펴보자. 농구의 전설이라 불리는 그도 기술적으로 부족한 시절이 있었다. 그는 대학 시절부터 타고난 재능으로 사람들에게 많은 주목을 받았지만, 간혹 슛 동작 시 점프하는 데에 있어서 불안정한 모습을 보였다. 즉 대학 시절의 마이클 조던은 신체 분절 간의 비효율적인 움직임으로 인해 슛 동작에 문제가 있었고 자신의 타고난 재능을 제대로 발휘하지 못했다. 그러던 중 조던의 스승인 딘 스미스(Dean Smith)가 이 문제를 극복하도록 적극적으로 조언하였다. 이후 조던은 끊임없는 점프 연습을 통해 폼을 변화시켰고, 결국 슛 동작 시 완벽한 신체균형 능력을 갖추게 되었다. 마침내 오늘날 그의 슛 동작은 교과서처럼 여겨진다.

그림 11-5 **마이클 조던의 슛 동작 변화(왼쪽부터 대학-시카고-워싱턴 시절)**

(2) 일관성의 향상

야구 경기에서 투수가 시속 150km 이상의 속도로 공을 빠르게 던질 수 있다고 하더라도 원하는 방향으로 정확하고 일관성 있게 던질 수 있는 제구력이 부족하다면 실제 경기에서 좋은 성과를 거두기는 어려울 것이다. 또한 양궁 경기에서 표적 중앙에 화살을 적중시키기 위해서는 슈팅 동작을 일관성 있게 유지해야 하며, 슈팅 동작의 일관성이 떨어지면 운동 수행의 정확성도 낮아진다. 이처럼 수행의 일관성은 운동기술 학습 및 숙련과 밀접한 연관이 있고 숙련자일수록 일관된 기술 수행력을 보인다. 야구, 탁구, 필드하키, 테니스, 골프 등의 종목에서 우수한 선수들은 동작마다 일관된 수행시간을 보인다. 즉 여러 번 동작을 수행하더라도 배트, 스틱, 라켓 등과 같은 운동기구를 사용하는 안정된 동작과 볼 접촉 순간의 시간에 변화가 거의 없다. 반면 초보자는 불규칙한 동작 패턴이 나타나고 접촉 시간의 변화가 빈번하다. 이러한 일관성은 숙련자와 초보자를 구별할 수 있는 특징 중 하나다. 일관성은 많은 연습과 노력을 통해 향상된다.

(3) 움직임의 효율성 변화

숙련자와 달리 초보자의 동작은 비효율적이다. 수영을 처음 배우는 초보자는 어색하고 효율적이지 못한 발동작 때문에 앞으로 전진이 어렵다. 심지어 뒤로 움직이는 초보자도 있다. 또한 불필요한 동작으로 인해 자신이 가진 능력 이상의 체력을 소진하게 되고 쉽게 피로를 느끼게 될 것이며 곧 흥미도 잃어버릴 것이다. 이 과정들이 계속 반복되면 결국 중도에 포기할 것이다. 이처럼 움직임의 효율성 측면에서 숙련자와 초보자는 많은 차이가 있다. 운동기술 학습이 진행되면 앞서 설명한 폼의 변화뿐만 아니라 신체의 에너지 소비와 근육 활성화에도 많은 변화가 나타난다.

스포츠 현장에서 초보자들은 감독이나 코치들에게 항상 '힘을 빼라'는 말을 자주 듣는다. 이는 운동학습 초기에는 동작 수행 시 필요 이상의 근육이 활성화되고 근육군의 발현 시간이 정확하게 제어되지 않는 경향이 있기 때문이다. 과도한 힘의 발현 때문에 움직임이 매우 경직되고 부자연스럽다. 그러나 연습함에 따라 기술을 발현하는 데 활성화되는 근육의 양이 점차 적어지고 근육의 움직임 발현 타이밍이 적절하게 변한다. 이로 인해 자연스럽고 효율적인 움직임이 나타나게 된다.

마라톤선수들이 42.195km 구간을 쉬지 않고 뛰는 모습, 축구선수들이 90분 동안 뛰는 모습, 기계체조선수가 링에서 두 팔로 거꾸로 버티는 모습 등 우리가 보기에 매우 힘들고 어려운 동작도 숙련자들은 지치지 않고 꽤 오랫동안 수행을 유지한다. 물론 끊임없는 연습으로 인해 향상된 체력의 영향도 무시할 수 없으나, 그것보다 중요한 이유는 상황에 맞게 적절한 근육과 관절을 사용한다는 것이다. 이 때문에 에너지 소모가 줄어들어 오랜 시간 동안 수행을 유지할 수 있다. 따라서 연습이 진행됨에 따라 불필요한 동작은 최소화되고 수행에 꼭 필요한 동작만을 하게 되어 에너지 소비 효율이 향상된다.

운동학습이 어떠한 과정과 단계를 거쳐 진행되고 어떤 변화가 일어나는지에 대해서 살펴보았다. 이러한 기본적인 내용을 바탕으로 실제 현장에서 효율적인 학습이 이루어질 수 있는 연습계획과 방법들에 대해서 알아보도록 하자.

1) 효과적인 연습 방법

유소년 야구선수들이 송구 연습을 할 때 감독이 매번 같은 거리, 같은 지점에다가 던지기를 요구한다면 선수들은 지루함을 느낄 것이다. 또한 태권도의 여러 발차기가 있음에도 불구하고 하나의 발차기만을 연습한다든지 실제 연습 시간보다 휴식 시간이 비정상적으로 많다면 분명 효과적인 연습계획이 아니다. 따라서 지도자들은 학습자들이 따분함을 느끼지 않고 학습의 효과를 최대로 끌어올리기 위해서 다양한 연습 조건을 만들어야 한다.

(1) 구획연습과 무선연습

구획연습(blocked practice)은 운동기술을 학습하기 위해 과제들에 일정 시간을 할당하고 **순차적으로 연습하는 것**을 말한다. 반면 무선연습(random practice)은 여러 과제를 **무작위로 제시하여 연습하는 것**이다. 구획연습과 무선연습은 맥락간섭(contextual interference) 효과에 기반한 연습 방법이다. 여기서 맥락간섭은 학습 과정에 어떤 문제나 갈등이 개입하여 학습이나 기억을 방해하는 것을 말한다. 말 그대로 간섭받는 것을 의미한다. 예컨대 1, 2, 3, 4, 5라는 연속된 숫자를 기억하는 과정에서 9, 13 등의 숫자가 개입되면 1-5까지 숫자를 기억하는 데 방해가 된다.

스포츠 상황으로 예를 들면 아름이와 다운이는 각각 60분 동안 쉬는 시간 없이 농구 기본 기술을 연습하였다. 아름이는 드리블을 20분 연습한 다음 패스를 20분, 마지막으로 슛 20분과 같이 순차적으로 연습하였다. 반면에 다운이는 드리블 5분, 패스 5분, 슛 5분을 연습하고 곧바로 이어서 패스-슛-드리블 순서로 각각 5분씩 연습한 다음 다시 슛-드리블-패스와 같이 순서를 무작위로 섞어서 연습하였다. 이 경우 아름이는 구획연습을, 다운이는 무선연습을 한 것이다. 이때 구획연습은 맥락간섭이 낮고 무선연습은 맥락간섭이 높다.

일반적으로 맥락간섭이 높은 무선연습은 운동기술을 습득하는 단계에서 학습자의 수행력을 감소시키지만, 오히려 학습의 파지 단계(학습정보를 유지하는 단계)에서는 향상된 수행력을 발휘하는 데 도움이 된다.[12] 그러나 다양한 스포츠 현장에서 학습자의 특성과 운동기술의 특성이 매우 다르기 때문에 그 효과도 다르게 나타날 수 있다는 사실을 유의해야 한다. 따라서 더욱 효과적인 연습 구성을 위해서는 두 가지 방법을 적절하게 활용해야 한다.[13][14][15][16]

(2) 집중연습과 분산연습

연습 시간이 휴식 시간보다 상대적으로 긴 경우를 집중연습(messed practice)이라고 한다. **휴식 시간이 연습 시간보다 긴 경우**를 분산연습(distributed practice)이라 한다. 지도자들은 학습자의 특성과 운동기술의 특성을 고려하여 집중연습과 분산연습을 적절하게 사용해야 한다. 예를 들어 일반적으로 불연속 운동기술(예: 야구의 수비, 태권도의 다양한 연결 발차기)은 분산연습보다 집중연습이 효과가 있는 것으로 알려져 있다.[1] 그러나 학습자가 과도한 연습으로 인해 피로감을 느끼고 있거나 불연속 기술일지라도 초보자에게 부상의 위험이 있는 동작이라면 분산연습을 사용하는 것이 좋다. 따라서 재활 현장에서는 분산연습이 효과적이다.

로즈(Rose)와 크리스티나(Christina)[17]에 따르면 시즌을 준비하는 기간에는 되도록 많은 양의 집중연습을 하는 것이 좋고, 시즌 중에는 분산연습이 적절히 섞인 형태의 연습 구성이 바람직하다. 특히 중요한 시합을 앞둔 선수에게 분산연습은 그들에게 긍정적인 심리상태를 갖게 하는 데 효과적인 전략이 될 수 있다.

(3) 전습법과 분습법

전습법(whole practice)은 학습자가 운동기술을 **한꺼번에 전체적으로 학습**하는 방법이고, 분습법(part practice)은 운동기술 요소를 **몇 개의 하위요소로 나누어 학습**

하는 방법을 말한다. 일반적으로 전습법과 분습법은 운동기술 간의 연계성과 학습자들의 운동 능력에 따라 다르게 적용해야 한다. 배구 스파이크는 도약-점프-스파이크의 동작으로 이루어져 있다. 각각의 동작들은 유기적으로 연결되어 있다. 이와 같은 기술은 전습법을 이용하여 연습해야 한다. 반면에 체조의 마루운동이나 무용과 같은 운동기술은 분습법으로 연습하는 것이 효과적이다. 또한 초보자들은 단계별로 구분하여 각각의 동작을 배운 후 전체적으로 연결하여 연습하는 것이 바람직하다.

그러나 각 상황에 맞는 전습법과 분습법을 나누어 적용하기보다는 전습법과 분습법을 적절히 병행하여 사용하는 것이 단일 방법을 사용하는 것보다 학습에 긍정적인 영향을 준다. 예를 들어 배드민턴의 스매시를 배우는 초보자에게 전습법을 적용하여 전체적인 동작을 연습(전습법) 후 어느 부분에서 가장 어려움을 느끼는지 파악한다. 그리고 해당 부분을 구분 동작(분습법)으로 나누어 집중적으로 연습하는 것도 좋다.

> **KEY POINT**
>
> 대상의 수준에 따라 전습법과 분습법을 달리 적용해야 한다. 초보자에게는 분습법을 적용하여 각 동작을 익힌 뒤 전체를 학습하는 것이 바람직하다.

(4) 가이던스 기법

체조를 처음 배우는 영희에게 공중돌기 동작은 매우 어렵게 느껴지고 부상의 위험도 크다. 영희의 코치는 이러한 위험부담을 없애기 위해서 줄을 사용하거나 직접 영희의 등을 받쳐주어 넘어지는 것을 막아주었다. 이로 인해 영희는 심리적으로 안정된 상태에서 연습을 할 수 있었고 큰 어려움과 부상 없이 공중돌기를 완성했다. 이같이 지도자가 **학습자의 신체를 잡아주거나 시각·촉각과 같이 감각 기관의 직접적인 유도**를 통해 정확한 동작을 할 수 있게 만들어 주는 것을 가이던스 (guidance) 기법이라 한다. 이 기법은 초보자들에게 매우 유용하게 사용된다.[18] 골프의 경우 드라이브를 처음 배우는 동호인의 머리나 골반을 잡아주어 정확한 동작과 궤적을 유도하는 것이 가이던스 기법의 좋은 예다.

그러나 가이던스 기법을 과도하게 사용하면 학습자가 지나치게 가이던스에 의존하게 되어 오히려 학습효과를 낮추는 결과를 초래한다. 적절한 시기에 가이던스를 제거하여 가이던스의 의존성을 방지해야 한다. 영희는 지도자의 도움으로 공중돌기를 할 수 있었다. 이후 영희의 가이던스 의존성을 없애고자 공중돌기 준비과정에서 줄을 사용하여 영희에게 심리적인 안정감을 준 다음 실제 수행에서 잡고 있던 줄을 느슨하게 풀거나 등을 받쳐주는 과정을 생략하는 것을 통해서 적절한 시기에 가이던스를 제거할 수 있다.

(5) 과도한 훈련

선수들이 목표로 한 양의 훈련과 강도를 초과하는 경우가 있다. 이를 과도한 훈련(over training)이라 한다. 실제로 과도한 훈련은 스포츠 현장에서 자주 목격된다. 최상의 경기력에 도달하거나 유지하기 위해서는 필수적인 요소로 여겨지기 때문이다.[19] 과도한 훈련은 목표의 한계를 넘어서기 때문에 목표 개수만 연습한 사람보다 실제 수행 시 심리적인 안정감을 느낄 수 있다는 측면에서 효과가 있다.[20] 그러나 과도한 훈련은 선수의 집중력 저하, 수면 방해, 근육피로 등의 부작용을 초래한다.[21][22][23] 이 중에서도 과도한 훈련의 부작용으로 선수들이 가장 많이 겪는 현상이 바로 수면 방해 현상이다.[24]

따라서 과도한 훈련의 부작용을 막기 위해서는 점진적으로 훈련의 강도를 높이는 것이 가장 중요하다.[25] 또한 하우스워스(Hausswirth)와 동료들[26]에 따르면 선수가 소화할 수 있는 훈련 강도의 30%를 초과하지 않는 것이 바람직하다. 물론 과도한 훈련은 개인의 신체·심리적 차이를 고려하는 것이 무엇보다 중요하다.

KEY POINT

많은 선수는 과도한 훈련을 경험한다. 지나친 과훈련을 예방하기 위해서는 코치의 세심한 관찰과 배려, 그리고 선수와 코치의 의사소통이 무엇보다 중요하다.

(6) 학습자의 유형 파악

학습자들은 정보를 활용하는 인지 능력, 신체 특성 및 발달 정도, 성장 환경 그리고 성별에 따라 매우 다양한 특성을 가진다. 이러한 특성을 고려하지 않고 획일적인 교육을 하면 어떠한 상황이 벌어질까? 예를 들어 어린아이에게 전문적인 용어를 사용하거나 숙련자들에게 누구나 알고 있는 기본적인 정보를 제공한다면 분명 부정적인 결과를 초래할 것이다.

태권도장에서 유아들을 지도하는 경우를 생각해 보자. 6세와 7세 아동들은 정보를 수용하고 활용하는 능력이 성인보다 떨어지기 때문에 지도자는 반복적인 시범과 동작에 대한 설명을 제공해야 한다. 또한 설명을 위해서 전문적인 용어나 어려운 단어 사용은 금물이다. 예를 들어 돌려차기를 '축이 되는 다리를 완전히 틀고 골반을 집어넣어 무릎의 스냅을 이용해야 한다.'라고 설명하면 유아들은 전혀 이해하지 못할 것이다. 따라서 아동들이 충분히 이해할 수 있는 수준에서 쉬운 설명이나 모델과 같은 예를 제공하는 것이 좋다. 가령 '돌려차기를 찰 때 엉덩이가 빠지면 발차기에 힘이 없다. 그러니까 엉덩이를 쭉 넣으면서 차야 한다.'와 같이 더 쉬운 용어들을 사용하고 더 쉬운 과제를 제시해야 한다.

반면에 성인 학습자들에게 너무 쉬운 단어나 반복적인 기술 설명은 오히려 지루함을 유발하거나 동기를 떨어뜨리는 원인으로 작용한다. 이 시기의 학습자에게는 흥미를 유발하는 단어의 선택과 동작에 대한 간략하고 낮은 빈도의 설명이 효과적이다. 또한 동작의 기초적인 설명보다는 동작의 오류를 잡아주고 원리에 대한 정보를 시범 등으로 제공하는 것이 효과적이다. [27]

<어떻게 연습해야 하는가?[28]>
에릭슨(Ericsson)과 풀(Pool)은 자신의 저서 『1만 시간의 재발견(원서: PEAK)』에서 운동의 효과를 높이고 성취를 극대화하기 위해서 목적적 연습(purposive practice)이 중요하다고 강조한다. 목적적 연습은 '얼마나 열심히 하는가'가 아니라 '어떻게 연습하는가'에 대한 내용이다. 이를 위한 네 가지 방법이 있다. 간략히 정리하면 다음과 같다.

첫째, 구체적인 목표(specific goal)가 있어야 한다. 이미 알다시피 좋은 목표는 굉장히 구체적이고 명확하다. 여기서 측정이 가능하고 달성 기한이 정해져 있다면 금상첨화다(이 책의 '목표설정' 참고). 목적적인 연습도 마찬가지다. 구체적인 목표가 없다면 목적지 없이 바다 위에서 노를 젓는 것과 같다. 그뿐만 아니라 구체적인 목표가 있다는 것은 그 목표에 도달하기 위한 동기가 있음을 뜻한다. 동기는 우리가 무언가를 열심히 하도록 신체·심리적 에너지를 제공한다.

둘째, 강도 높은 집중(intensive focus)이 필요하다. 목적적 연습을 위해서는 온전히 집중력을 발휘할 수 있어야 한다. 매 순간 자신의 움직임과 흐름에 집중해야 한다. 예를 들어 태권도 선수는 발차기를 찰 때 준비자세부터 마무리까지 집중력을 유지하며 자신의 동작에 의식을 기울여야 한다.

셋째, 즉각적인 피드백(immediate feedback)은 연습에 큰 보탬이 된다. 동작의 오류나 수정에 대한 피드백은 빠르면 빠를수록 효과가 좋다. 특히 코치의 정보적 피드백은 선수의 목표설정이나 집중력 수준을 결정하는 데 매우 중요하다.

넷째, 빈번한 불편감(frequent discomfort)을 느껴야 한다. 불편감이란 편안한 상태를 벗어나는 것을 의미한다. 인간은 본능적으로 더 편하고 무의식적이며 습관화된 것에 익숙하다. 그러나 운동 기능의 향상을 위해서는 이러한 편안함의 영역(comfort zone)을 벗어나기 위해 애써야 한다. 불편함을 자주 느낀다는 것은 의도적인 연습(deliberate practice)을 하는 것과 같은 맥락으로 해석된다. 그냥 즐기는 것은 더 나은 자세나 기술을 배우는 것을 방해한다. 오늘 무엇을 고칠 것인지 또는 배울 것인지 정하고 그것을 의식적으로 집요하게 연습해야 한다. 의식적인 연습은 기술 습득에 필요한 절대 시간을 단축할 수 있는 원동력이다.

2) 운동학습의 지도

지금까지 효과적인 학습 촉진을 위한 연습 방법에 대해서 알아보았다. 이제부터는 실제 연습을 하는 동안 학습의 효과를 극대화하는 방법에 대해서 살펴보도록 하자.

(1) 피드백의 활용

피드백(feedback)이란 **스포츠 상황에서 자신의 운동학습에 영향을 주는 내 · 외적인 정보**를 말한다. 예로 들면 야구에서 타자가 공을 친 순간 이 공이 홈런이라는 것을 직감하는 것, 농구에서 선수가 슛을 한 순간 공이 림에 들어갈 것이라고 직감하는 것과 같이 수행에 관한 결과 정보를 얻는 것이 대표적인 피드백의 예다. 또한 피드백은 100m 달리기를 통과하는 순간의 기록이라든지 높이뛰기를 해낸 순간의 기록 등이 있다. 그리고 운동선수가 코치에게 듣는 조언, 자신의 경기를 영상으로 촬영해서 보는 것도 해당한다. 이처럼 피드백은 여러 스포츠 활동에서 수행 결과와 밀접한 연관성이 있다. 스포츠 상황이나 운동학습에서 널리 이용되고 있는 피드백은 그 개념이나 형태도 다양하다.

(2) 피드백의 종류

탁구 코치인 성진이는 꿈나무 선수인 창민에게 '자세를 더 낮게 유지해라', '공을 끝까지 보고 쳐라'와 같은 언어적 피드백을 제공한다. 이처럼 다양한 종목에서 기술과 관련된 정보를 지도자가 학습자에게 전달한다. 학습자가 성공적인 동작 수행을 위해 지도자로부터 전달받는 정보를 피드백이라고 한다. 이러한 피드백의 종류는 매우 다양하다.

피드백은 크게 보강 피드백과 감각 피드백으로 구분된다. 보강 피드백은 앞선 예와 같이 지도자, 동료, 동영상, 바이오 피드백 등 외부로부터 정보를 얻는 것을 말한다. 감각 피드백은 자신의 감각(시각, 촉각, 중추 · 말초신경, 관절수용기)을 이용하여 스스로 정보를 감지하는 것을 말한다.

보강 피드백은 다시 결과지식과 수행지식으로 나뉜다. 결과지식은 수영

100m의 기록이 몇 초였는지, 야구공의 속도가 얼마인지와 같이 **동작의 결과에 대한 정보만을 제공**한다. 수행지식은 결과지식과는 달리 **동작의 유형에 대한 정보를 제공**한다. 앞선 예에서 '발차기 시 무릎을 높게 올려라' 등이 이에 해당한다. 이러한 보강 피드백은 언어적으로 또는 영상을 활용한 시각적인 방법으로 다양하게 제공된다. 일반적으로 운동학습 초기에는 외부로부터 받는 피드백 정보가 효과적이지만 학습이 진행될수록 여러 가지 방법들을 적절히 혼합하여 사용해야 한다.

최근 들어 학습자가 정보를 원할 때 지도자가 피드백을 제공하는 상호 의사전달 과정의 중요성이 부각되고 있으며, 자기통제 피드백과 뉴로 피드백 등이 큰 관심을 받고 있다. 즉 지도자의 일방적인 정보 제공보다는 지도자와 학습자 사이의 상호작용을 통해 정보가 제공되면 보다 효율적인 학습효과를 가져올 수 있다.

그림 11-6 피드백의 종류

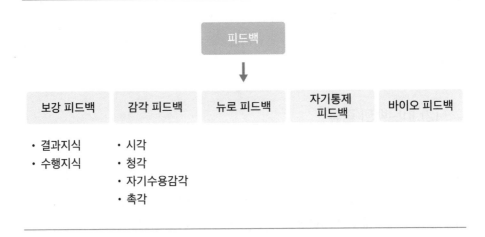

(3) 피드백의 기능

피드백은 효율적인 운동기술 학습에 매우 중요한 역할을 하고 여러 가지 측면에서 학습자에게 긍정적인 영향을 미친다. 첫째, 유용한 정보를 제공한다. 피드백은 동작과 관련된 가장 중요한 정보를 전달해 주고 불필요한 동작을 감소시킨다. 둘째, 동기를 유발한다. 지도자가 학습자에게 '매우 잘하고 있다', '허리를 사용하면 더 좋은 동작이 나올 것 같구나' 등과 같은 긍정적 피드백을 통해서 성취동기를 높일 수 있다. 마지막으로 강화기능이다. 피드백은 그 정보 자체가 잘된 동작에 대해서는 칭찬의 효과가 있고 잘못된 동작에는 질책의 효과가 있다. 이러한 피드백의 강화기능은 정적 강화와 부적 강화로 구분할 수 있다.

정적 강화기능은 학습자가 성공적인 자신의 운동 수행에 대해 자신감을 가지고 다음 수행에서 그것을 유지하거나 보다 나은 수행을 하는 것을 말한다. 즉 지도자가 칭찬이나 보상을 제공함으로써 현재의 수행을 계속해서 유지할 수 있도록 하는 것이다. 자신의 감각 피드백을 통해서도 정적 강화를 받을 수 있다. 예를 들어 자유투를 할 때 골대로 정확하게 날아가는 공을 보면서 또는 성공했을 때 느끼는 손의 감각, 즉 자신의 운동감각 피드백을 감지함으로써 다음 수행에 필요한 정보를 얻을 수 있다. 이와 반대로 부적 강화기능은 운동 수행 중에 바람직하지 않은 수행을 수정하고 이후 성공적인 수행을 이끄는 역할을 한다.

(4) 효과적인 피드백 제공

운동학습의 초기 단계에서 학습자들은 자신의 동작에 대한 정확한 정보를 얻기가 쉽지 않기 때문에 주로 지도자에게 의존하는 경향이 강하다. 그러나 지도자가 전달하는 정보가 학습자들에게 항상 도움이 되는 것은 아니다. 지도자들은 피드백의 기능과 특징을 정확히 파악하여 상황에 맞게 적절하게 제공해 주어야 한다. 효율적인 피드백 제공 방법은 첫째, 지도자는 학습자 수준에 맞는 단어나 정보를 제공해야 한다. 어린이들에게 협응이란 단어와 관절의 순차적인 움직임 원리를 이용하라는 정보는 너무 어렵기 때문에 오히려 운동기술 학습에 부정적인 영향을 미칠 수 있다. 따라서 학습자가 이해할 수 있는 수준의 단어나 정보를 제공해야 한다.

둘째, 언어·영상·청각 등 다양한 방법들을 적절하게 사용해야 한다. 지도자가 매번 반복되는 내용의 언어적 피드백만을 제시한다면 자칫 학습자에게 지루함을 느끼게 할 수 있다. 최근에는 스마트폰의 앱(App)을 이용할 수도 있다. 따라서 자신만의 피드백 방법을 개발하여 활용하는 것도 바람직하다.

셋째, 피드백의 제공 빈도 및 제공 시기이다. 다음의 상황을 생각해 보자. 테니스 코치인 승현은 미선에게 매번 서브마다 서브에 대한 팔 동작, 정확도 등의 정보를 주었다. 반면 윤경에게는 10회 서브를 진행한 후 관련 정보를 주었다. 어떤 방법이 더 효율적일까? 일반적으로 학습 초기에는 상대적으로 제공되는 피드백의 빈도가 높겠지만 학습이 점점 진행됨에 따라 피드백의 빈도를 줄여야 한다. 다음의 표에서 다양한 피드백 제공 빈도에 관한 내용을 살펴보고 상황에 맞는 적절한 방법을 선택·혼합하여 사용하는 것이 바람직하다.

표 11-4 피드백의 제공 빈도

제공 빈도	내용
점감 피드백	연습이 진행됨에 따라 피드백의 빈도를 감소
요약 피드백	일정 시행 후에 결과를 요약하여 제시
평균 피드백	일정 시행 후에 결과를 평균으로 계산하여 제시
수용범위 피드백	목표로 정한 범위를 벗어난 경우 피드백을 제시

피드백 제공 빈도 못지않게 중요한 것이 제공 시기다. 피드백을 언제 주는 것이 효과적일까? 많은 연구에서 학습자가 동작 수행을 한 다음 스스로가 자신의 동작에 대해 충분히 생각해 본 후 피드백이 제공되는 것이 학습에 도움이 된다고 한다. 또한 피드백이 주어진 후 학습자가 동작의 오류를 수정할 수 있게 충분한 시간을 가진 후 다시 동작을 수행하는 것이 효과적이다.[1][4]

마지막으로 주의초점을 고려한 방법이다. 대부분의 스포츠 현장에서 학습자는 지도자로부터 신체에 대한 정보를 지속적으로 제공받는다. 예를 들어 초보자가 배드민턴 스매싱을 배울 때 손목의 각도라든지 팔꿈치의 위치 등과 같은 신체에 대한 정보를 지도자로부터 받는다. 이러한 정보들은 학습자의 주의를 신체 관절에 초점(내적 주의초점)을 두도록 유도한다. 그러나 운동기술을 처음 배우는 초보자들에게 신체 관절에 대한 주의를 두는 방법은 오히려 학습에 좋지 않은 결과를 초래하기 때문에 외부 환경(외적 주의초점)에 대해 주의를 두도록 하는 것이 효과적이다.[29]

초보자를 대상으로 한 태권도 돌려차기 연구[30]에서 몸통, 허리, 무릎, 발등에 대한 정보를 제공하여 주의를 신체 관절에 집중시킨 집단보다 단순히 목표물이란 외적인 정보에 집중한 집단이 효과적으로 돌려차기를 학습하였다고 보고하였다.

흥미로운 점은 종목에 따라 이러한 주의초점 기법이 다르게 적용된다는 것이다. 로렌스(Lawrence)와 동료들[31]의 체조 동작 학습에 관한 연구에서는 내적 주의초점 집단과 외적 주의초점 집단 간 별다른 차이가 없었다. 강성철과 김기태[32]의 태권도 주먹지르기 연구에서는 오히려 신체 관절에 집중한 집단이 우수하였다.

따라서 초보자에 한해서 폼의 형태(예: 자세의 정확성)가 평가 기준이 되는 체조, 피겨스케이팅, 태권도 품새와 같은 종목에서는 차별적인 주의초점 전략의 효과가 작거나 내적 주의초점 전략이 더 효과적이다. 반대로 수행의 결과가 평가 기준이 되는 축구, 농구, 태권도 겨루기에서는 외적 주의초점 전략이 더 효과적이다.

그림 11-7 **적절한 피드백 제공 시기**

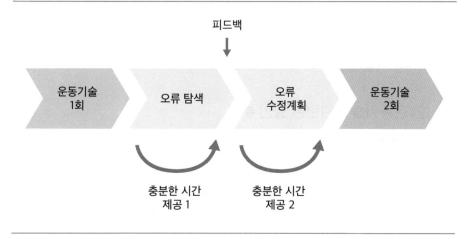

3) 운동학습의 평가

효과적인 운동기술 습득을 위한 마지막 요인은 학습의 평가 부분이다. 지도자는 평가를 통해 학습자의 현재 상태를 파악하고, 이를 토대로 효과적인 교수 전략을 수립한다. 이 장에서는 버튼(Burton)과 밀러(Miller)[33]의 과제-특수적 전략을 적용한 평가 방법을 스포츠 현장에 맞게 재구성하여 소개하였다. 이 방법은 운동기술 평가와 운동기술 수행과 관련된 요소 분석의 두 단계로 구성할 수 있다. 위계적인 분석이 가능하고 문제 발생 시 기술과 관련된 요인을 차례대로 분석할 수 있는 장점이 있다.

그림 11-8 운동기술 평가의 단계[33]

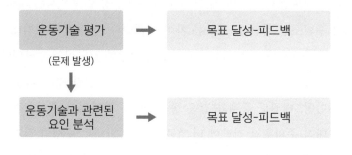

(1) 운동기술 평가

평가의 첫 단계로 **선수가 수행하고자 하는 기술이 목표 수준에 도달하였는가를 평가하는 것**이다. 중요한 것은 개인에 따라 신체 및 인지 능력이 다르므로 평가 기준을 다르게 적용해야 한다.

(2) 운동기술과 관련된 요인 분석

첫 단계에서 목표 달성을 이루지 못하였다면 운동기술과 관련된 요인 분석 단계로 접어들게 된다. 관련된 요인 분석은 운동기술에 따라 다르게 나타난다. 따라서 지도자들은 특정 운동기술이 요구하는 요인들을 다양한 측면(근력 · 유연성 · 순발력)에서 살펴보아야 한다. 또한 신체적인 부분뿐만 아니라 인지 · 심리 요인도 함께 평가하면 더 효과적이다. 이러한 평가 분석을 통해 지도자는 **선수의 오류를 하나씩 차례대로 수정하여 목표를 달성하기 위한 체계적인 지도 전략을 수립**할 수 있다.

해보기

1) 내 종목의 기술분류표

젠타일은 운동기술을 신체 이동의 여부, 물체의 사용 여부, 환경의 변화 여부 등의 요인을 사용하여 운동기술을 세분화하였다. 앞서 살펴본 젠타일 운동기술 분류의 현장 적용 사례를 기반으로 자신이 참여 중인 스포츠 기술의 기술분류표를 작성해 보자. 만약 해당하는 분류가 없다면 빈칸으로 남겨둔다.

스포츠 종목:

환경적 맥락	동작의 기능			
	신체 이동 X		신체 이동 O	
	물체조작 X	물체조작 O	물체조작 X	물체조작 O
안정 상태/ 동작 간 가변성 X				
안정 상태/ 동작 간 가변성 O				
운동 상태/ 동작 간 가변성 X				
운동 상태/ 동작 간 가변성 O				

2) 효과적인 연습법

연습효과를 극대화하기 위해서는 학습의 효과를 최대로 끌어 올리는 다양한 연습 조건을 만들어야 한다. 이때 연습 조건으로는 맥락간섭을 반영한 구획연습과 무선연습, 기술수행 단계에 따른 전습법과 분습법 등이 있다. 아래 워크시트에 따라 각 연습 조건을 반영한 연습법을 마련해 보자.

① 구획연습과 무선연습 방법을 활용하여 60분 동안 주어진 개인연습 계획을 세워보자.

스포츠 종목:

시간	구획연습	무선연습
20분		
40분		
60분		

② 전습법과 분습법 중 분습법을 활용하여 한 가지 기술을 수행하기 위한 연습계획을 세워보자. 하나의 기술을 연습하기 위한 동작을 3~5단계로 구분하여 작성하고 무엇을 주의해야 하는지 작성한다.

<u>스포츠 종목:</u>

기술	
단계	분습법 지도내용
1단계	
2단계	
3단계	
4단계	
5단계	

돌아보기

문제 1 운동기술의 개념에 대한 설명으로 올바르지 않은 것은?

① 운동의 동기와 목적에 따라 신체를 자기 뜻대로 움직이는 것이다.

② 자신의 신변을 보호하는 것을 최우선 목적으로 한다.

③ 특정한 목적이 수반된 효율적이고 자발적인 움직임이다.

④ 우리 생활을 유용하게 만드는 효율적인 신체의 움직임이다.

문제 2 운동기술의 분류 중 환경의 안정성에 대한 설명으로 올바르지 않은 것은?

① 운동을 수행하는 수행자를 제외한 요인들이 변화되는지에 따라 구분된다.

② 폐쇄운동기술은 수행자가 자신의 신체 리듬과 의지에 따라 움직임을 시작
할 수 있는 특징이 있다.

③ 개방운동기술은 상대방이나 날아오는 공과 같이 움직이는 대상에 맞추어
행동하는 것을 뜻한다.

④ 개방운동기술은 볼링, 양궁, 사격, 태권도 등이 해당한다.

문제 3 젠타일(Gentile)의 운동기술 분류에 대한 설명으로 올바르지 않은 것은?

① 운동기술의 분류 기준 중 신체 이동의 여부를 세분화하였다.

② 운동기술 분류 중 물체 사용 여부를 포함하였다.

③ 인간의 움직임보다 개인의 주관적 판단하에 분류 기준을 설정하였다.

④ 동작의 가변성 여부를 근거로 운동기술의 분류 기준을 설정하였다.

문제 4 운동학습의 개념으로 올바르지 않은 것은?

① 운동학습은 연습이나 경험을 통해 운동기술을 습득 및 보존하는 일련의 과정이다.

② 학습자에게 적절한 경험과 연습을 제공하여 효과적인 학습을 목적으로 한다.

③ 넓은 의미에서 단순한 운동기술만을 습득하는 것에 국한하지 않는다.

④ 일시적인 수행의 변화나 감정의 변화 등은 효과적인 학습의 결과물이다.

문제 5 아래 <보기>에서 운동학습의 과정으로 올바르게 연결된 것을 고르시오.

〈보기〉

| ㉠ 운동기술 특성파악 | ㉡ 동작의 구성 수준 결정 |
| ㉢ 자동화와 안정성 획득 | ㉣ 동작의 오류 수정 |

① ㉠→㉡→㉣→㉢ ② ㉠→㉢→㉡→㉣

③ ㉠→㉢→㉣→㉡ ④ ㉠→㉡→㉣→㉢

문제 6 아래 <그림>을 보고 운동학습 단계에 대한 설명으로 올바른 것은?

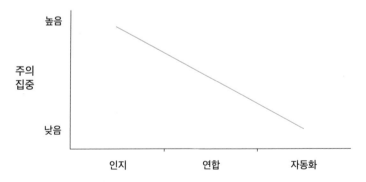

① 학습자의 운동학습 단계를 주의집중 정도의 감소에 따라 인지 · 연합 · 자동화 단계로 구분하였다.

② 학습 초기에는 주의가 산만하고 인지적인 노력이 요구되지 않는다.

③ 학습이 진행됨에 따라 인지적인 노력과 주의집중 정도는 점차 각성된다.

④ 학습이 진행됨에 따라 지루함이 동반되지만 점차 자동화 단계에 이른다.

문제 7   **운동학습에 의한 변화로 올바르지 않은 것은?**

① 협응(폼)의 변화   ② 일관성의 향상

③ 신장 및 체중의 변화   ④ 움직임의 효율성 변화

문제 8   **효과적인 운동학습 방법에 대한 설명으로 올바르지 않은 것은?**

① 구획연습은 운동기술을 학습하기 위해 과제들에 일정 시간을 할당하고 순차적으로 연습하는 것을 뜻한다.

② 휴식 시간이 연습 시간보다 긴 경우를 주의연습이라고 한다.

③ 무선연습은 여러 과제를 무작위로 제시하여 연습하는 것이다.

④ 연습 시간이 휴식 시간보다 상대적으로 긴 경우를 집중연습이라고 한다.

문제 9   **피드백에 대한 설명으로 올바르지 않은 것은?**

① 피드백은 스포츠 상황에서 자신의 운동학습에 영향을 주는 내·외적인 정보를 말한다.

② 피드백은 크게 보강 피드백과 감각 피드백으로 구분된다.

③ 최근 들어 학습자가 정보를 원할 때 피드백을 제공하는 상호 의사전달 과정이 중요하게 다루어지고 있다.

④ 지도자의 일반적인 정보 제공은 학습자와 상호작용을 효율적으로 만든다.

문제 10   **효과적인 피드백에 대한 설명으로 올바르지 않은 것은?**

① 부족한 점만을 찾아 지속적으로 피드백해주는 것이 매우 중요하다.

② 지도자는 학습자들의 수준에 적합한 단어나 정보를 제공해야 한다.

③ 언어·영상·청각 등 다양한 방법을 적절하게 이용해야 한다.

④ 피드백의 제공 빈도 및 제공 시기를 고려해야 한다.

답안

1	②	2	④	3	③	4	④
5	④	6	①	7	③	8	②
9	④	10	①				

응용스포츠심리학 Applying Sport Psychology

참고문헌

[1] 김선진(2009). **운동학습과 제어: 인간 움직임의 원리와 응용**. 서울: 도서출판 대한미디어.

[2] Johnson, H. W. (1961). Skill=speed×accuracy×form×adaptability. *Perceptual and Motor Skills, 13*(2), 163-170.

[3] Guthrie, E.R. (1935). *Psychology of Learning*. Oxford, England: Harper.

[4] Schmidt, R. A., Lee, T. D., Winstein, C., Wulf, G., & Zelaznik, H. N. (2018). *Motor control and learning: A behavioral emphasis*. Human kinetics.

[5] Gentile, A. M. (2000) Skill acquisition: action, movement, and neuromotor processes. In J. H. Carr & R. B. Shepherd (Eds.), *Movement science: foundations for physical therapy.* (2nd ed.) Rockville, MD: Aspen. pp. 111-187.

[6] 최치선, 임태희(2013). Gentile 의 운동학습 이론에 근거한 태권도 기술체계 분류. **국기원태권도연구**, 4(3), 57-81.

[7] 국기원(2010). **태권도 기술 용어집**. 서울: 국기원 연구소.

[8] Magill, R. A., & Anderson, D. I. (2007). *Motor learning and control: Concepts and applications* (Vol. 11). New York: McGraw-Hill.

[9] Fitts, P. M., & Posner, M. I. (1967). *Human Performance*. Belmont, CA: Brooks/Cole.

[10] Schmidt, R. A., & Wrisberg, C. A. (2008). *Motor learning and performance: A situation-based learning approach.* Human kinetics.

[11] Bernstein, N. A. (1967). *The co-ordination and regulation of movements.* Oxford: Pergamon Press.

[12] Aiken, C. A., & Genter, A. M. (2018). The effects of blocked and random practice on the learning of three variations of the golf chip shot. *International Journal of Performance Analysis in Sport, 18*(2), 339-349.

[13] Fazeli, D., Taheri, H., & Saberi Kakhki, A. (2017). Random versus blocked practice to enhance mental representation in golf putting. *Perceptual and motor skills, 124*(3), 674-688.

[14] Goode, S., & Magill, R. A. (1986). Contextual interference effects in learning

three badminton serves. *Research quarterly for exercise and sport, 57*(4), 308-314.

[15] Porter, J. M., & Magill, R. A. (2010). Systematically increasing contextual interference is beneficial for learning sport skills. *Journal of sports sciences, 28*(12), 1277-1285.

[16] Wrisberg, C. A., & Liu, Z. (1991). The effect of contextual variety on the practice, retention, and transfer of an applied motor skill. *Research quarterly for exercise and sport, 62*(4), 406-412.

[17] Rose, D. J., & Christina, R. W. (1997). *A multilevel approach to the study of motor control and learning.* Boston: Allyn and Bacon.

[18] Feygin, D., Keehner, M., & Tendick, R. (2002, March). Haptic guidance: Experimental evaluation of a haptic training method for a perceptual motor skill. In *Proceedings 10th Symposium on Haptic Interfaces for Virtual Environment and Teleoperator Systems.* HAPTICS 2002 (pp. 40-47). IEEE.

[19] Lastella, M., Vincent, G. E., Duffield, R., Roach, G. D., Halson, S. L., Heales, L. J., & Sargent, C. (2018). Can sleep be used as an indicator of overreaching and overtraining in athletes?. *Frontiers in physiology, 9*, 1-4.

[20] Driskell, J. E., Willis, R. P., & Copper, C. (1992). Effect of overlearning on retention. *Journal of Applied Psychology, 77*(5), 615-622.

[21] Cadegiani, F. A., & Kater, C. E. (2017). Hormonal aspects of overtraining syndrome: a systematic review. BMC Sports Science, *Medicine and Rehabilitation, 9*(1), 1-15.

[22] Meeusen, R., Duclos, M., Foster, C., Fry, A., Gleeson, M., Nieman, D., ... & Urhausen, A. (2013). Prevention, diagnosis, and treatment of the overtraining syndrome: joint consensus statement of the European College of Sport Science and the American College of Sports Medicine. *Medicine and science in sports and exercise, 45*(1), 186-205.

[23] Melnick, M. J. (1971). Effects of overlearning on the retention of a gross motor skill. Research Quarterly. *American Association for Health, Physical Education and Recreation, 42*(1), 60-69.

[24] Wall, S. P., Mattacola, C. G., Swanik, C. B., & Levenstein, S. (2003). Sleep

efficiency and overreaching in swimmers. *Journal of Sport Rehabilitation, 12*(1), 1-12.

[25] Halson, S. L. (2014). Monitoring training load to understand fatigue in athletes. *Sports medicine, 44*(2), 139-147.

[26] Hausswirth, C., Louis, J., Aubry, A., Bonnet, G., Duffield, R., & Le Meur, Y. (2014). Evidence of disturbed sleep and increased illness in overreached endurance athletes. *Medicine and science in sports and exercise, 46*(5), 1036-1045.

[27] Weiss, M. R., & Klint, K. A. (1987). "Show and tell" in the gymnasium: An investigation of developmental differences in modeling and verbal rehearsal of motor skills. *Research Quarterly for Exercise and Sport, 58*(3), 234-241.

[28] Ericsson, A., & Pool, R. (2016). *Peak: Secrets from the new science of expertise.* Houghton Mifflin Harcourt.

[29] Wulf, G. (2007). *Attention and motor skill learning.* Human Kinetics.

[30] 최진혁(2015). **주의초점 제시형태가 태권도 돌려차기 학습에 미치는 영향.** 미간행 박사학위논문, 서울대학교 대학원.

[31] Lawrence, G. P., Gottwald, V. M., Hardy, J., & Khan, M. A. (2011). Internal and external focus of attention in a novice form sport. *Research quarterly for exercise and sport, 82*(3), 431-441.

[32] 강성철, 김기태(2014). 주의초점 전략이 태권도 기본동작의 속도 및 분절 협응패턴에 미치는 효과. **한국운동역학회지,** 24(3), 229-238.

[33] Burton, A. W., & Miller, D. E. (1998). *Movement skill assessment.* Human Kinetics.

부록

전문 · 생활스포츠지도사 기출문제

[2022 기출문제]

문제 1 <보기>는 레빈(K. Lewin, 1935)이 주장한 내용이다. ㉠, ㉡에 들어갈 개념으로 바르게 묶인 것은?

<보기>

- 인간의 행동은 (㉠)과 (㉡)에 의해 결정된다.
- (㉠)과 (㉡)의 상호작용으로 행동은 변화한다.

	㉠	㉡
①	개인(person)	환경(environment)
②	인지(cognition)	감정(affect)
③	감정(affect)	환경(environment)
④	개인(person)	인지(cognition)

문제 2 아동의 운동 발달을 평가할 때 심리적 안정을 도모하기 위한 평가 방법으로 옳은 것은?

① 평가장소에 도착하면 환경에 대한 탐색 시간을 주지 말고 평가를 바로 진행한다.

② 아동의 평가 민감성을 높이기 위해 평가라는 단어를 강조한다.

③ 운동 도구를 사용하여 평가할 때 탐색할 기회를 제공한다.

④ 아동과 공감대를 형성하지 않는다.

문제 3 | <보기>에 제시된 일반화된 운동프로그램(Generalized Motor Program: GMP)에 관한 설명으로 바르게 묶인 것은?

<보기>

  ㉠ 인간의 운동은 자기조직(self-organization)과 비선형성(nonlinear)의 원리에 의해 생성되고 변화한다.
  ㉡ 불변매개변수(invariant parameter)에는 요소의 순서(order of element), 시상(phasing), 상대적인 힘(relative force)이 포함된다.
  ㉢ 가변매개변수(variant parameter)에는 전체 동작지속시간(overall duration), 힘의 총량(overall force), 선택된 근육군(selected muscles)이 포함된다.
  ㉣ 환경정보에 대한 지각 그리고 동작의 관계(perception-action coupling)를 강조한다.

① ㉠, ㉡   ② ㉠, ㉢
③ ㉡, ㉢   ④ ㉢, ㉣

문제 4 | <보기>에서 설명하는 개념은?

  • 자극반응 대안 수가 증가할수록 선택반응시간도 증가한다.
  • 투수가 직구와 슬라이더 구종에 커브 구종을 추가하여 무작위로 섞어 던졌을 때 타자의 반응시간이 길어졌다.

① 피츠의 법칙(Fitts' law)
② 파워 법칙(power law)
③ 임펄스 가변성 이론(impulse variability theory)
④ 힉스의 법칙(Hick's law)

문제 5 | <보기>에 제시된 번스타인(N. Bernstein)의 운동학습 단계에 대한 설명으로 바르게 묶인 것은?

<보기>

  ㉠ 스케이트를 탈 때 고관절, 슬관절, 발목관절을 활용하여 추진력을 갖게 한다.
  ㉡ 체중 이동을 통해 추진력을 확보하며 숙련된 동작을 실행하게 한다.
  ㉢ 스케이트를 신고 고관절, 슬관절, 발목관절을 하나의 단위체로 걷게 한다.

	㉠	㉡	㉢
①	자유도 풀림	반작용 활용	자유도 고정
②	반작용 활용	자유도 풀림	자유도 고정
③	자유도 풀림	자유도 고정	반작용 활용
④	반작용 활용	자유도 고정	자유도 풀림

문제 6 레이데크와 스미스(T. Raedeke & A. Smith, 2001)의 운동선수 탈진 질문지(Athlete Burnout Questionnaire: ABQ)의 세 가지 측정 요인이 아닌 것은?

① 성취감 저하(reduced sense of accomplishment)
② 스포츠 평가절하(sport devaluation)
③ 경쟁상태불안(competitive state anxiety)
④ 신체적/정서적 고갈(physical, emotional exhaustion)

문제 7 웨이스와 아모로스(M. Weiss & A. Amorose, 2008)가 제시한 스포츠 재미(sport enjoyment)의 영향 요인으로 옳지 않은 것은?

① 인지능력   ② 사회적 소속
③ 동작 자체의 감각 체험   ④ 숙달과 성취

문제 8 <보기>에 제시된 도식이론(schema theory)에 관하여 옳은 설명으로 묶인 것은?

〈보기〉

㉠ 빠른 움직임과 느린 움직임을 구분하여 설명한다.
㉡ 재인도식은 피드백 정보가 없는 빠른 운동을 조절하는 역할을 한다.
㉢ 회상도식은 과거의 실제결과, 감각귀결, 초기조건의 관계를 바탕으로 형성된다.
㉣ 200ms 이상의 시간이 필요한 느린 운동 과제의 제어에는 회상도식과 재인도식이 모두 동원된다.

① ㉠, ㉡   ② ㉡, ㉢
③ ㉠, ㉣   ④ ㉢, ㉣

<보기>에 제시된 심리적 불응기(Psychological Refractory Period: PRP)에 관하여 옳은 설명으로 묶인 것은?

〈보기〉

　㉠ 1차 자극에 대한 반응을 수행하고 있을 때 2차 자극을 제시할 경우,
　　2차 자극에 대해 반응시간이 느려지는 현상이다.
　㉡ 1차 자극과 2차 자극 간의 시간차가 10ms 이하로 매우 짧을 때 나타난다.
　㉢ 페이크(fake) 동작의 사용 빈도를 높일 때 효과적이다.
　㉣ 1차와 2차 자극을 하나의 자극으로 간주하는 현상을 집단화라고 한다.

① ㉠, ㉡　　　　　　　② ㉡, ㉢
③ ㉢, ㉣　　　　　　　④ ㉠, ㉣

인간 발달의 특징에 관한 설명으로 옳지 않은 것은?

① 개인적 측면은 발달에 영향을 미치는 요인이 개인마다 달라서 나타나는 현상이다.
② 다차원적 측면은 개인의 신체적·정서적 특성과 같은 내적 요인 그리고 사회 환경과 같은 외적 요인으로 나눌 수 있다.
③ 계열적 측면은 기기와 서기의 단계를 거친 후에야 자신의 힘으로 스스로 걸을 수 있게 되는 것이다.
④ 질적 측면은 현재 나타나고 있는 움직임 양식이 과거 움직임의 경험이 축적되어 나타나는 것이다.

시각탐색에 사용되는 안구 움직임의 형태로 옳지 않은 것은?

① 지각의 협소화(perceptual narrowing)
② 부드러운 추적 움직임(smooth pursuit movement)
③ 전정안구반사(vestibulo-ocular reflex)
④ 빠른 움직임(saccadic movement)

문제 12 <보기>에 제시된 불안과 운동수행의 관계를 설명하는 이론은?

〈보기〉

- 선수가 불안을 어떻게 '해석'하느냐에 따라 운동수행이 달라질 수 있다.
- 선수는 각성이 높은 상태를 기분 좋은 흥분상태로 해석할 수도 있지만 불쾌한 불안으로 해석할 수도 있다.

① 역U가설(inverted-U hypothesis)

② 전환이론(reversal theory)

③ 격변이론(catastrophe theory)

④ 적정기능지역이론(zone of optimal functioning theory)

문제 13 <보기>의 ㉠과 ㉡에 들어갈 알맞은 용어는?

〈보기〉

- (㉠)은 불안을 감소시키기 위해 자기최면을 사용하여 무거움과 따뜻함을 실제처럼 느끼도록 유도하는 방법이다.
- (㉡)은/는 불안을 유발하는 자극의 목록을 작성한 후, 하나씩 차례로 적용하여 유발 감각 자극에 대한 민감도를 줄여 불안 수준을 감소시키는 방법이다.

	㉠	㉡
①	바이오피드백 (biofeedback)	체계적 둔감화 (systematic desensitization)
②	자생훈련 (autogenic training)	바이오피드백 (biofeedback)
③	점진적 이완 (progressive relexation)	바이오피드백 (biofeedback)
④	자생훈련 (autogenic training)	체계적 둔감화 (systematic desensitization)

문제 14 와이너(B. Weiner)의 경기 승패에 대한 귀인이론에 관한 설명으로 옳지 않은 것은?

① 노력은 내적이고 불안정하며 통제 가능한 요인이다.

② 능력은 내적이고 안정적이며 통제 불가능한 요인이다.

③ 운은 외적이고 불안정하며 통제 불가능한 요인이다.

④ 과제난이도는 외적이고 불안정하며 통제할 수 있는 요인이다.

문제 15 <보기>에 제시된 심상에 대한 이론과 설명이 바르게 묶인 것은?

〈보기〉

> ⊙ 심리신경근 이론에 따르면 심상을 하는 동안에 실제 동작에서 발생하는 근육의 전기 반응과 유사한 전기 반응이 근육에서 발생한다.
> ⓛ 상징학습 이론에 따르면 심상은 인지 과제(바둑)보다 운동 과제(역도)에서 더 효과적이다.
> ⓒ 생물정보 이론에 따르면 심상은 상상해야 할 상황 조건인 자극 전제와 심상의 결과로 일어나는 반응 전제로 구성된다.
> ⓔ 상징학습 이론에 따르면 생리적 반응과 심리 반응을 함께하면 심상의 효과는 낮아진다.

① ⊙, ⓛ   ② ⊙, ⓒ   ③ ⓛ, ⓒ   ④ ⓒ, ⓔ

문제 16 <보기>에 제시된 첼라드라이(P. Chellader ai)의 다차원리더십 모델에 관한 설명으로 옳게 묶인 것은?

〈보기〉

> ⊙ 리더의 특성은 리더의 실제 행동에 영향을 준다.
> ⓛ 규정 행동은 선수에게 규정된 행동을 말한다.
> ⓒ 선호 행동은 리더가 선호하거나 바라는 선수의 행동을 말한다.
> ⓔ 리더의 실제 행동과 선수의 선호 행동이 다르면 선수의 만족도가 낮아진다.

① ⊙, ⓛ   ② ⊙, ⓔ   ③ ⓛ, ⓒ   ④ ⓒ, ⓔ

문제 17 <보기>에서 설명하는 운동심리 이론(모형)은?

〈보기〉

> • 지역사회가 여성 전용 스포츠 센터를 확충한다.
> • 정부가 운동 참여에 대한 인센티브 정책을 수립한다.
> • 가정과 학교에서 운동 참여를 지지해주는 분위기를 만든다.

① 사회생태모형(social ecological model)

② 합리적행동이론(theory of reasoned action)

③ 자기효능감이론(self-efficacy theory)

④ 자결성이론(self-determination theory)

<hr>

문제 18 프로차스카(J. O. Prochaska)의 운동변화단계 모형(Transtheoretical Model)에 관한 설명으로 옳은 것은?

① 변화 단계와 자기효능감과의 관계는 U자 형태다.

② 인지적 · 행동적 변화과정을 통해 운동 단계가 변화한다.

③ 변화 단계가 높아짐에 따라 운동에 대해 기대할 수 있는 혜택은 점진적으로 감소한다.

④ 무관심 단계는 현재 운동에 참여하지 않지만, 6개월 이내에 운동을 시작할 의도가 있다.

<hr>

문제 19 한국스포츠심리학회가 제시한 스포츠 심리상담사 상담윤리에 대한 설명으로 옳지 않은 것은?

① 스포츠심리상담사는 자신의 전문영역과 한계영역을 명확하게 인식해야 한다.

② 스포츠심리상담사는 상담 과정에서 얻은 정보를 이용할 때 고객과 미리 상의해야 한다.

③ 스포츠심리상담사는 상담 효과를 알리기 위해 상담에 참여한 사람으로부터 좋은 평가나 소감을 요구해야 한다.

④ 스포츠심리상담사는 타인에게 역할을 위임할 때는 전문성이 있는 사람에게만 위임하여야 하며 그 타인의 전문성을 확인해야 한다.

문제 20 <보기>에 제시된 폭스(K. Fox)의 위계적 신체적 자기개념 가설 (hypothesized hierarchical organization of physical self-perception)에 관한 설명으로 바르게 묶인 것은?

> ㉠ 신체적 컨디션은 매력적 신체를 유지하는 능력이다.
> ㉡ 신체적 자기 가치는 전반적 자기존중감의 상위영역에 속한다.
> ㉢ 신체 매력과 신체적 컨디션은 신체적 자기가치의 하위영역에 속한다.
> ㉣ 스포츠 유능감은 스포츠 능력과 스포츠 기술 학습 능력에 대한 자신감이다.

① ㉠, ㉡   ② ㉠, ㉢

③ ㉡, ㉣   ④ ㉢, ㉣

[2023 기출문제]

문제 1   스포츠심리학의 주된 연구의 동향과 영역에 포함되지 않는 것은?

① 인지적 접근과 현장 연구
② 경험주의에 기초한 성격 연구
③ 생리학적 항상성에 관한 연구
④ 사회적 촉진 및 각성과 운동수행의 관계 연구

문제 2   데시(E. Deci)와 라이언(R. Ryan)이 제시한 자기결정이론(self-determination theory)에서 외적동기 유형으로 분류되지 않는 것은?

① 무동기(amotivation)
② 확인규제(identified regulation)
③ 통합규제(integrated regulation)
④ 의무감규제(introjected regulation)

문제 3   <보기>에서 설명하는 개념은?

〈보기〉

체육관에서 관중의 함성과 응원 소리에도 불구하고, 작전타임에서 코치와 선수는 서로 의사소통이 가능하다.

① 스트룹 효과(Stroop effect)
② 지각협소화(perceptual narrowing)
③ 무주의 맹시(inattention blindness)
④ 칵테일파티 효과(cocktail party effect)

문제 4 <표>는 젠타일(A. Gentile)의 이차원적 운동기술분류이다. 야구 유격수가 타구된 공을 잡아서 1루로 송구하는 움직임이 해당하는 곳은?

구분			동작의 요구(기능)			
			신체 이동 없음 (신체의 안정성)		신체 이동 있음 (신체의 불안정성)	
			물체 조작 없음	물체 조작 있음	물체 조작 없음	물체 조작 있음
환경적 맥락	안정적인 조절 조건	동작 시도 간 환경 변이성 없음				
		동작 시도 간 환경 변이성				
	비안정적 조절 조건	동작 시도 간 환경 변이성 없음	①		③	
		동작 시도 간 환경 변이성		②		④

문제 5 뉴웰(K. Newell)이 제시한 움직임 제한(constraints) 요소의 유형이 다른 것은?

① 운동능력이 움직임을 제한한다.

② 인지, 동기, 정서상태가 움직임을 제한한다.

③ 신장, 몸무게, 근육형태가 움직임을 제한한다.

④ 과제목표와 특성, 규칙, 장비가 움직임을 제한한다.

문제 6 | <보기>에서 설명하는 게셀(A. Gesell)과 에임스(L. Ames)의 운동발달의 원리가 아닌 것은?

<보기>

- 머리에서 발 방향으로 발달한다.
- 운동발달은 일련의 방향성을 갖는다.
- 운동협응의 발달순서가 있다.
  양측:상지 혹은 하지의 양측을 동시에 움직이는 형태를 보인다.
  동측:상하지를 동시에 움직이는 형태를 보인다.
  교차:상하지를 동시에 움직이는 형태를 보인다.
- 운동기술의 습득 과정에서 몸통이나 어깨 근육을 조절하는 능력을 먼저 갖추고, 이후에 팔, 손목, 손, 그리고 손가락 근육을 조절하는 능력을 갖춘다.

① 머리-꼬리 원리(cephalocaudal principle)

② 중앙-말초 원리(proximodistal principle)

③ 개체발생적 발달 원리(ontogenetic development principle)

④ 양측-동측-교차 운동협응의 원리(bilateral-unilateral(ipsilateral)-crosslateral principle)

문제 7 | 스포츠를 통한 인성 발달 전략에 대한 설명으로 옳지 않은 것은?

① 상황에 맞는 바람직한 행동을 설명한다.

② 도덕적으로 적절한 행동에 대하여 설명한다.

③ 바람직한 행동을 강화하고, 적대적 공격행동은 처벌한다.

④ 격한 상황에서 자신의 감정을 공격적으로 표출하도록 격려한다.

문제 8 | <보기>에서 설명하는 목표의 유형은?

<보기>

- 운동기술을 잘 수행하기 위해서 필요한 핵심 행동에 중점을 둔다.
- 자기효능감과 자신감을 높이고 인지 불안을 낮추는 데 도움이 된다.
- 자신의 운동수행에 대한 목표를 달성하는 데 중점을 두는 목표로 달성의 기준점이 자신의 과거 기록이 된다.

① 과정목표와 결과목표

② 수행목표와 과정목표

③ 수행목표와 객관적목표

④ 객관적목표와 주관적목표

문제 9 스미스(R. Smith)와 스몰(F. Smoll)이 개발한 유소년 지도자 훈련 프로그램인 CET(Coach Effectiveness Training)의 핵심 원칙이 아닌 것은?

① 자기관찰   ② 운동도식

③ 상호지원   ④ 발달모델

문제 10 균형유지와 사지협응 및 자세제어에 주된 역할을 하는 뇌 구조(영역)는?

① 소뇌(cerebellum)

② 중심고랑(central sulcus)

③ 대뇌피질의 후두엽(occipital lobe of cerebrum)

④ 대뇌피질의 측두엽(temporal lobe of cerebrum)

문제 11 골프 퍼팅 과제를 100회 연습한 뒤, 24시간 후에 동일 과제에 대해 수행하는 검사는?

① 속도검사(speed test)

② 파지검사(retention test)

③ 전이검사(transfer test)

④ 지능검사(intelligence test)

<보기>에서 설명하는 일반화된 운동프로그램(generalized motor program)의 불변 특성(invariant feature) 개념은?

<보기>

A 움직임 시간(movement time) = 500ms			
하위 움직임1 = 25%	하위 움직임2 = 25%	하위 움직임3 = 25%	하위 움직임4 = 25%

B 움직임 시간(movement time) = 900ms			
하위 움직임1 = 25%	하위 움직임2 = 25%	하위 움직임3 = 25%	하위 움직임4 = 25%

- A 움직임 시간은 500ms, B 움직임 시간은 900ms로 서로 다르다.
- 4개의 하위 움직임 구간의 시간적 구조 비율은 변하지 않는다.
- 단, A와 B 움직임은 모두 동일인이 수행한 동작이며, 하위움직임 구성도 4개로 동일함

① 어트랙터(attractor)
② 동작유도성(affordance)
③ 상대적 타이밍(relative timing)
④ 절대적 타이밍(absolute timing)

<보기>에서 구스리(E. Guthrie)가 제시한 '운동기술 학습으로 인한 변화'에 관한 설명으로 옳은 것을 모두 고른 것은?

<보기>

> ㉠ 최대의 확실성(maximum certainty)으로 운동과제를 수행할 수 있다.
> ㉡ 최소의 인지적 노력(minimum cognitive effect)으로 운동과제를 수행할 수 있다.
> ㉢ 최소의 움직임 시간(minimum movement time)으로 운동과제를 수행할 수 있다.
> ㉣ 최소의 에너지 소비(minimum energy expenditure)로 운동과제를 수행할 수 있다.

① ㉠, ㉡, ㉢   ② ㉠, ㉢, ㉣
③ ㉡, ㉢, ㉣   ④ ㉠, ㉡, ㉢, ㉣

문제 14 <보기>에 제시된 공격성에 관한 설명과 이론(가설)이 바르게 연결된 것은?

<보기>

> • (㉠) 환경에서 관찰과 강화로 공격행위를 학습한다.
> • (㉡) 인간의 내부에는 공격성을 유발하는 에너지가 존재한다.
> • (㉢) 좌절(예, 목표를 추구하는 행위가 방해받는 경험)이 공격 행동을 유발한다.
> • (㉣) 좌절이 무조건 공격행동을 유발하지 않고, 공격행동이 적절하다는 외부적 단서가 있을 때 나타난다.

	㉠	㉡	㉢	㉣
①	사회학습이론	본능이론	좌절-공격 가설	수정된 좌절-공격 가설
②	사회학습이론	본능이론	수정된 좌절-공격 가설	좌절-공격 가설
③	본능이론	사회학습이론	좌절-공격 가설	수정된 좌절-공격 가설
④	본능이론	사회학습이론	수정된 좌절-공격 가설	좌절-공격 가설

문제 15 <보기>에서 하터(S. Harter)의 유능성 동기이론 모형에 관한 설명으로 옳은 것을 고른 것은?

〈보기〉

㉠ 심리적 요인과 관련된 단일차원의 구성개념이다.
㉡ 실패 경험은 부정적 정서를 갖게 하여 유능성 동기를 낮추고, 결국에는 운동을 중도 포기하게 한다.
㉢ 성공 경험은 자기효능감과 긍정적 정서를 갖게 하여 유능성 동기를 높이고, 숙달(mastery)을 경험하게 한다.
㉣ 스포츠 상황에서 성공하기 위한 능력이 있다는 확신의 정도나 신념으로 특성 스포츠 자신감과 상태 스포츠 자신감으로 구분한다.

① ㉠, ㉡   ② ㉠, ㉣   ③ ㉡, ㉢   ④ ㉡, ㉣

문제 16 <보기>에서 설명하는 용어는?

〈보기〉

번스타인(N. Bernstein)은 움직임의 효율적 제어를 위해 중추신경계가 자유도를 개별적으로 제어하지 않고, 의미 있는 단위로 묶어서 조절한다고 설명하였다.

① 공동작용(synergy)
② 상변이(phase transition)
③ 임계요동(critical fluctuation)
④ 속도-정확성 상쇄 현상(speed-accuracy trade-off)

<보기>에서 연구 결과를 통해 확인할 수 있는 목표설정에 관한 설명으로 옳은 것을 고른 것은?

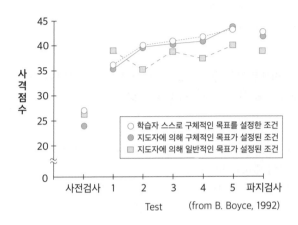

(from B. Boyce, 1992)

<보기>

㉠ 목표설정이 운동의 수행과 학습에 효과적이다.
㉡ 학습자에게 어려운 목표를 설정하도록 조언해야 한다.
㉢ 구체적인 목표를 설정했던 집단에서 더 높은 학습 효과가 나타났다.
㉣ 구체적이고 도전적인 목표를 향해 전념하도록 격려하는 것은 운동의 수행과 학습의 효과를 감소시킨다.

① ㉠, ㉡   ② ㉠, ㉢   ③ ㉡, ㉢   ④ ㉡, ㉣

<보기>에서 설명하는 피드백 유형은?

<보기>

높이뛰기 도약 스텝 기술을 연습하게 한 후에 지도자는 학습자의 정확한 도약 기술 습득을 위해 각 발의 스텝번호(지점)를 바닥에 표시해주었다.

① 내적 피드백(intrinsic feedback)

② 부적 피드백(negative feedback)

③ 보강 피드백(augmented feedback)

④ 부적합 피드백(incongruent feedback)

문제 19 <보기>는 칙센트미하이(M. Csikszentmihalyi)가 주장한 몰입의 개념이다. ㉠~㉣에 들어갈 개념이 바르게 연결된 것은?

<보기>

- (㉠)과 (㉡)이 균형을 이루는 상황에서 운동 수행에 완벽히 집중하는 것을 몰입(flow)이라 한다.
- (㉡)이 높고, (㉠)이 낮으면 (㉢)을 느낀다.
- (㉡)이 낮고, (㉠)이 높으면 (㉣)을 느낀다.

	㉠	㉡	㉢	㉣
①	기술	도전	불안	이완
②	도전	기술	각성	무관심
③	기술	도전	각성	불안
④	도전	기술	이완	지루함

문제 20 학습된 무기력(learned helplessness) 상태에 있는 학습자에게 귀인 재훈련(attribution retraining)을 위한 적절한 전략은?

① 실패의 원인을 외적 요인에서 찾게 한다.

② 능력의 부족을 긍정적으로 받아들이게 한다.

③ 운이 따라 준다면 다음에 성공할 수 있다고 지도한다.

④ 실패의 원인을 노력 부족이나 전략의 미흡으로 받아들이게 한다.

문제 1 <보기>가 설명하는 성격 이론은?

〈보기〉

- 자기가 좋아하는 국가대표선수가 무더위에서 진행된 올림픽 마라톤 경기에서 불굴의 정신력으로 완주하는 모습을 보고 , 자기도 포기하지 않는 정신력으로 10km 마라톤을 완주하였다.

① 특성이론　　　　② 사회학습이론
③ 욕구위계이론　　④ 정신역동이론

문제 2 개방운동기술(open motor skills) 에 해당하지 않는 것은?

① 농구 경기에서 자유투하기
② 야구 경기에서 투수가 던진 공을 타격하기
③ 자동차 경주에서 드라이버가 경쟁하면서 운전하기
④ 미식축구 경기에서 쿼터백이 같은 팀 선수에게 패스하기

문제 3 <보기>의 ㉠~㉢에 들어갈 개념을 바르게 나열한 것은?

〈보기〉

- (㉠): 노력의 방향과 강도로 설명된다.
- (㉡): 스포츠 자체가 좋아서 참여한다.
- (㉢): 보상을 받거나 처벌을 피하고자 스포츠에 참여한다.

	㉠	㉡	㉢
①	동기	외적 동기	내적 동기
②	동기	내적 동기	외적 동기
③	귀인	내적 동기	외적 동기
④	귀인	외적 동기	내적 동기

| 문제 4 | <보기>의 ㉠, ㉡에 들어갈 정보처리 단계를 바르게 나열한 것은? |

〈보기〉

- (㉠) : 테니스 선수가 상대 코트에서 넘어오는 공의 궤적 , 방향 , 속도
  에 관한 환경정보를 탐지한다.
- (㉡) : 환경정보를 토대로 어떤 종류의 기술로 어떻게 받아쳐야 할지
  결정한다.

	㉠	㉡
①	반응 선택	자극 확인
②	자극 확인	반응 선택
③	반응/운동 프로그래밍	반응 선택
④	반응/운동 프로그래밍	자극 확인

| 문제 5 | <보기>에서 설명하는 심리기술훈련 기법은? |

〈보기〉

- 멀리뛰기의 도움닫기에서 파울을 할 것 같은 부정적인 생각이 든다.
- 부정적인 생각은 그만하고 연습한 대로 구름판을 강하게 밟자고 생각한다.
- 스스로 통제할 수 있는 것에 집중하자고 다짐한다.

① 명상 ② 자생 훈련
③ 인지재구성 ④ 인지적 왜곡

| 문제 6 | 운동발달의 단계가 순서대로 바르게 제시된 것은? |

① 반사단계 → 기초단계 → 기본움직임단계 → 성장과 세련단계 → 스포츠기
술단계 → 최고수행단계 → 퇴보단계
② 기초단계 → 기본움직임단계 → 반사단계 → 스포츠기술단계 → 성장과 세
련단계 → 최고수행단계 → 퇴보단계
③ 반사단계 → 기초단계 → 기본움직임단계 → 스포츠기술단계 → 성장과 세
련단계 → 최고수행단계 → 퇴보단계
④ 기초단계 → 기본움직임단계 → 반사단계 → 성장과 세련단계 → 스포츠기
술단계 → 최고수행단계 → 퇴보단계

문제 7 | 반두라(A. Bandura)가 제시한 4가지 정보원에서 자기효능감에 가장 큰 영향력을 미치는 것은?

① 대리경험   ② 성취경험
③ 언어적설득   ④ 정서적/신체적 상태

문제 8 | <보기>에서 연습방법에 관한 설명으로 옳은 것만을 모두 고른 것은?

〈보기〉

ㄱ. 집중연습은 연습구간 사이의 휴식시간이 연습시간보다 짧게 이루어진 연습방법이다.
ㄴ. 이 무선연습은 선택된 연습과제들을 순서에 상관없이 무작위로 연습하는 방법이다.
ㄷ. 분산연습은 특정 운동기술과제를 여러 개의 하위 단위로 나누어 연습하는 방법이다.
ㄹ. 전습법은 한 가지 운동기술과제를 구분 동작 없이 전체적으로 연습하는 방법이다.

① ㄱ, ㄴ   ② ㄷ, ㄹ
③ ㄱ, ㄴ, ㄹ   ④ ㄱ, ㄷ, ㄹ

문제 9 | 미국 응용스포츠심리학회(AAASP)의 스포츠심리상담 윤리 규정이 아닌 것은?

① 스포츠에 참여하는 모든 사람과 전문인인 상담을 진행한다.
② 직무수행상 자신의 한계를 인식하고 한계를 넘는 주장과 행동은 하지 않는다.
③ 회원 스스로 윤리적인 행동을 실천하고 남에게 윤리적 행동을 하도록 적극적으로 권장한다.
④ 다른 전문가에 의한 서비스 수행 촉진, 책무성 확보, 기관이나 법적 의무 완수 등의 목적을 위해 상담이나 연구 결과를 기록으로 남긴다.

문제 10 <보기>가 설명하는 기억의 유형은?

〈보기〉

- 학창 시절 자전거를 타고 학교에 등하교 했던 A는 오랜 기간 자전거를 타지 않았음에도 불구하고 여전히 자전거를 탈 수 있다.
- 어린 시절 축구선수로 활동했던 B는 축구의 슛 기술을 어떻게 수행하는 지 시범 보일 수 있다.

① 감각 기억(sensory memory)

② 일화적 기억(episodic memory)

③ 의미적 기억(semantic memory)

④ 절차적 기억(procedural memory)

문제 11 <보기>는 피들러(F. Fiedler)의 상황부합 리더십 모형이다. <보기>의 ㉠, ㉡ 에 들어갈 내용을 바르게 나열한 것은?

〈보기〉

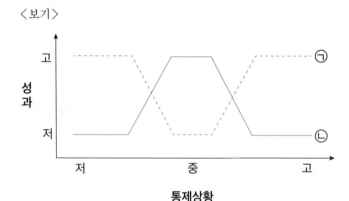

	㉠	㉡
①	관계지향리더	과제지향리더
②	과제지향리더	관계지향리더
③	관계지향리더	민주주의리더
④	과제지향리더	권위주의리더

운동학습에 의한 인지역량의 변화에 관한 설명으로 옳지 않은 것은?

① 정보를 처리하는 속도가 빨라진다.

② 주의집중 역량을 활용하는 주의 체계의 역량이 좋아진다.

③ 운동과제 수행의 수준과 환경의 요구에 대한 근골격계의 기능이 효율적으로 좋아진다.

④ 새로운 정보와 기존의 정보를 연결하여 정보를 쉽게 보유할 수 있는 기억체계 역량이 좋아진다.

<보기>는 아이젠(I. Ajzen)의 계획행동이론이다. <보기>의 ㉠~㉣에 들어갈 개념을 바르게 나열한 것은?

<보기>

(㉠)는 행동을 수행하는 것에 대한 개인의 정서적이고 평가적인 요소를 반영한다. (㉡)은/는 어떤 행동을 할 것인지 또는 안 할 것인지에 대해 개인이 느끼는 사회적 압력을 말한다. 어떠한 행동은 개인의 (㉢)에 따라 그 행동 여부가 결정된다. (㉣)은/는 어떤 행동을 하기가 쉽거나 어려운 정도에 대한 인식 정도를 의미한다.

	㉠	㉡	㉢	㉣
①	태도	의도	주관적 규범	행동통제인식
②	의도	주관적 규범	행동통제인식	태도
③	태도	주관적 규범	의도	행동통제인식
④	의도	태도	행동통제인식	주관적 규범

문제 14 <보기>에서 정보처리이론에 관한 설명으로 옳은 것만을 모두 고른 것은?

〈보기〉

ㄱ. 정보처리이론은 인간을 능동적인 정보처리자로 설명한다.
ㄴ. 도식이론은 기억흔적과 지각흔적의 작용으로 움직임을 생성하고 제어
한다고 설명한다.
ㄷ. 개발회로이론은 대뇌피질에 저장된 운동프로그램을 통해 움직임을 생
성하고 제어한다고 설명한다.
ㄹ. 폐쇄회로이론은 정확한 동작에 관한 기억을 수행 중인 움직임과 비교
한 피드백 정보를 활용하여 움직임을 생성하고 제어한다고 설명한다.

① ㄱ, ㄴ   ② ㄷ, ㄹ
③ ㄱ, ㄴ, ㄹ   ④ ㄱ, ㄷ, ㄹ

문제 15 <보기>의 ㉠~㉢에 들어갈 개념을 바르게 나열한 것은?

〈보기〉

• (㉠): 타인의 존재가 과제수행에 미치는 영향을 말한다.
• (㉡): 타인의 존재만으로도 각성과 욕구가 생긴다.
• (㉢): 타인의 존재가 운동과제에 대한 집중을 방해하기도 하지만, 수행
자의 욕구 수준을 증가시키기도 한다.

	㉠	㉡	㉢
①	사회적 촉진	단순존재가설	주의 분산/갈등 가설
②	사회적 촉진	단순존재가설	평가우려가설
③	단순존재가설	관중효과	주의 분산/갈등 가설
④	단순존재가설	관중효과	평가우려가설

문제 16 힉스(W. Hick)의 법칙에 관한 설명으로 옳은 것은?

① 자극-반응 대안의 수가 증가할수록 반응시간은 길어진다.
② 근수축을 통해 생성한 힘의 양에 따라 움직임의 정확성이 달라진다.
③ 두 개의 목표물 간의 거리와 목표물의 크기에 따라 움직임 시간이 달라진다.

④ 움직임의 속력이 증가하면 정확도가 떨어지는 속력-정확성 상쇄 (speed-accuracy trade-off) 현상이 나타난다.

문제 17   <보기>의 ㉠에 들어갈 용어는?

〈보기〉

- 복싱선수가 상대의 펀치를 맞고 실점하는 장면이 계속해서 떠오른다.
- 이 선수는 (㉠)을/를 높이는 훈련이 필요하다.

① 내적 심상   ② 외적 심상
③ 심상 조절력   ④ 심상 선명도

문제 18   <보기>의 ㉠, ㉡에 들어갈 운동 수행에 관한 개념이 바르게 제시된 것은?

〈보기〉

- 운동 기술 과제가 너무 쉬울 때 (㉠)가 나타난다.
- 운동 기술 과제가 너무 어려울 때 (㉡)가 나타난다.

	㉠	㉡
①	학습 고원 (learning plateau)	슬럼프 (slump)
②	천장 효과 (ceiling effect)	바닥 효과 (floor effect)
③	웜업 감소 (warm-up decrement)	수행 감소 (performance decrement)
④	맥락 간섭 효과 (contextual-interference effect)	부적 전이 (negative tranfer)

문제 19   <보기>에서 운동 실천을 위한 환경적 영향요인을 모두 고른 것은?

〈보기〉

ㄱ. 지도자   ㄴ. 교육수준
ㄷ. 운동집단   ㄹ. 사회적 지지

① ㄱ, ㄴ   ② ㄷ, ㄹ

③ ㄱ, ㄴ, ㄹ   ④ ㄱ, ㄷ, ㄹ

문제 20   **<보기>가 설명하는 개념은?**

〈보기〉

농구 경기에서 수비수가 공격수의 첫 번째 페이크 슛 동작에 반응하면서, 바로 이어지는 두 번째 실제 슛 동작에 제대로 반응하지 못하는 현상이 발생한다.

① 스트룹 효과(Stroop effect)

② 무주의 맹시(inattention blindness)

③ 지각 협소화(perceptual narrowing)

④ 심리적 불응기(psychological-refractory period)

[기출문제 정답]

2022년 기출 문제

1	①	6	③	11	②	16	④
2	③	7	①	12	①	17	②
3	③	8	③	13	①, ④	18	②
4	④	9	④	14	④	19	③
5	①	10	④	15	③	20	①

2023년 기출 문제

1	③	6	③	11	②	16	①
2	①	7	④	12	③	17	②
3	④	8	②	13	②	18	③
4	④	9	②	14	①	19	①
5	④	10	①	15	③	20	④

2024년 기출 문제

1	②	6	③	11	②	16	①
2	①	7	②	12	③	17	③
3	②	8	③	13	③	18	②
4	②	9	①	14	④	19	④
5	③	10	④	15	①	20	④

| 저자 소개

배준수 Junsu Bae

대학 시절까지 태권도 선수로 활동한 후 은퇴하여 스포츠심리학
분야로 석사와 박사 학위를 취득하였다. 현재 국립안동대학교
연구교수와 한국스포츠심리학회 자격관리위원으로 활동 중이다.
이론과 현장의 조화를 추구하는 연구를 수행 중이고 태권도,
축구, 골프, 아이스하키, 탁구, 경륜 등 다양한 종목의 선수들과
지도자들을 만나 스포츠심리학을 현장에 접목하고 있다. 그의
연구는 국내외 학술지에 45편 이상의 논문으로 발표되었다.
주요 저서로는 『스포츠 심리학』과 『태권도로 배우는 실천인성』
이 있다.

임태희 Taehee Lim

- 용인대학교 교수
- 한국스포츠심리학회 편집위원(제2학술지)
- 2012 런던올림픽 스포츠심리지원
- 2020 도쿄올림픽 스포츠심리지원

양윤경 Yunkyung Yang

- 유원대학교 조교수
- 2020 도쿄올림픽 스포츠심리지원
- 청소년상담사 1급
- 전문상담사 2급

우승환 Seunghwan Woo

- 체육학 박사(스포츠심리학 전공)
- 유원대학교 강사
- 용인대학교 특별연구원
- 스포츠심리상담사 2급 수료

제2판
응용스포츠심리학

초판발행   2021년 2월 25일
제2판발행   2024년 8월 30일

지은이   배준수·임태희·양윤경·우승환
펴낸이   안종만·안상준

편 집   김다혜
기획/마케팅 장규식
표지디자인   Ben Story
제 작   고철민·김원표

펴낸곳   (주) **박영사**
        서울특별시 금천구 가산디지털2로 53, 210호(가산동, 한라시그마밸리)
        등록 1959. 3. 11. 제300-1959-1호(倫)

전 화   02)733-6771
f a x   02)736-4818
e-mail   pys@pybook.co.kr
homepage www.pybook.co.kr
ISBN   979-11-303-2014-4   93690

정 가   25,000원